# 大数据营销

主　编　王丽娜　贾志涛　梁　爽
副主编　李　嵩　李松菲
主　审　杨　玥

北京理工大学出版社
BEIJING INSTITUTE OF TECHNOLOGY PRESS

# 内 容 简 介

"新文科"时代已然到来。聚焦营销,大数据技术正在渗透、革新甚至颠覆传统的产业和工具。借助移动互联网、云计算、大数据、商务智能等新兴技术,互联网从消费端进入产业链,倒逼各行业、企业紧密拥抱大数据与互联网,从而深刻改变社会形态,也改变了现有的营销模式。

本书以培养大数据时代"新文科"应用型人才为导向,详细阐述了大数据营销的工作领域、职能,并据此构建知识体系,在此基础上探讨了传统营销中的大数据变革,展现了大数据工具颠覆的营销"新蓝海"。本书既有理论创新,又有结合大数据场景的营销应用案例与营销实践练习,是一本不可多得的应用型教材。本书不仅适合作为高等院校市场营销、电子商务、工商管理等专业的教材,也可为在"大数据"中搏击的传统企业和互联网从者业的商业决策提供一定的参考。

## 图书在版编目(CIP)数据

大数据营销 / 王丽娜,贾志涛,梁爽主编. --北京:
北京理工大学出版社,2023.10
　　ISBN 978-7-5763-2984-1

　　Ⅰ.①大… Ⅱ.①王… ②贾… ③梁… Ⅲ.①网络营
销 Ⅳ.①F713.365.2

　　中国国家版本馆 CIP 数据核字(2023)第 205475 号

责任编辑:王晓莉　　　文案编辑:王晓莉
责任校对:刘亚男　　　责任印制:李志强

**出版发行** / 北京理工大学出版社有限责任公司
**社　　址** / 北京市丰台区四合庄路 6 号
**邮　　编** / 100070
**电　　话** / (010) 68914026(教材售后服务热线)
　　　　　　 (010) 68944437(课件资源服务热线)
**网　　址** / http://www.bitpress.com.cn

**版 印 次** / 2023 年 10 月第 1 版第 1 次印刷
**印　　刷** / 河北盛世彩捷印刷有限公司
**开　　本** / 787 mm×1092 mm　1/16
**印　　张** / 15.5
**字　　数** / 362 千字
**定　　价** / 88.00 元

党的二十大报告中高瞻远瞩地提出坚持守正创新，以科学的态度对待科学、以真理的精神追求真理，努力把我国建成教育强国、科技强国、人才强国、文化强国。因此，身为教育工作者的我们，要不忘教育初心，努力培养与国家社会需求相适切的人才，这是我们提升国家软实力的历史使命。再者，教育部明确要求，我国高等教育要与现代信息技术深度融合。本书力求体现这一精神，是落实我国高等教育与现代信息技术融合的具体作品。

随着数字生活空间的普及，全球的信息总量呈现爆炸式增长。基于此趋势，大数据、云计算等新概念、新范式广泛兴起，无疑引领着新一轮的互联网风潮。大数据营销衍生于互联网行业，又作用于互联网行业。无论是从消费端到产业链，亦或是从线下到线上，依托多平台的大数据采集和大数据技术的分析与预测能力，才能使产品更满足目标人群的需求，定价更为合理，购买更为便利，促销广告更加精准有效，进而提高企业与品牌的投资回报率。《维基经济学》一书中提到过"大就是美"，而在大数据的语境中，"大"则意味着更多维度的信息和更大的价值挖掘空间。

大数据营销是基于大数据分析，描绘、预测、分析、引导消费者行为，从而帮助企业制订有针对性的商业策略。如今运用大数据进行营销已成为主流，企业可通过网络平台进行海量数据的采集、分析以及预测，以达到精准化、高效化的大数据精准营销，获得更高的效益。毫无疑义，大数据正在迅速且深刻地改变甚至颠覆一些行业。对这场变革中的企业而言，谁具备大数据分析与精准营销的能力，谁就更有可能在未来激烈的市场竞争中脱颖而出；而对处在巨变中的管理、营销等运营人员而言，在传统商业与大数据互联网商业生态之间似乎有一道难以逾越的鸿沟，如何跨越鸿沟成为一道难题。鉴于此，我和我的团队耗时近三年编写了这部教材，以期为在"大数据营销大潮"中搏击的传统企业和从业者进行决策提供一定的借鉴。

本书创造性地基于4P理论对大数据营销策略进行了阐述，用大量案例导入的方式深入分析了每一个典型企业大数据营销的价值和创新。全书共分为九章，第一章概述了大数据营销概论，第二章概述了大数据营销理论基础，第三章概述了大数据营销技术与流程，第四章概述了基于大数据洞察的用户分析，第五章到第八章主要是基于4P理论阐述了大数据下的产品预测与优化、定价流程与策略、渠道选择与创新、促销与销售管理，第九章探讨了大数据营销伦理，以培养大数据营销从业者的伦理道德与职业意识。为了让读者更好地领会大数据营销的具体应用，每章前后及正文中配有数十个正反典型案例。

还要感谢我们的研究团队成员沈阳工学院贾志涛副教授、梁爽教授、李嵩与李松菲老师。他们高质量地完成了本书的编写工作。王丽娜教授完成了第一章、第二章、第三章；贾志涛副教授完成了第四章、第五章、第六章、第七章；李嵩与李松菲老师完成了第八章；梁爽教授完成了第九章。尤其要感谢沈阳工学院杨玥教授对全文进行了认真的审校。最后还要感谢沈阳工学院市场营销专业历届学生的大力支持，他们在学习期间帮我们积累了大量的分析案例与素材。在此一并感谢！

大数据营销是一个具有创新精神的领域，涉及各行各业，编写此书可谓是一项极大的挑战。虽然我们努力以最严谨的创新务实的态度编写本书，但疏漏仍在所难免，不当之处敬请读者指教！

王丽娜

2023 年 4 月 8 日

# 目 录

# 第一章 大数据营销概论

识记：大数据、大数据商业价值的概念，大数据与市场营销的关联，大数据的主要来源和特征。

掌握：大数据为组织带来的机遇。

形成：大数据营销从业者的底线思维与职业意识。

导学案例

## 沃尔玛经典大数据营销案例：啤酒与尿布

当尿布与啤酒这两种相互无关联的商品摆在一起时，其居然使尿布和啤酒的销量大幅增加了。这可不是一个笑话，而是一直被商家津津乐道的发生在美国沃尔玛连锁超市的真实案例。原来，美国一般是妇女在家照顾孩子，她们经常会嘱咐丈夫在下班回家的路上去沃尔玛超市为孩子买尿布，而丈夫在买尿布的同时又会顺手购买自己爱喝的啤酒。这个发现让商家决定将啤酒与尿布摆放在一起，结果两种商品销售量剧增。

"啤酒与尿布"的故事发生于20世纪90年代的美国沃尔玛超市，沃尔玛的超市管理人员分析销售数据时发现了一个令人难以理解的现象：在某些特定的情况下，啤酒与尿布两件看上去毫无关系的商品会经常出现在同一个购物篮中。这种独特的销售现象引起了管理人员的注意，经过后续调查发现，这种现象出现在年轻的父亲身上。原来，在美国有婴儿的家庭中，一般是母亲在家中照看婴儿，年轻的父亲前去超市购买尿布。父亲在购买尿布的同时，往往会顺便为自己购买啤酒，这就导致了啤酒与尿布这两件看上去不相干的商品经常会出现在同一个购物篮的现象。如果这个年轻的父亲在卖场只能买到两件商品之一，他很有可能会放弃购物而到另一家商店，直到可以同时买到啤酒与尿布为止。沃尔玛发现了这种独特的现象，开始在卖场尝试将啤酒与尿布摆放在相同的区域，让年轻的父亲可以同时找到这两件商品，并快速完成购物。而沃尔玛超市也可以让这些客户一次购买两件商品，而不是一件，从而获得了更好的商品销售收入，这就是"啤酒与尿布"故事的由来。

当然"啤酒与尿布"的故事必须具有数据技术的支持。1993年美国学者艾格拉沃提出通过分析购物篮中的商品集合，从而找出商品之间关联关系的关联算法，并根据商品之间的关系，寻找出客户购买行为的规律。艾格拉沃从数学及计算机算法角度提出了商品关联关系的计算方法——Aprior算法。在此基础上，沃尔玛从20世纪90年代尝试将Aprior算法引入POS机数据分析中，并获得了巨大成功。

（资料来源：啤酒与尿布经典大数据案例沃尔玛经典营销［EB/OL］.（2017-7-29）［2023-5-26］. https：//www.docin.com/p-1982200837.html.）

# 第一节　大数据营销基础

## 一、数据及数据资源

视频：大数据与大数据资产

"数据"的含义既指106、275之类的阿拉伯数字，又指"Dataology（数据学）"，如"小舟扬帆出海"等的文字表述，"15/06/02"等符号、字符、日期的表达形式。总而言之，数据是指能够输入网络空间的数字、文字报告、字符、声音、图表、照片等元素。

这里所指的网络空间（Cyberspace）主要是指互联网、物联网、广播、电视网络、终端通信网络、卫星网络等所有网络和设备构成的空间，这个空间真实存在。信息化的本质是将现实世界中的事物转化成数据并存储到网络空间中，即信息化是一个数据生产加工的过程，网络空间中的所有数据构成数据界（Data Nature）。

从另一角度讲，数据是网络空间中的唯一存在，即网络空间中的任何东西，是可度量的、可处理的、可观测的并占有空间的。数据可以分为两类，一类是表示现实事物的数据，称为现实数据，另一类则不表示现实事物，只在网络空间中存在，称为非现实数据或虚拟数据。

经过多年的国民经济与社会信息化发展战略的实施，信息技术（Information Technology，IT)已经为大家所熟悉。如今一部智能手机存储和处理数据能力相当于甚至强于20世纪80年代的一台台式计算机。今天的工作、学习、生活无不依赖信息技术，信息化为我们带来了巨大的便利。

信息化带来的变化显而易见。许多过去由人工完成的事情，现在由计算机来完成，更准确、方便、高效；将现实事物通过摄像头、录音装置、传感器等采集到计算机中，进行信息的储存和处理，这些信息统称为"数据"。信息化的结果是在计算机系统中不断形成数据，我们不断地扩大存储系统，买硬盘、买光盘、买U盘，不断地备份，真正目的就是想保存信息化的成果，保存好这些重要的数据。因此，从网络空间的视角来看，信息化的本质是产生数据的过程。数据作为一种资源已经获得广泛认识，有含义的数据集结到一定规模后形成数据资源。

## 二、大数据基本定义

信息社会的优势与所带来的影响是显而易见的，随着互联网技术的发展，我们每个人都处在传播节点上，半个多世纪以来，计算机技术全面融入社会，信息爆炸式发展已经到了引发社会变革的程度。国际数据公司（International Data Corporation，IDC）的报告显示，2020年全球数据总量超过40 ZB。量变必然引起质变，随着信息总量的不断增加，信息形态也在不断发生变化。最先经历信息爆炸的学科天文学和基因学首先提出"大数据（Big Data）"这一概念，云时代的到来则令大数据越来越受关注。作为一种新兴且价值巨大的资产，大数据极大地影响着政府、经济、教育、医疗等社会的各个领域，被誉为新时代的"石油"和"黄金"。

大数据，又称巨量资料，是指无法在可承受的时间范围内用常规软件工具捕捉、管理和处理的数据集合。在维克托·迈尔·舍恩伯格及肯尼斯·库克耶编写的《大数据时代》中，大数据是指不用随机分析法（抽样调查）这样的捷径，而采用所有数据进行分析处理的分析方法。舍恩伯格认为，大数据不是随机样本，而是全体数据；不是精确性的，而是混杂性的；不是因果关系，而是相关关系。McKinsey Global Institute（麦肯锡全球研究所）给出的大数据定义是，这是一种规模大到在获取、存储、管理、分析方面大大超出了传统数据库软件工具能力范围的数据集合，具有海量的数据规模、快速的数据流转、多样的数据类型和价值密度低四大特征。研究机构Gartner（高德纳）给大数据下了这样的定义，大数据是需要新处理模式才能具有更强的决策力、洞察发现力和流程优化能力来适应海量、高增长率和多样化的信息资产。大数据技术的战略意义不在于掌握庞大的数据信息，而在于对这些有意义的数据进行专业化处理。换言之，如果把大数据比作一种产业，那么这种产业实现盈利的关键，在于提高对大数据的"加工能力"，通过"加工"实现大数据的"增值"。

21世纪，全球数据信息正以爆炸式的方式增长，并且已经延伸到各个行业的各个领域，甚至成为各个行业生产、成长、竞争的关键。那么大数据的数量究竟能达到什么样的程度，以至于能成为各个行业重要的生存手段？

首先，大数据给人最直接的感受是"大"，即海量数据，数据量最少要在PB级以上才能称为大数据。下面我们通过换算来看一下称得上大数据级别的单位，究竟有多大。

8 bit = 1 Byte；

1 KB = 1 024 Byte；

1 MB = 1 024 KB = $1\ 024^2$ Byte；

1 GB = 1 024 MB = $1\ 024^3$ Byte；

1 TB = 1 024 GB = $1\ 024^4$ Byte；

1 PB = 1 024 TB = $1\ 024^5$ Byte；

1 EB = 1 024 PB = $1\ 024^6$ Byte；

1 ZB = 1 024 EB = $1\ 024^7$ Byte；

1 YB = 1 024 ZB = $1\ 024^8$ Byte；

1 BB = 1 024 YB = $1\ 024^9$ Byte；

1 NB = 1 024 BB = $1\ 024^{10}$ Byte；

1 DB = 1 024 NB = $1\ 024^{11}$ Byte。

以一部高清电影 1 GB 来算，1TB 就是 1 024 GB，也就是说 1 TB 的数据大小在 1 000 部高清电影之上。如果将其换算成字的话，2 Byte 就是 1 个字，1 TB 就是549 755 813 888 个字，那么 1 PB 以上的数据量究竟有多大就可想而知了。

其次，大数据正在以巨大的力量改变互联网世界，它具有更强的决策力、洞察发现力、流程优化能力、高增长率和多样化的信息资产。如今，互联网革命性地改变了商业的运作模式、政府的管理方法以及人们的生活方式，信息爆炸的积累足以引发新的变革。世界各地都充斥着比以往更多的信息，信息总量的急剧增加就会引发信息变革，大数据这一概念便应运而生，我们生活在一个充满大数据的互联网世界。

同时，大数据也在改变 IT 行业、制造业、零售业、政府管理、科技等领域的运行方式。

再次，大数据包括结构化、半结构化和非结构化数据，而非结构化的大数据主要是由文本、图片、语音、视频等构成。据 IDC 的调查报告显示，企业中 80% 的数据是非结构化数据，这些数据每年增长 60%。非结构化数据渐渐成为数据的主体。在以大数据与云计算为代表的技术创新支持下，这些原本看起来很难收集和使用的非结构化数据被利用起来，通过各行各业的不断创新，大数据将逐步创造更多的价值。

### 三、大数据的发展历程

大数据是逐渐发展、演变而来的，早在 1890 年，就已经有人使用科学的方法处理数据了。

1890 年，美国统计学家赫尔曼·霍尔瑞斯发明了用来读取卡片上的信息的制表机，从而用 1 年时间完成了原本需要耗时 8 年才能完成的美国人口普查活动，由此在全球范围内引发了数据处理的新纪元。

1961 年，美国国家安全局(National Security Agency，NSA)已是拥有超过 12 000 密码学家的情报机构。NSA 面对大量数据信息，通过计算机自动收集处理信号情报，并将仓库内积压的模拟磁盘信息进行数字化处理，仅 1961 年 7 月份，该机构就收到了 17 000 卷磁带。

1989 年，英国计算机科学家蒂姆·伯纳斯·李提出通过开创一个叫作万维网的超文本系统，在全球范围内利用互联网实现共享信息。

1997 年，美国宇航局研究员迈克尔·考克斯和大卫·埃尔斯沃斯描述了 20 世纪 90 年代的挑战：超级计算机生成大量的信息——在考克斯和埃尔斯沃斯案例中，模拟飞机周围的气流是不能被处理和可视化的。数据集之大，超出了主存储器、本地磁盘，甚至远程磁盘的承载能力。他们将这称为"大数据问题"，这也是人类史上第一次使用"大数据"这个词。

2009 年 1 月，印度政府建立身份识别管理局，对 12 亿人的指纹、照片和虹膜进行扫描，并为每人分配 12 位的数字身份标识(Identity Document，ID)号码，将数据汇集到世界最大的生物识别数据库中，从而起到提高政府的服务效率和减少腐败行为的作用。

2011 年 2 月，原本需要扫描 2 亿年的页面信息，只需几秒即可完成。

2012 年 3 月，美国政府出具一份报告，要求每个联邦机构都要有一个"大数据"的策略。同时，美国政府还宣布了一项耗资 2 亿美元的大数据研究与发展项目。

2012 年 3 月 29 日，美国政府发布了《大数据研究和发展倡议》，旨在应用大数据来提高对问题或事物的洞察能力，大数据的本质作用是预测。对相关数据或看似不相关的数据利用专用软件进行处理，对形成的模型进行分析研究，可对事物发展的趋势进行预测和洞察。这些研究涉及国土安全、经济安全、能源、医疗卫生和疾病防控、食品药品监管、国家档案管理、航空航天、生物信息和生物工程、人口和社会科学研究等多个领域。2012 年 4 月 22 日至 28 日，英国、美国、德国、芬兰和澳大利亚等国家联合推出"世界大数据周（Big Data Week）"活动，旨在制订战略性的大数据措施。2012 年 7 月，日本重启了因日本大地震等原因停滞的在信息、通信和技术领域（Information and Communications Technology，ICT）的"新 ICT 战略研究"计划，重点关注大数据应用，主要以电子政府、电子医疗、防灾等为中心制订新 ICT 战略。

2013 年 8 月，澳大利亚政府发布了《公共服务大数据战略》。

在 2012 年 2 月瑞士达沃斯世界经济论坛上，大会将大数据列为主要研讨对象之一。在这次会议上，发布了《大数据，大影响》（Big Data，Big Impact）的报告，报告指出，像货币和黄金一样，大数据已经成为一种新的经济资产类别。福布斯直接指出，"这一年（2012 年）最热的技术趋势当属大数据"。IDC 在 2012 年 12 月的报告中预测，大数据市场年复合增长率达 31.7%，其增速约为 ICT 市场增长率的 7 倍。此外，Gartner、麦肯锡等国际知名咨询机构也纷纷发表报告，看好大数据。联合国提出"全球脉动（Global Pulse）"新研究项目，旨在利用大数据来促进世界经济发展。

与互联网相关的企业通过互联网率先获得大量数据。数据资源型企业 Google（谷歌）、Facebook（现更名为 Meta，中文为元宇宙）、Twitter（推特）以及我国的百度、阿里巴巴、中国电信、中国移动等都是大数据的获益者和先行者，数据技术型企业得以蓬勃发展。数据市场的形成促使 Oracle（甲骨文）、IBM（国际商业机器公司）、Microsoft（微软）、Sybase、Intel（英特尔）等传统 IT 企业纷纷介入大数据领域。谷歌公司的无人驾驶汽车、广告和推荐，苹果公司的 Siri 等，都是大数据应用的成功典范。斯坦福大学助理教授贾斯汀·格里莫将数据与政治科学联系起来，借助对博客文章、国会演讲和新闻稿的计算机自动分析，研究政治观点是如何传播的。摄影创作人里克·斯莫兰推出的一个名为"大数据的人类脸谱（The Human Face of Big Data）"项目，通过在全世界范围内收集项目参与者实时上传的数据，以图片和小故事的形式（实时地）告诉人们，什么是他们所"看见"的大数据，并告诉用户他们的"数据分身"——世界上某一处跟他们属性接近的人。

在我国，国家发改委、国家自然基金委、科技部都将大数据列入了 2013 年的项目指南，并在 2014 年、2015 年继续支持。上海市科学技术委员会于 2012 年布局的"医疗大数据"和"交通大数据"两个项目是国内最早的政府研发项目，并且于 2013 年 7 月发布了《上海推进大数据研究与发展三年行动计划（2013—2015 年）》，该计划是国内政府最早的大数据计划；重庆市于 2013 年 7 月发布了《重庆市大数据行动计划》；天津市于 2013 年 11 月正式发布了《滨海新区大数据产业发展行动方案（2013—2015）》。另外，2012 年广东省启动了《广东省实施大数据战略工作方案》；2014 年 2 月，贵州省政府出台《关于加快大数据产业发展应用若干政策的意见》，在贵州全面推进大数据产业。2014 年，九三学社就"利用大数据技术提升政府治理能力"作深入调研并作专项提案。科教领域、实业界也掀起大数据热潮，大数据战略报告、会议论坛、专家委员会、联盟、产业基金如雨后春笋般出现，中国通信学会于 2012 年 10 月成立大数据专家委员会，中国计算机学会于 2012 年 10 月成立大数据专家委员会，2012 年 12 月北京成立中关村大数据产业联盟，2013 年 7 月上海成立大数据产业技术创新战略联盟，2013 年 6 月山东农业大学组建农业大数据研究中心以及农业大数据产业技术创新战略联盟等。此外，2015 年 4 月 14 日，全国首个大数据交易所——贵阳大数据交易所正式挂牌运营并完成首批大数据交易。

2016 年，随着人工智能(Artificial Intelligence，AI)技术的普及，AI 成为大数据技术的重要组成部分，深度学习框架 TensorFlow 的发布使得 AI 技术走向成熟。物联网的普及推动大数据技术开始处理大量实时数据，大数据驱动的决策更加精准和智能。

2017 年，云计算的普及使得大数据技术得到了更广泛的应用，越来越多的企业开始使用云原生大数据技术。大数据和人工智能的结合使大数据驱动的决策更加精准和智能。

2018 年，区块链技术的普及使数据安全和隐私保护成为大数据技术的重要问题。边缘计算的兴起使大数据技术处理大量实时数据的能力得到了进一步提高，同时也推动了工业互联网和智能制造的发展。

2019 年，5G 技术的普及使大数据技术能够处理更多实时数据，推动了工业互联网和智能制造的发展。大数据和云计算的结合使得数据分析和人工智能技术更加灵活和可扩展。

2020 年，大数据技术开始处理大量结构化和非结构化数据，推动了数字化转型和智能化升级。近些年的环境使得数字化和远程工作成为趋势，推动了大数据技术在远程办公、在线教育、远程医疗等领域的应用。

2021 年，大数据技术开始处理大量实时数据，推动了实时分析、实时预警和实时决策技术的发展。数字化和智能化的趋势使得大数据技术成为企业数字化转型和智能化升级的核心能力。

总的来说，大数据技术发展经历了许多重要事件，包括大数据技术的成熟和应用、人工智能技术的普及、云计算和物联网的普及、数字化转型和智能化升级的推动等。这些事件推动了大数据技术的发展，使大数据技术成为企业数字化转型和智能化升级的核心能力。

回顾大数据的发展历程，总体上可以划分为四个阶段：萌芽期、成长期、爆发期和大规模应用期。

萌芽期(1980—2008 年)：大数据术语被提出，相关技术概念得到一定程度的传播，但没有得到实质性发展。同一时期，随着数据挖掘理论和数据库技术的逐步成熟，一批商业智能工具和知识管理技术开始被应用，如数据仓库、专家系统、知识管理系统等。1980 年，未来学家托夫勒在其所著的《第三次浪潮》一书中，首次提出"大数据"一词，将大数据称赞为"第三次浪潮的华彩乐章"。2008 年 9 月，《自然》杂志推出了"大数据"封面专栏。

成长期(2009—2012 年)：大数据市场迅速成长，互联网数据呈爆发式增长，大数据技术逐渐被大众熟悉和使用。2010 年 2 月，肯尼斯·库克尔在《经济学人》上发表了长达 14 页的大数据专题报告《数据，无所不在的数据》。2012 年，牛津大学教授维克托·迈尔·舍恩伯格的著作《大数据时代》开始在国内风靡，推动了大数据在国内的发展。

爆发期(2013—2015 年)：大数据迎来了发展的高潮，包括我国在内的世界各个国家纷纷布局大数据战略。2013 年，以百度、阿里巴巴、腾讯为代表的国内互联网公司各显身手，纷纷推出创新性的大数据应用。2015 年 8 月，国务院发布《促进大数据发展行动纲要》，全面推进我国大数据发展和应用，进一步提升创业创新活力和社会治理水平。

大规模应用期(2016 年至今)：大数据应用渗透到各行各业，大数据价值不断凸显，数据驱动决策和社会智能化程度大幅提高,大数据产业迎来快速发展和大规模应用实施。2019 年 5 月,《2018 年全球大数据发展分析报告》显示,中国大数据产业发展和技术创新能力有了显著提升。这一时期学术界在大数据技术与应用方面的研究创新也不断取得突破,2020 年,全球以"big data"为关键词的论文发表量达到 64 739 篇,全球共申请大数据领域的相关专利 136 694 项。

随着我国大数据战略谋篇布局的不断展开,国家高度重视并不断完善大数据政策支撑,大数据产业加速发展,正逐步从数据大国向数据强国迈进。

尽管"大数据"这个词直到近些年才受到人们的高度关注,但"大数据"早已出现。来自全球著名的管理咨询公司麦肯锡公司在 2011 年 6 月发布的关于大数据的报告中指出:"数据日益成为一种生产力,已经渗透到当今每一个行业和业务职能领域,成为日益重要的生产因素。"大数据在物理学、生物学、环境生态学领域存在已有时日。近年来因为互联网和信息行业的发展而受到广泛关注,它将成为全世界下一个创新、竞争和生产率提高的前沿。本书从政府、学界和业界等方面梳理了近年来大数据产业的发展历程,如表 1-1 和表 1-2 所示。

表 1-1 政府推动大数据产业的发展

| 时间 | 事件 | 意义 |
| --- | --- | --- |
| 2009 年 | 美国政府开放政府数据 | 从肯尼亚到英国在内的各国政府相继效仿 |
| 2010 年 | 德国政府启动"数字德国 2015"战略 | 将物联网引入制造业打造智能工厂。工厂通过网络物理系统(Cyber Physical Systems,CPS)实现全球互联 |
| 2011 年 | 我国工信部把信息处理技术作为四项关键技术创新工程之一 | 包括海量数据存储、数据挖掘、图像视频智能分析等大数据的重要组成部分 |
| 2012 年 | 美国政府在白宫网站发布《大数据研究和发展倡议》 | 这一倡议标志着大数据已经成为重要的时代特征。之后美国政府宣布将 2 亿美元投资于大数据领域。大数据技术从商业行为上升到国家科技战略 |
| 2012 年 | 联合国在纽约发布大数据政务白皮书 | 总结了各国政府如何利用大数据更好地服务和保护人民 |
| 2015 年 | 我国十八届五中全会通过"十三五"规划 | 我国将大数据作为国家级战略 |
| 2017 年 | 中共十九大报告 | 提出推动大数据与实体经济深度融合,为大数据产业的未来发展指明方向 |
| 2019 年 | 我国政府工作报告 | 报告中提到"大数据",并且有多项任务与大数据密切相关 |
| 2020 年 | 欧盟委员会发布《欧洲数据战略》 | 该战略目标是使欧盟成为世界上最具吸引力、最安全、最具活力的数据敏捷型经济体,力争在未来的全球数据经济中占据领先地位 |

表 1-2　学界和业界推动大数据价值的发掘

| 时间 | 事件 | 意义 |
|---|---|---|
| 2010 年 | 肯尼斯·库克尔在《经济学人》上发表《数据，无所不在的数据》 | 从经济界到科学界，从政府部门到艺术领域，很多方面都已经感受到这种巨量信息的影响 |
| 2011 年 | 麦肯锡发布《大数据：创新、竞争和生产力的下一个新领域》 | 大数据开始备受关注，这是专业机构第一次全方位地介绍和展望大数据 |
| 2012 年 | 瑞士达沃斯世界经济论坛发布《大数据，大影响》 | 数据已经成为一种新的经济资产类别，就像货币或黄金一样 |
| 2010～2014 年 | 互联网巨头纷纷发布机器学习产品，如 IBM Watson 系统、微软小冰、苹果 Siri | 标志着大数据进入深层价值阶段 |
| 2015 年 | 计算研究（Computing Research）发布《2015 大数据市场评论》 | 大数据开始作为企业决策的重要支撑在商业市场上发挥巨大价值 |
| 2016 年 | 2016 全球大数据峰会在北京国家会议中心举行 | 全球大数据联盟（GBDC）在此次峰会上正式成立，大数据在商业价值的挖掘中发挥着更加重要的作用 |
| 2019 年 | 瑞士达沃斯世界经济论坛聚焦"全球化 4.0：打造第四次工业革命时代的全球架构" | 探讨全球化数据经济时代，国际社会特别是全球私营机构与公共政策制定机构应当如何合作，应对以大数据和人工智能为主导的自动化数据经济时代的机遇与挑战 |

## 四、大数据的分类

### （一）自有类大数据

自有类大数据即企业立足于自身网络平台所研发的数据类别之一。目前，欧美国家所创的自由类数据平台运营情况良好。Netflix（网飞）基于大数据原理分析其 3 000 多万订阅用户的网上行为，所预判的《纸牌屋》非常卖座；著名运动品牌 Nike（耐克）首先在其网上运动社区对用户跑步信息进行收集、整理，进而了解到主要城市的最佳跑步路线数据库；Target（塔吉特）超市参照会员消费记录对消费者购物倾向进行推断，再将符合其需求的产品以购物手册的形式向其推荐。企业自有类数据平台以不同形式存在，在数据收集领域，其角色是信息提供者，并分别基于不同层面服务于企业大数据营销。

### （二）第三方平台类大数据

从企业获取数据的渠道来看，最主要的除了上述提到的自建大数据手机平台之外，就是第三方平台类，包括搜索引擎、移动支付、电商或门户网站等。腾讯联合京东推出的《微信平台合作协议》，一方面，使后者的移动端更趋于完善；另一方面，为其导入的客户流量更客观。社交网络时代，大数据精准营销源于超大量用户资源所包含的大数据。美宜佳积极探索线上发展，并联合支付宝获得海量消费者购买记录，这一举措一方面打开了其线上市场，另一方面也是其针对数据的精准营销的关键一步。

## 五、大数据的特点

IBM 公司提出大数据具有"5V"特点，分别是 Volume（大量）、Velocity（高速）、Variety（多样）、Value（低价值密度）、Veracity（真实性）。

学界通常用 4 个 V（即 Volume、Variety、Value、Velocity）来概括大数据的基本特征。这些特征使得大数据区别于传统的数据概念。大数据的概念与海量数据有所差异，海量数据偏向于强调数据的量，而大数据不仅用来描述大量的数据，还进一步指出数据的发展形式、数据的快速时间特性以及数据分析、处理等的复杂程度。具体而言，大数据的基本特征包括四个方面，如图 1-1 所示。

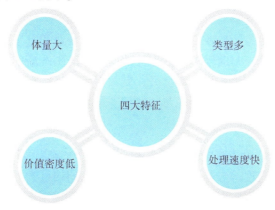

图 1-1　大数据的四大特征

### （一）数据体量大（Volume）

数据体量大是大数据的基本属性。在互联网时代，社交网络、电子商务和移动通信已经把人类带入一个信息量以 PB 乃至 EB 为单位的新时代。

### （二）数据类型多（Variety）

数据类型的多样性让数据被分为结构化数据和非结构化数据。相对于以往便于存储的以文本为主的结构化数据，包括网络日志、音频、视频、图片、地理位置信息等在内的非结构化数据越来越多，这些多类型的数据对数据处理能力提出了更高的要求。

### （三）价值密度低（Value）

价值密度的高低和数据总量的大小成反比。以视频为例，一部 1 小时的视频，在连续不间断的监控中，有用数据可能仅有一两秒。随着互联网以及物联网的广泛应用，信息感知无处不在，信息海量，但价值密度较低。如何结合业务逻辑并通过强大的机器算法来挖掘数据价值，是大数据时代最需要解决的问题。

### （四）处理速度快（Velocity）

数据增长速度快，处理速度也要快，时效性要求高。比如，搜索引擎要求几分钟前的新闻能够被用户查询到，个性化推荐算法要求尽可能实时完成推荐。这是大数据不同于传统数据挖掘的最显著特征。数据处理始终坚持 1 秒定律，快速地从各种类型的数据中获取有价值的信息。

# 第二节　大数据营销发展趋势

 视频：大数据营销革命　　　　　

## 一、大数据带来的变革

大数据时代的到来给各行各业以极大的冲击，每家企业和每个人都应当在大数据的浪潮下，接受大数据的洗礼，与时俱进。虽然大数据并不能生产新的物质产品，也不能创造新的市场需求，但它能够让生产力大幅提升。大数据所带来的数字化冲击是巨大的、不可回避的，主要体现在思维变革、商业变革和管理变革三个方面。

### （一）数字化冲击之一——思维变革

思维方式是人类大脑活动的内在程序，是一种习惯性地思考问题和处理问题的模式，它涉及我们看待事物的角度、方式和方法，并由此对我们的行为方式产生直接影响。大数据正在改变人们生活的方方面面，其中最主要的就是改变思维方式，引发思维大变革，带来所谓的"大数据思维"。

#### 1. 相关性思维

相关性思维，即关注数据间的关联关系。从凡事追问"为什么"转为只关注"是什么"，这时，相关关系比因果关系更加重要。在大数据时代，由于数据量特别大，以海量的形式呈现，要找出所有量与量之间的因果关系几乎不可能，因此不再追求小数据时代简单、直接的因果线性关系，而是关注复杂、间接的非线性相关关系。大数据时代打破了小数据时代的因果思维模式，带来了新的关联思维模式。

#### 2. 整体性思维

整体性思维，即用整体的眼光看待一切，虽然整体由部分构成，但是面对大数据，人们不能只用抽样的方法研究少量的样本，而需要对全体数据进行研究，真正做到"样本＝总体"。大数据技术也将总体论的整体落到了实处，整体不再是抽象的整体，而是可以具体操作的整体。

#### 3. 混杂性思维

数据量的显著增大必然会让一些不准确的数据混入数据库，导致结果不准确。这就是大数据时代的另一种思维——"不是精确性，而是混杂性"。对小数据而言，最重要的要求就是减少错误，而在大数据的采集中，在技术完善之前，混乱是不可避免的。

### （二）数字化冲击之二——商业变革

在大数据时代，个性化将颠覆一切传统商业模式，成为未来商业发展的终极方向和新驱动力。大数据为个性化的商业应用提供了充足的养分和可持续发展的沃土。大数据时代

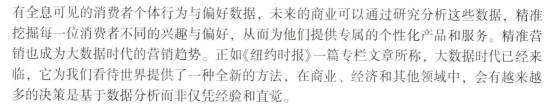

有全息可见的消费者个体行为与偏好数据，未来的商业可以通过研究分析这些数据，精准挖掘每一位消费者不同的兴趣与偏好，从而为他们提供专属的个性化产品和服务。精准营销也成为大数据时代的营销趋势。正如《纽约时报》一篇专栏文章所称，大数据时代已经来临，它为我们看待世界提供了一种全新的方法，在商业、经济和其他领域中，会有越来越多的决策是基于数据分析而非仅凭经验和直觉。

### （三）数字化冲击之三——管理变革

大数据时代的到来为数据在企业运营中打破时空局限提供了新思路，为"解放数据生产力"提供了新办法。海量的用户访问行为数据信息看似零散，但背后隐藏着必然的消费行为逻辑。大数据分析能获悉产品在各区域、各时间段、各消费群的库存和预售情况，进而判断市场趋势，有的放矢地刺激用户需求。大数据时代的企业不仅要掌握更多优质的数据，还要有足够的领导力和先进的管理体系，这样才会在竞争中立于不败之地。大数据环境下，企业管理变革主要体现在以下三个方面。

#### 1. 数据技术人才的管理

大数据时代下，数据技术人才的价值日益凸显，其中最关键、最重要的就是"数据科学家"。企业数据人才必须掌握统计技术，但比统计学知识更为重要的是数据清洗和组织大型数据的能力。因为很多是非结构化数据，所以数据科学家要理解"商业语言"，帮助管理者从数据的角度来理解企业所面临的挑战。

#### 2. 数据跨部门的管理

传统企业中，虽然各部门之间彼此合作，但是数据处于相互隔绝和分离的状态。大数据时代的企业应当有一个灵活的组织架构，能够实现跨职能部门合作，管理者应当为各部门配备合适的数据处理方面的专家，同时，对 IT 规划和运营维护给予足够重视。有健全的企业架构，才能有效地解决企业信息沟通不畅与数据孤岛的问题。

#### 3. 基于大数据的决策管理

大数据时代下，管理者的经验和直觉所起的作用正日渐减弱，商业领袖和管理者必须是那些能够从数据中发现商机、开拓市场的人，他们要掌握更多优质的数据，基于数据分析作出决策，将之转化为领导力，形成一套完整、科学的领导体系。

## 二、大数据带来的新模式

决策是任何组织和个人最重要也最频繁的活动。人类一直在追求科学的决策方法，以期获得最佳决策效果。大数据研究的作用在于其预测功能（短期、中期、长期），人们利用这种预测功能对事物进行预判，然后人为干预事物发展，使之向自己期望的方向发展，或作出其他科学的决策等。例如，天气预报由传统的预测预报变为逐步采用大数据预测，大大提高了预测准确率；利用人工干预，还可改变天气发展的趋势，如人工降雨等。

### （一）科学研究：基于数据密集型的新模式

进入大数据时代，我们的科学研究面临一种新研究模式，即数据密集型研究模式。科学研究包括多种研究类别，如实验科学、理论科学、计算科学等，这些科学研究产生了大量的数据，将这些数据与计算机科学结合，用软件处理这些数据，并从中发现信息或知识，这就是一种新型的学科——数据科学。近些年来，某些新兴学科实际上是数据科学与其他学科跨界融合的产物，例如，生物信息学是一门建立在分子生物学和数据科学基础上的新兴学科。随着实验设备和技术的不断发展，目前天文、地理、气象、原子物理、生物、医学、农业、军事、国防等学科领域，都在不断地与大数据结合应用。例如，第二代基因测序仪器一次可以产生数百兆字节的基因片段数据，这对二十年前人工测序而言，可称得上一次基因测序革命。在人类社会活动中，随着计算机以及移动设备的广泛使用，也产生了海量的数据。

### (二)经济社会发展：基于大数据技术的新常态

如今，各种多维和密集粒度的数据不断产生，对这些数据进行采集、挖掘、分析，有助于改善经济和社会发展的质量，还可通过人工干预使其向人们预期的方向发展。有研究结果表明，我国的很多小企业从成立到破产的自然生命周期为 7~9 年，如果这其中有些企业是国家或地方亟须项目，或是有发展潜力并符合国家产业政策的项目，政府可从政策到资金等方面进行调控和干预，使其渡过难关。

现代城市已经离不开计算机和网络，使用计算机和网络的结果是我们不断产生大量数据，可以说，我们已被笼罩在大数据中。最典型的莫过于我们可以通过手机和基站之间的交互数据来定位人的行踪。我们可以通过电子地图和导航软件，获得行车路线，并实时查看路况，避开交通拥堵的节点。我们在用微信、微博、移动聊天工具等时，既可文字交流、发送照片，又可语音交流，还可视频交流等。

大数据正在改变我们的生活和工作。如今遇到不懂的一般问题无须请教别人，在百度等搜索引擎查询便知。同时，现在很少人买《英汉词典》，在线查询学习即可。

大数据也可以用于维护社会治安。曾有电视报道，在某深夜入室盗窃系列案的侦查过程中，警方通过分析大量手机基站数据，并利用 GIS ( Geographic Information System，地理信息系统) 系统发现惯犯的行踪，并最终将其逮捕。此外，在交通管理、案件侦查、揭露谣言等方面，大数据也在扮演着越来越重要的角色，成为一种新的有效的技术手段。

在灾害救援方面，2010 年海地地震中，有研究者通过跟踪灾区当地近 190 万个活跃的手机 SIM 卡用户，预测出在太子港地区大约有 63 万人在地震当天离开后就再也没回去过——这意味着他们失去了自己的住所。这些数据为政府的救援工作提供了重要信息。山东农业大学利用传感器采集数据，旨在对滑坡等自然灾害进行预警。

### (三)国家管理：基于网络空间的现代国家管理发展战略

国家管理涉及政治、经济、社会、科技、思想、教育、文化、资源、环保等诸多方面。要实现国家管理社会化，显然离不开各方面的数据，而且必须对各方面数据进行综合分析评判，才能作出科学决策。利用大数据的预测功能为政府决策服务，可以大大提高政府决策的科学性。

目前，移动通信和互联网已经成为人们日常生活必不可少的工具。人们在通过这些技术相互沟通、获取信息的同时，也可以参与到社会管理中。如今，政务微博在"网民问政"和"政府施政"之间已搭起桥梁，成为信息交流、提供服务的重要平台。截至 2022 年 12 月，经过新浪平台认证的政务机构微博为 14.5 万个。截至 2022 年 12 月，我国 31 个省(区、市)均已开通政务微博。其中，河南省各级政府共开通政务机构微博 10 017 个，居全国首位；其次为广东省，共开通政务机构微博 9 853 个。

## 三、大数据的商业价值

### （一）存储空间出租

许多企业和个人有存储海量信息的需求，只有将数据妥善存储，才能进一步挖掘其潜在价值。如何利用存储能力形成商业化运营，值得关注。在互联网经济免费模式盛行的今天，无论是互联网公司还是运营商，都倾向于为个人用户免费提供云存储空间，形成使用黏性，然后通过其他增值服务进行收费。云计算是一个非常重要的商业领域，具体而言，其业务模式可以细分为针对个人的文件存储和针对企业用户的存储两大类。通过易于使用的应用程序接口（Application Programming Interface，API）①，用户可以方便地将各种数据对象放在云端，运营商则按用量收费。

### （二）客户关系管理

为提高核心竞争力，企业应用相应的信息技术以及互联网技术，来协调其与客户间在销售、传播和服务上的交互，从而改善管理方式，向客户提供创新的、个性化的客户交互和服务。其最终目标是吸引新客户、保留老客户，以及将已有客户转为忠实客户，扩大市场份额。随着市场竞争的加剧，加强差异化营销和个性化服务成为企业生存和发展的关键。大数据时代的到来给客户关系管理（Customer Relationship Management，CRM）带来了许多新的机会和挑战。传统的 CRM 主要关注企业内部的数据，关注如何把企业内部各个业务环节中零散的客户信息收集、汇聚起来；而大数据时代，电商、社交盛行，企业不仅要关注内部数据，还要想办法把外部数据整合利用起来，形成真正意义上的大数据，从而更好地为客户服务。

### （三）市场趋势预测

大数据可以广泛用于趋势预测。互联网最重要的一点就是网民可以展现其最真实的想法。网民在网上的点击、浏览、留言、购买等直接反映了其个人的性格、偏好和需求。通过对互联网上保留的大量前兆性数据的收集和整理，可以预测消费者未来的行为趋势。专业的大数据分析有助于把握消费者的心理和行为，更好地了解市场的特点和变化趋势，从而有利于企业作出更精准的营销决策。

### （四）个性精准营销

如今，企业都在谋求各平台间的内容、用户、广告投放的全面联通，以期通过用户关系链的融合、网络媒体的社会化重构，为客户带来更好的精准营销效果。相应地，营销由独立的过程转变为系统性工程，而数据在营销全程中扮演的角色也必然要由参考工具转变为"发动机"，数据驱动的精准营销将颠覆传统营销的决策模式及执行过程，给传统行业带来革命性的冲击。以亚马逊为例，它保存每位客户搜索、购买及其他几乎所有有用的信息，运用算法将该客户的信息和其他客户的信息进行比对，为其呈现出精准的商品购买推荐。Facebook 的做法也同样可圈可点。在 Facebook 的定向广告及其他个性化推荐业务中，大数据起着关键性的支撑作用。如果商家能根据时间和位置数据，向处在特定时间、特定地点的消费者有针对性地推送信息，那么效果会更好，转化率会更高。

---

① 应用程序接口是一组定义、程序及协议的集合，通过这一接口可实现计算机软件之间的通信。

## 四、大数据的新发展方向

大数据的整体趋势之下，移动设备和人进行捆绑，进而促进了整个互联网生态结构的转变。数据库营销在中国已是许多传统企业和国内外投资者高度关注和准备进入的"百亿蓝海"。精准营销借助先进的数据库技术、网络通信技术等手段保障和顾客的长期个性化沟通，从而不断满足客户的个性化需求，建立稳定的企业忠实顾客群，实现客户链式反应增值，使营销达到可度量、可调控等精准要求，促进企业长期稳定高速发展，使企业的营销更具竞争力。在数据如此庞大的时代，我们不能再完全依靠经验决策了，要更精准地找到用户和降低营销成本，提高企业销售额。伴随着营销领域本身的数字化的进展以及各类客户数据、销售数据、行为数据等类型数据的累积，新的商业分析将赋予企业营销新的推动。

### (一)营销模式策略调整

互联网、社交网络、移动网络无疑是大数据的制造者，一有时机，这些大数据就会在政府管理、企业营销中释放出巨大能量。在大数据的时代背景下，市场营销模式应从原先的单用户调查，转化为对商业中大数据的挖掘，这样企业才能掌握用户的基本情况、用户的爱好、用户对品牌的理念及消费观点，还有对新产品的反应，企业的决策者和研发人员就可以针对各种用户所有可能的情况进行调整，增加营销量。

### (二)配置合理的企业数据库

大数据时代，在商业、经济、政府等领域中，决策应该基于数据和分析，而非基于经验和直觉。在公共卫生、经济预测等领域中，大数据的预见能力也已崭露头角。大数据时代企业界数据库拥有的数据量快速膨胀，不同数据之间形成大量的数据重合，这也是大数据时代的产物。

所以，营销型企业是大数据的生产者和制作者。如何在有限的人力、物力资源条件下，配置合理的数据库，更好地服务于企业自身和客户的需求，是企业统计数据库建设的首要问题。

### (三)发展数据挖掘技术，高效地利用数据库资源

大数据时代，物联网技术的发展、社交媒体的兴起，从客户交易到交互数据的改变，都对营销模式产生影响，也客观上要求用新的分析方法和技术来挖掘价值。如何对大数据进行分析、处理和高效利用，是企业界、相关科研机构需要解决的问题。大数据要求统计科学的发展越来越趋于量化分析，而数据挖掘成为一个重要的武器。

时代杂志(*TIME*)预测，数据挖掘(Data Mining)将是 21 世纪最热门的五大新兴行业之一。数据挖掘是从大型数据集(可能是不完全的、有噪声的、不确实性、各种存储形式的)中挖掘隐含在其中的、人们事先不知道的、对决策有用的知识的过程。它也涉及计算机、数学、统计学、人工智能等众多学科领域。针对大数据量大且内容庞杂的特点，应将非结构化数据转化为结构化数据，积极推动数据处理方式从简单汇总向数据挖掘方向转变，加强对数据的预处理，提高数据处理的智能化程度。"啤酒与尿布"的故事就是数据挖掘的一个经典案例。

对数据进行挖掘，就像寻找一座金矿，但如果没有选矿的方法，其价值是发挥不出来的。对企业界来说，最迫切需要的不是数据，而是准确处理、分类数据的方法，这也是网

络营销实现计量化、精准化的前提。

数据挖掘技术与信息技术紧密相连，结合数据库技术、统计分析方法，可使企业大数据统计分析工作理念、服务理念发生根本的转变，提高企业营销的业务水平。比如，利用数据挖掘中的关联分析、聚类分析等技术对客户相关数据进行分析，可派生出很多有关社会学、经济学、统计学的研究成果。

### （四）云技术研究

很多计算机专家和企业界精英认为，云计算通常会和大数据紧密联系在一起，这是因为云计算是目前最好的能实时完成大数据发现、挖掘、存储与处理的大型计算技术。所谓云计算，指的是基于互联网的相关服务的产生、使用和交付模式。对于大数据的云计算，可以理解为通过互联网或局域网，将数据按需、易扩展的方式，通过虚拟化的过程高速提供给数据请求者。云存储则是在云计算概念上延伸和发展的一个新概念，主要指通过集群应用、网络技术或文件系统等功能，将网络中大量各种不同类型的存储设备通过应用软件集合实现协同工作，达成共同对外提供数据存储和访问功能的全新存储系统。

利用大数据特征，借助云计算这个有效工具，才能够深度挖掘流量与数据价值。

### （五）加大大数据人才的培养力度

在大数据背景下，未来的大型企业，不仅需要技术工人、技术专家，更需要大批精通数据分析、信息科学，且学术造诣和实践操作能力都很强的大数据分析师。所以大型数据企业应加强与科研机构、高等院校的合作，从研发经费、科研项目、专业建设、师资力量、相关培训等方面加大对大数据人才的培养力度，通过理论培训和实践操作培养出一大批技术高超的大数据分析师、在数据战中能够运筹帷幄的大数据战略家。

在大数据的影响下，往日的营销日渐沉淀为科学化营销和艺术化营销两大主流范式，而企业的营销组织架构、人员构成以及工作内容也因此发生巨大的改变，大数据将成为新时代的"原油"。未来的世界，得大数据者夺先机，具备先进的数据分析技术、信息技术，能够掌控、操纵大数据者才是业界的霸主。

# 第三节　大数据营销革新与营销体系重构

## 一、大数据背景下营销革新与重构营销体系的策略方法

### （一）基于大数据的营销革新与营销体系重构的可能

当下，媒体融合诱发"混媒"与"终端革命"，一方面，它使媒体产业结构以及传统受众接触、传播范式全面改变；另一方面，受众在网络环境中重聚，受众反馈效率更高、信息更全面，海量数据得以聚集，大数据于此时对营销体系进行重构，极有可能构建全媒体营销。学者黄升民、刘珊认为，构建全媒体营销体系时，应以海量数据库和共创性的传播平台作为两大基石，同时参考兴趣、需求重新勾勒、分类受众轮廓，重聚于虚拟网络，一方面使营销更科学、更精准，另一方面，则可能带来全新盈利模式——大数据营销体系。

基于大数据的营销体系重构的可能有四方面表现：首先，数据量增加已从量变演变为

质变；其次，它们涵盖了众多源于互联网络技术的同时查找行为接近的记录，受众终端好比记录仪，记录其连同真实信息在内的全部真实行为；再次，其成本因技术变革而极小化；最后，用户自觉发布的信息也属数据的一部分，这些信息包括海量数据、互动数据、平台化传播、互动沟通方式等。

### （二）大数据背景下营销革新与重构营销体系的方法

#### 1. 数据信息匹配营销原则构建信息平台

大数据背景下，应本着数据信息匹配营销的原则构建信息平台。这里所说的信息平台一般包括三部分：一是家庭信息平台；二是个人信息平台；三是社区信息平台。三者交互利用，一方面成就了营销可能的突破；另一方面，也使全媒体营销的核心价值得以实现。假定某一家庭信息平台以有线数字电视互动、双向网络为支撑，其介质是数字电视终端，则在此平台的建设过程中，存在两大并行的营销资源：用户数据库和数字内容库。前者所提供的用户及其行为信息既真实，又可寻址；后者提供给营销者的除了多种营销资源之外，还包括广告平台。营销过程中，这些数据所提供的用户需求最接近实际。为提升营销的针对性，实现精准营销，营销者必须深入挖掘、处理这些数据。

趋同于上述原理，个人信息平台更精准地把个人定位为营销目标。个人移动数据库的构建需要利用个人媒体终端——它以智能手机为代表，首先记录使用者使用数据并分类、打包，在电子商务平台的帮助下，媒体和广告营销机构获得相应的数据，在确定针对性、适配性的前提下，把媒体内容、广告及服务信息提供给用户，就可实现精准营销。

构建社区信息平台应考虑到社区概念，一方面，它包括互联网社交媒体社区；另一方面，现实生活中的社区也是其意所指。假如某一小区有 1 000 户家庭，它的需求集合就很庞大，包括餐饮、健康、医疗、购物、教育等，此类社区能否形成既直接又有效的营销闭环，关键在于能否围绕它建立健全双向互动信息平台。为此，一方面，应确保所提供的营销服务是立足于不同用户需求的精准营销；另一方面，需要充分结合物联网和物流配送体系。

#### 2. 充分运用大数据技术结合全媒体重塑抽样，强化精准营销

全媒体时代既强调传播方式的平台化，又强调其与受众的互动功能。企业应充分意识到受众极有可能主动"发信"，进而探析时代环境背景下，如何运用大数据技术重塑抽样。出于对成本的考虑，一般不会选择普查而惯用科学抽样。但大数据时代，传统抽样必须被颠覆，这是由于在平台化传播方式加上碎片化的社会结构条件下，很难准确抽样，样本也很难体现全面，代表性不充分。诚然，抽样本身既科学，又便于操作，但新的时代背景下，需要借助全新方式、手段重塑抽样。

激发、掌握并满足需求可谓营销的核心理念，通过数据对需求进行了解，再激发、满足需求是普查和抽样的基本出发点和立足点。此前，在抽样数据的帮助下，可对需求进行推断及预判，而今，企业在营销过程中，只要运用大数据技术就可清晰需求信息，其精准性极高。在寻址技术、物联网的运用下，海量数据连接、匹配实体，需求的最终出现或是个人形式，或是家庭形式，抑或是社区形式，且出现时已经被鉴别、记录、营造、设计，且成本极低。应该说，大数据结合全媒体是重塑抽样、强化精准营销的全新方式。

#### 3. 从数据信息过渡至大数据产品

大数据使营销体系构建基础得以改变，同时使营销体系更精准。随着大数据的诞生，

衍生出全新的盈利模式，其核心表现是数据可直接生成产品。互联、互通网络背景下，凡是信息平台，都会留下用户海量数据，而大数据处理技术可对其分类整理，并使其再聚合。聚合后，这些数据信息的商业价值提高，就有了销售的可能。例如，淘宝网采集、存储海量交易数据后，自建"云存储系统（Ocean Base）"，从而使数据产品化。专业海量数据挖掘使淘宝形成以进驻商家为对象的种类繁多的数据产品。与此同时，数据平台开放后，淘宝诞生了很多第三方数据开发产品，例如面向其他电商网站的数据软件、产品；面向社区社会化电商、众多网站的解决方案；面向淘宝卖家，以及消费者的各类优化工具，等等。不难理解，需求正是数据所要描述的对象，而淘宝的发展可映射出，大数据背景下，重构营销体系需要充分利用数据，借此才能构建销售与需求间的桥梁，更好地发挥全新商业模式的积极作用。

#### 4. 拓展新的发展空间，积极应对营销体系各环节挑战

当前，全媒体营销集合大数据背景下，重构营销体系要求企业以营销体系各环节为对象，积极拓展新的发展空间，从而更好地应对营销挑战。与此同时，不同类型的企业重构营销体系的重点应有所区别，但对其数据挖掘力、应用力要求是一致的。数据服务公司应能掌握实时海量数据检测技术，可构建大数据挖掘模型，其大数据分析能力较强；媒体机构应能记录信息痕迹，并具备建立海量数据库、运用大数据分析、优化自身内容、为产品与营销服务的能力；广告营销机构应对广告效果多样化追踪，可运用大数据对媒体广告价值进行分析，同时对广告营销服务进行优化；第三方技术公司应具备大数据采集、存储、分析，以及大数据挖掘技术解决能力。

#### 5. 健全法律法规，妥善解决全媒体营销涉及的隐私问题

大数据处理技术下，重构营销体系时，受众个人信息必然牵涉其中，因此，如何妥善处理信息、保护受众隐私，成为重构营销体系的一个关键问题。诚然，物联网技术、寻址技术下的受众信息高度真实，但是不可避免地成为双刃剑，引发伦理道德拷问。据报道，目前全球已有50余个国家对个人信息数据管理、使用予以法律规范。其中，美国制定了很多个人信息保护法，如《隐私权法》《防止身份盗用法》《信息保护和安全法》《消费者隐私保护法》《网上隐私保护法》等；加拿大的相关法律有《个人信息保护及电子文档法案》《隐私保护法》；英国颁布了《数据保护法》；日本颁布了《个人信息保护法》；欧盟的相关法律有《关于个人数据自动化处理之个人保护公约》和《关于涉及个人数据处理的个人保护，以及此类数据自由流动的指令》。2021年8月20日，第十三届全国人大常委会第三十次会议审议通过《中华人民共和国个人信息保护法》（以下简称《个人信息保护法》），于2021年11月1日起施行。《个人信息保护法》一共分为八章七十四条，在有关法律的基础上，进一步明确了个人信息处理活动中的权利义务边界，细化、完善了个人信息保护应遵循的原则和个人信息处理规则。《个人信息保护法》第一条指出，"为了保护个人信息权益，规范个人信息处理活动，促进个人信息合理利用，根据宪法，制定本法。"该部法律根据宪法制定，意味着《个人信息保护法》已经成为信息保护的基本法，也意味着个人信息保护权上升为公民的一项基本权利。

### 二、大数据在营销中的价值

有人把数据喻为蕴藏能量的煤矿。煤炭按照性质有焦煤、无烟煤、肥煤、贫煤等分

类，而露天煤矿、深山煤矿的挖掘成本又不一样。与此类似，大数据并不在于"大"，而在于"有用"。价值含量、挖掘成本比数量更为重要。对很多行业而言，如何利用这些大规模数据是赢得竞争的关键。在生产过剩的年代需要供需对接，利用大数据可实现恰到好处的匹配，预见性的生产已经可以实现。以往营销策划都是通过调研、抽样、简单数据统计、消费者分析等方式来研究消费者行为，这种方法最大的问题是缺乏精准性，并不能完全代表消费者的真实需求。随着大数据逐渐进入营销实践中，用大数据说话，形成用户真实的消费使用数据与沟通关系数据，用大数据技术能力为企业提升品牌影响力，开启了全新商业世界的新征途。

### （一）以用户需求为基础定制改善产品

大数据已经渗透到每一个行业和业务智能领域，成为重要的生产因素。数据库的组织结构以网状为主，复杂多变，程序和数据间你中有我，我中有你，彼此产生强烈的依赖性。我们对这种大数据规律的挖掘和运用，实质上也是为挖掘用户需求做铺垫。

消费者的潜在需求可从其消费记录数据中体现出来，企业定制改善产品主要应参考这些数据。例如，ZARA 公司内部的全球资讯网络定期汇总各分店顾客意见，并及时将其向总部设计人员传递，总部则据此作出决策，而后把新设计传至生产线，"数据造衣"过程就是如此实现的。利用"数据造衣"，ZARA 对各地区流行色进行系统分析，并基于其整体风格作出同客户需求最贴近的市场区隔。与此同时，ZARA 网店同样视消费者意见为市场调研数据之一，并在产品研发、生产的过程中充分考虑这些数据。这正是该品牌"快速时尚"的最主要原因。

### （二）开展精准营销的推广活动

让大数据产生营销价值，首先要把数据组织成数据资源体系，再对数据进行层次、类别等方面的划分，同时，要把数据和数据的相关性标注出来，这种相关性是反映客观现象的核心。在此基础上，通过分析数据资源和相关部门的业务对接程度，发挥数据资源体系在管理、决策、监测及评价等方面的作用，从而发挥大数据的营销价值，真正实现从大数据到知识规则的转变，为精准营销决策提供依据。

大体上，以数据为基础的精准营销推广活动分三个类别。

首先，作为产品经营者，企业可以大数据分析为途径，对存在特定潜在需求的受众人群进行定位，并对其作出针对性更强的定向推广，从而刺激消费。作为经典的精准营销案例之一，QQ 空间上"红米手机"的首发可谓成功实现了"大数据找人"。以筛选关注主页、点赞等海量用户行为及其年龄、性别、朋友圈、教育程度等身份信息为途径，红米公司最后筛选出的可能对红米手机感兴趣的用户为 5 000 万，锁定目标群体后，即向其定向投放广告并进行推送。

其次，企业可以既有消费者为对象，以用户行为数据为依据对其购物习惯、倾向进行系统分析，并据此推送定制化商品。亚马逊的产品推荐页、沃尔玛的建议购买清单、Target 百货的促销手册均体现了企业源自"个性化产品推荐"的可预测销售额。另有数据显示，每一天上网高峰期主要集中在中午 12 点之后和晚上 12 点之前。研究人员发现，出现这种现象的原因是现代人睡觉前都有上网的习惯，于是有些淘宝商家就利用消费者这种习惯在晚上 12 点进行促销秒杀活动，带动销量倍增。

再次，企业可以既有消费者差别化人物特征为依据，细分受众为网购达人等具体群

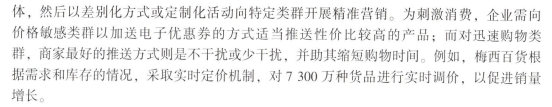

体，然后以差别化方式或定制化活动向特定类群开展精准营销。为刺激消费，企业需向价格敏感类群以加送电子优惠券的方式适当推送性价比较高的产品；而对迅速购物类群，商家最好的推送方式则是不干扰或少干扰，并助其缩短购物时间。例如，梅西百货根据需求和库存的情况，采取实时定价机制，对 7 300 万种货品进行实时调价，以促进销量增长。

### （三）维系客户关系

几乎所有的企业，尤其是传统企业都面临产能过剩的困境。有些企业在对消费者需求了解不精准的情况下，盲目大量生产，这将会导致后续出现一系列问题。而基于大数据营销的背景下，企业可以把上游和下游商品一直到末端个体消费者，甚至国民经济社会环境等大数据关联，而这种关联能让企业对客户关系进行更好的维护。

大数据的商业应用方式，有一种是挽留老客户以及对购物车放弃者予以召回。中国移动以客服电话形式向流失客户推介最新优惠资讯；为拉回老顾客，餐厅借由会员预留信息（主要是联系方式）向其推荐打折优惠券；YouTube 参考用户收视习惯对近期互动名单进行确定，并以此为依据，以电子邮件的形式提醒、鼓励有可能流失的用户再次观看。通常，消费者（用户）的忠诚度各有不同，大数据的主要任务是帮助企业对其进行区分和识别，而企业客户管理中，消费者差别化管理可谓重要的理念基础之一。

## 第四节  大数据在营销实践中的应用案例

### 案例一：网易云年度歌单刷屏

近年来，流行的年度账单和年度歌曲列表可以在年底为用户生成专属的个人报表，显示该用户一年内在应用程序上的各种行为。而这种精细化的个人报表实际上也是利用大数据技术收集用户的个人行为数据，并通过分类和计算获得的。近年来，网易云的歌曲一直吸引着用户的眼球，让用户积极参与其中。网易云的年度歌曲清单就是通过收集的用户的收听信息和数据生成的。每个用户听得最多的歌曲、发送的评论、收听时间、收听习惯等，都将显示在这个专属的歌曲清单中。它非常清楚地列出每个用户的收听喜好并分析用户的心情、个性等，制订一个大概的标签，增加更多的个人情感内容，让用户体验定制化。正是基于大数据，网易云与用户才能形成深度的创意互动，并实时生成独家歌曲列表。从网易云年度歌曲列表刷屏的案例中不难发现，最受欢迎和最受公众关注的是年度歌曲列表的独特性和特殊性。

（资料来源：知乎，《分享四个经典的大数据营销案例，带你了解大数据的魅力！》，作者数据之窗）

### 案例二：爱奇艺大数据营销的三大特色

爱奇艺是我国视频行业的领先者，自 2010 年 4 月 22 日创立以来，始终以"悦享品质"为理念指导，以"用户体验"为使命，不断开拓进取，全方位为用户打造精品化视频内容，赢得了用户的广泛认可与青睐，短短 6 年时间便完成了华美蜕变，成为一匹行业黑马。在大数据时代背景下，爱奇艺敏锐地捕捉到了时代发展契机，深入挖掘和利用大数据价值，积极构建独特的大数据营销模式。据艾瑞最新数据调查显示，2016 年第二季度爱奇艺无论是在 PC 端的覆盖率，还是在移动端的覆盖率都位居第一，尤其是移动端更是高达 68%，比第二名、第三名的总和还要高，而这一切都得益于其成功的大数据营销。

## 一、精准投放

要想实现高效的品牌营销，就必须了解用户的真实需求。基于此，爱奇艺以百度大数据平台为支撑，推出"一搜百映"，其技术核心就是通过对搜索引擎数据的深入挖掘与分析，优化视频广告服务，降低对非目标用户的广告投放率。结合专业的数据测算结果，该技术能够确保页面广告渗透率达到 50%，效果显著。简单来讲，该技术就是在品牌的视频广告植入时，依托大数据技术更为精准地定位用户需求，充分发挥互动广告价值。"一搜百映"是爱奇艺依托百度大数据资源优势，在品牌营销实践方面的一大创新，为品牌提供了更多的精准投放空间。

为进一步优化用户的视频广告贴片体验，爱奇艺在"一搜百映"的基础上推出了"云交互贴片"技术，用户能够在贴片广告上直接完成注册、游戏、分享等功能，全面提升了购买行为的转化率。在"一搜百映"运用中，搜索关键词可视为用户的消费信号，借此对需求进行细化和定位，而后借助"云交互贴片"技术达到提高用户购买、试用转化率的效果。"一搜百映"所实施的精准投放，让爱奇艺更具针对性、即时性地了解用户需求，"云交互贴片"技术则让用户需求满足变得更为便捷和有效。

## 二、个性推荐

大数据时代，视频媒介要想实现可持续发展，就必须不断培养和维护忠实用户群，而忠实用户群的培养关键就是优质内容能否高效、独家传达。目前，爱奇艺经过多年实践，已经形成"版权独播+首页推荐"的大数据传播方式，成功培养了一大批忠实用户。

大数据时代，以往单一的内容资源已无法充分满足用户的个性化需求，也很难达到预期的营销效果，阻碍了视频媒介的可持续发展。充分意识到这一点后，爱奇艺借助自身的数据资源优势，不断加大自制原创节目的生产，取得了显著的成效。爱奇艺不断加大优质内容独播版权的投入力度，并成功买断《奔跑吧兄弟》《危机出逃》《大学生了没》等多档热门综艺节目 2015 年的独家播放权。而早在 2014 年，爱奇艺便凭借《爱情公寓 4》《废柴兄弟》《来自星星的你》等影视剧的超高点击量，一举迈入了网络视频影视播放的"10 亿俱乐部"。之后，爱奇艺不断深入实践优质内容独播战略，并以此为重点，以全面覆盖为目标，不断丰富平台精品化资源，包括新一季的《蜀山战纪》《奔跑吧兄弟》等众多优质版权内容，成为视频网站用户争夺战中的一大撒手锏。优质内容独播版权的购买成本确实很高，但不可否认的是，这种优质内容独播战略所产生的效益也相当可观。据艾瑞调查显示，用户在一个视频媒介上未能搜索到自己想要的节目资源而继续停留在该媒介上的概率非常低，因此，要想培养和维持忠实用户还是要靠优质内容的独播。目前，爱奇艺已经能够根据用户所在地区、登录时间、浏览记录等信息，给每一个用户建立收视兴趣模型，有针对性地向用户推荐内容。据悉，爱奇艺首页推荐内容的命中率高达 40%，而推荐所产生的播放量占比也高达 50%。在网络媒介内容日益丰富，用户时间成本越来越高的大数据时代，爱奇艺所实施的优质内容首页推荐战略，不仅有效降低了用户的时间成本，还强化了观

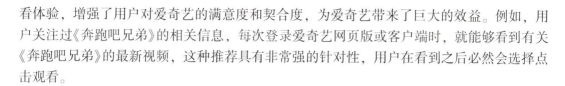

看体验，增强了用户对爱奇艺的满意度和契合度，为爱奇艺带来了巨大的效益。例如，用户关注过《奔跑吧兄弟》的相关信息，每次登录爱奇艺网页版或客户端时，就能够看到有关《奔跑吧兄弟》的最新视频，这种推荐具有非常强的针对性，用户在看到之后必然会选择点击观看。

### 三、多屏营销

为更好地展开网络视频的品牌植入与推广，爱奇艺通过线上与线下合作，实现了内容与品牌的无缝对接，延伸到用户生活的各个屏幕，实现高效的多屏营销，并形成了四位一体的大数据营销体系。四位一体的大数据营销体系是一个循环过程，基于大数据的信息反馈进行精准定位，然后绘制用户心中的"品牌地图"，了解其个性化需求，采取针对性的品牌营销策略进行广告投放，利用大数据技术进行效果评估，最后根据反馈信息及时作出调整与优化。

虽然大数据营销链条越来越复杂，但万变不离其宗，只有对大数据反馈的用户信息进行解读，才能全面地了解和掌握其个性需求。2012年上线的《美食美课》是通过大数据技术对用户美食需求及时、全面的了解，联合利华旗下食品品牌与爱奇艺对用户需求进行了有效量化，共同制作出了该节目，第一季、第二季的累计点击量近亿次。双方之所以选择以美食类节目作为战略合作突破口，更看重的是用户所搜索的信息内容，通过这些信息的分析可有效展开其需求的量化与细化，为线上品牌推广和多屏营销创造有利条件。可以说，爱奇艺出品节目在与广告主的合作上，不断创新，品牌与视频内容融合的掌控能力不断提高，使品牌元素成为视频内容的一部分，实现了广告植入的大数据化、无障碍化、艺术化。

此外，爱奇艺大数据以技术为基础，在"大平台"加"大整合"的支撑下，通过行业营销盛典、颁奖等活动，实现品牌与内容的多元合作。"爱奇艺汽车大数据营销盛典"无疑是这种合作模式的典范，该营销盛典诞生于2015年，与其他媒体的颁奖盛典不同，作为汽车视频领域大数据营销的先行者，爱奇艺汽车整合百度平台的资源优势，并依托平台数据进行全方位的立体调研分析，评选出年度优秀案例，使之成为大数据营销的风向标。中国网络视听节目服务协会（China Netcasting Services Association，CNSA）公布的《2015年中国网络视听发展研究报告》指出，爱奇艺以高达56.4%的整体市场份额，居视频网站第一，同时在移动端市场份额与付费用户比例方面均领先全网，成为视频网站中新的领跑者。超高流量加上庞大的数据运算和应用系统，使爱奇艺成为汽车营销的超大平台。2015年8月，优信二手车宣布与爱奇艺达成1.8亿元战略合作，获得了爱奇艺独家网络播出的《奔跑吧兄弟第三季》冠名及爱奇艺汽车三档自制节目多维度、无间断定制二手车节目内容，以及一系列视频整合营销权益，再次刷新互联网营销新纪录。

大数据时代语境下的视频媒介要想实现可持续发展，就必须及时转变营销思维，在注重精准投放的同时，加强节目自制原创性，并采取"独播+推荐"的播放方式，强化用户体验，培养和维护忠实用户群。同时，还要积极展开线上、线下内容与品牌的深度合作，展开多屏推广，以进一步拓展视频媒介的发展空间，推动其可持续发展。可以说，大数据时代，网络视频媒体如何实现转型突破，如何借助大数据形成竞争优势，推动自身可持续发展，尚待深入探索与实践。

**案例分析讨论**

## 案例：大数据如何改变中国电影

### 大数据助力中国电影行业的发展

近年来，伴随着平台的流量红利，中国电影市场迎来黄金时期，互联网的宣发能力、数据分析能力、粉丝营销能力都深刻地改变了传统电影行业，中国电影市场即将进入下一个发展阶段：大数据电影时代。大数据广泛应用于电影行业，其价值主要体现在以下三个方面。

### 实时票房数据平台丰富了数据源

2015年10月，实时票房数据平台上线，几乎覆盖了100%的院线，是国内唯一精准的电影票房数据来源。尽管只能做到每晚9：30更新，但已经迈出一大步，对于大数据在电影行业发挥作用具有里程碑意义。

大数据发挥作用的前提是有足够多的有价值的数据。数据越全面、更新越及时，就越有价值。之前与电影相关的数据更多的是间接地（例如采用用户搜索指数）描述电影市场；关于票房本身的数据则存在于不同的在线订票平台中，这些平台之间数据不是互通的，所以各家有各家的数据，只能基于市场份额推测票房，实际出入会比较大。不同营销策略下，不同的电影在不同平台的票房差异非常大。

### 大数据成为中国电影行业的重要工具

基于与电影相关的大数据挖掘，可以发现一系列的规律，形成一系列的分析结果，给电影产业的不同环节提供决策参考，形成最终解决方案。关于电影的大数据产品至少有以下四类：

（1）票房预测。基于以往电影票房数据的规律，结合当前与电影相关的舆情、搜索等数据，可对某一部即将上映的电影进行票务预测，类似天气预报，未卜先知。

（2）精准营销。通过用户画像、电影销售、观众习惯等数据，帮助一部电影去发现其特定的客户群，指导电影发行公司进行精准营销。不同导演的电影肯定会有不同的受众，首映在哪个城市、哪家影院举办，平面广告贴在哪个公交车站，向谁推送衍生产品广告，都将基于数据而不是经验来决策。

（3）C2B创作。过去都是电影创作者先有灵感再制作电影，大数据时代则是反过来的，是根据用户关注度去创作，尤其是在电影进入知识产权（Intellectual Property，IP）时代之后。一部网络小说在哪些人群中比较火，就面向这个人群制作电影，然后根据其偏好选择特定的演员，甚至为其定制一些剧情。例如，电视剧《纸牌屋》就是利用大数据的经典案例，拍什么、谁来拍、谁来演、怎么播，都是根据数千万观众的喜好决定的，实现了消费者对企业（Customers to Business，C2B）生产。有了大数据，电影在IP选择、剧情设计、导演和演员的选择甚至是票价定价上，都可以采取C2B模式。

（4）电影推荐。中国电影进入前所未有的繁荣时代，同期上线的电影越来越多。该引进哪些国外影片、院线该如何排片、用户应该选择看哪部，都可基于大数据进行决策。在针对用户的电影推荐上尤其如此。电影市场是一个长尾市场，尽管少部分明星电影是大家都喜欢的，但还有一些电影是属于特定群体的，这时如何在不剧透的前提下让观众选择所喜欢的电影？过去基于媒体、基于点评的机制现在不一定管用，尤其是在"水军"充斥网络的背景下，基于大数据的电影推荐会更加靠谱。

以上这些都是电影行业基于大数据的常规应用。有了数据，人们会从中挖掘出更多"宝藏"，产生许多意想不到的创新应用。

**大数据对中国电影生态具有重大价值**

互联网给中国电影产业插上了腾飞的翅膀，也给中国电影打好了数据基础。接下来，大数据会再一次帮助中国电影腾飞。大数据对于电影生态的不同环节都有巨大的价值。

1. 对政府：基于大数据进行科学决策

政府部门都讲究科学决策，决策的一个重要依据便是数据。电影主管部门未来会更多地利用电影大数据尤其是票房大数据去进行顶层设计，在电影进口政策等方面参考大数据分析结果，尝试利用百度电影大数据等工具。

2. 对投资者：提高资本效率，烂片将更少

电影行业进入黄金时代，自然会吸引许多资本进入。投资者选择投资哪种类型的电影、哪个创作团队、哪一个IP，过去都是凭感觉和经验。有了大数据之后，投资者清晰地知道哪些IP更受欢迎、哪些创作团队更有潜力、哪种类型的电影更迎合当下消费者的口味，进而作出更加精准的投资决策，避免因投资不当而造成损失。这对电影行业而言无疑起到了提升资本效率的作用。尤其值得注意的是，越来越多的电影投资者来自互联网领域，BAT[①]、乐视等内容巨头都开始投资电影。2015年上映的《消失的凶手》就是由乐视影业、百度糯米和淘宝电影联合投资的，它们建立了实验室，通过大数据分析作出投资决策。

3. 对创作者：不再闭门造车，知道为谁做电影

有一句话是这么说的：未来所有创意产业都是数据产业。创意原本是很感性的，如今变得更加理性，科技、数据都被应用进来。电影创作者有了大数据作为参考，知道市场和用户需要什么、喜欢什么，进而有针对性地创作，而不是闭门造车。"过去主要是考虑如何把作品内容做得更好看、更艺术化，但现在创作需要对受众群体进行研究，要考虑市场和数据。"中国电影导演协会会长李少红的观点印证了电影创作者拥抱大数据的趋势。电影市场是一个长尾市场，利用大数据，面向特定用户群拍好作品的概率更大。

4. 对发行方：节约"每一颗子弹"，快速找到观众

电影创作完成之后，要面向更多的观众放映，这是宣发环节做的事情。即便电影拍得再好，如果没有匹配对应的受众，即电影宣发没做好，电影票房也不会好。有了大数据之后，电影宣发可以精准地瞄准受众，而且比过去铺天盖地做广告成本更低。

5. 对观众：省钱省时间，只看好电影

大数据帮助电影管理方更科学地决策，帮助投资者投资更好的电影，帮助创作者

---

① BAT是百度(Baidu)、阿里巴巴(Alibaba)和腾讯(Tencent)的英文首字母缩写。

创作好作品，帮助发行方降低成本，最终实际上给观众带来了实惠。此外，还能基于口碑等大数据给观众更好的电影推荐，避免观众被"水军"误导浪费时间和金钱。总之，大数据帮助观众观赏更适合自己的好电影。

中国电影产业在 2015 年尝到了大数据的甜头，在 2016 年之后更加重视大数据，所有的电影、电影产业参与者都会用好大数据这一工具。继互联网之后，大数据帮助中国电影再一次腾飞，成为中国电影的"二级火箭"已成必然趋势。

（资料来源：改编自罗超. 大数据如何改变中国电影？[EB/OL]. (2016-03-10) [2016-12-01]. http://www.thebigdata.cn/Ying Yong AnLi/29334.html.）

讨论：如何避免上述大数据应用成为大数据杀熟的场景？

## 本章小结

大数据就是巨量资料，是指所涉及的资料量规模巨大到无法通过主流软件工具，在合理时间内达到撷取、管理、处理并整理成为人类所能解读的数据资讯。大数据可分为自有类大数据和第三方平台类大数据。

大数据带来了三方面的营销发展趋势和变革：一是思维变革。大数据改变了人们看待事物的角度、方式和方法，由此对行为方式产生直接的影响。思维变革分为相关性思维、整体性思维和混杂性思维。二是商业变革。大数据使企业通过研究分析消费者个体行为与偏好数据，精准挖掘每一位消费者不同的兴趣与偏好，从而提供专属的个性化产品和服务。三是管理变革。大数据能帮助企业更好地掌握数据技术人才的管理、数据跨部门的管理，以及基于大数据的决策管理。

大数据在营销中的价值为：以用户需求为基础定制改善产品，开展精准营销的推广活动以及维系客户关系。

## 本章习题

### 一、选择题

1. 大数据最直观的特点是（　　）。

A. 数据体量大　　　　B. 数据类型多　　　　C. 价值密度低　　　　D. 处理速度快

2. 大数据可能带来（　　），但未必带来（　　）。

A. 精确度；多样性　　　　　　　　　　B. 准确度；精确度

C. 多样性；准确度　　　　　　　　　　D. 精确度；准确度

3. 大数据的本质是（　　）。

A. 联系　　　　B. 挖掘　　　　C. 洞察　　　　D. 搜集

4. 大数据时代厂商模式为高端制造业，归结为（　　）。

A. 设计研发，物流　　　　　　　　　　B. 设计研发，制造，市场

C. 设计研发，物流，制造，市场　　　　D. 设计研发，市场，物流

5. 网络信息安全是社会安全的重要部分，是一种(　　)安全。

A. 单一性　　　　B. 战略性　　　　C. 整体性　　　　D. 积极性

6. 信息社会经历的发展阶段包括(　　)。

A. 互联网阶段　　B. 大数据阶段　　C. 计算机阶段　　D. 云计算阶段

## 二、判断题

1. 大数据的基本特征包括以下四个方面：数据体量大、数据类型多、价值密度低、处理速度快。　　　　　　　　　　　　　　　　　　　　　　　　　　(　　)

2. 大数据资产具有以下特征：虚拟性、长期性、可辨性。　　　　　　(　　)

3. 大数据所带来的数字化冲击是巨大的、可回避的，主要体现在思维、商业和管理三个方面。　　　　　　　　　　　　　　　　　　　　　　　　　　　　(　　)

## 三、思考题

1. 大数据是什么？

2. 大数据带来的变革有哪些？

3. 大数据怎样改变了我们的思维方式？

4. 大数据将怎样改变我们的管理模式？

## 本章实践

**实践一：**

任务：运用第一章所学知识，自行选择任一店铺或企业，为其进行大数据营销应用分析或提供建议对策。

目的：考察对大数据应用的掌握情况。

要求：个人完成。

考核点：对以用户需求为基础定制改善产品的理解是什么？开展精准的推广活动的方法是什么？维系客户关系的途径有哪些？

**实践二：**

任务：运用前续课程 Python 语言程序设计、大数据处理与分析所学的知识，自行选择任一店铺或企业新媒体平台，对其进行顾客评论区留言词云图的生成或者分析。

目的：考察对大数据营销的认知情况。

要求：个人完成。

考核点：以用户需求为基础，对评论区留言进行抓取与词云图分析。

视频：Python 生成词云图

# 第二章 大数据营销理论基础

## 学习目标

识记：数据库营销运作流程、客户价值分类。
掌握：新4P理论内容、销售漏斗管理模式。
形成：大数据营销商业思维与职业意识。

## 导学案例

### ZARA 的成功之道

Inditex 集团是西班牙排名第一、世界四大时装连锁机构之一，Inditex 集团旗下拥有 ZARA、Pull and Bear、Massimo Dutti、Bershka, Stradivarius、Oysho 等服装品牌。其中，以 ZARA（中文译名为飒拉）最为著名，尽管 ZARA 的连锁店总数只占 Inditex 集团所有门店数的 1/3，但其销售额却占到了集团总销售额的 75%。ZARA 的盈利能力在国际时装产业界得到了公认，国际奢侈品服饰品牌——LV 平均每件服饰的价格约为 ZARA 的 4 倍，但 ZARA 的税前毛利稳定在 25% 的水平，超过 LV 约 10 个百分点，由此足以看出 ZARA 的竞争实力非同一般。哈佛商学院将 ZARA 评定为欧洲最具研究价值的品牌，而沃顿商学院则将 ZARA 视为研究未来制造业的典范。为何 ZARA 能一骑绝尘、一路高歌？成功的因素就不一而足，而其中科学有效地使用大数据的理念和技术是不可或缺的因素，相关的经验和做法对其他的企业具有很好的借鉴作用。

ZARA 是由西班牙传奇人物阿曼西奥·奥特加创立的。1936 年，阿曼西奥·奥特加出生于西班牙西北部贫困的加利西亚地区，是铁路工人的儿子。他的童年非常凄惨，由于温饱问题难以解决，8 岁那年阿曼西奥·奥特加全家搬往拉科鲁尼亚一个贫困和混乱的小山村。13 岁那年，阿曼西奥·奥特加迫于生活的压力辍学到当地的一家服装店工作。他注意到很多服装款式新颖，却因为价格高昂让普通人难以承受。于是，阿曼西奥·奥特加拿着当时积累的不到 100 美元的创业资金，决定把生产款式新颖、价格实惠的女士睡袍作为创业方向，由此他开启了可以称为奠定今天发展基础的创业历程。1963 年，27 岁的阿曼西奥·奥特加创建了服装厂，专门生产物美价廉的女士睡袍，并送到当地的商店售卖，结果大受欢迎。10年间，服装厂由三四人的家庭小作坊扩张至500多人的大型服装厂，还拥有了自己的设计团队。

正当阿曼西奥·奥特加的事业蒸蒸日上的时候，厄运突然降临。20世纪70年代的石油危机让欧洲的企业经营惨淡。1975年，一家德国企业由于无法偿付债务而取消了一笔大订单，使得阿曼西奥·奥特加把前期的积累赔了一个精光，几乎濒临破产，他又一次成了一个穷裁缝。在困难面前，阿曼西奥·奥特加决定自救，过去的经验告诉他必须走品牌化的道路。这一年，"ZARA"品牌应运而生，全球第一家ZARA门店也出现在了拉科鲁尼亚最繁华的商业中心。很快，ZARA就因其时尚的设计和平易近人的价格受到了市场的青睐，一步一步从小城走向全国。1980年，ZARA的分店就已经遍布西班牙全国。1988年，ZARA在葡萄牙的波尔图开设了第一家国外分店，1989年在纽约的店铺开张，1990年攻入时尚中心巴黎。从此，ZARA走上了全球化快速扩张的道路。2015年，ZARA在全球上百个国家和地区设立了超过2 000家的服装连锁专卖店，被《纽约时报》称为"世界上最有创新能力且最恐怖的零售商"。

2016年9月，阿曼西奥·奥特加以795亿美元的净资产超越了连续22年位居财富榜榜首的比尔·盖茨，成为全球首富，让世界为之惊叹，同时也让世界相信，在以互联网为驱动力的虚拟经济如日中天的今天，实体经济仍然风光无限。

ZARA面向的是大众消费者市场，走的是平民化的道路，以"亲民的价格"既避免了与高端品牌的正面冲突，又跟低档次的廉价商品保持了距离，以众多喜欢ZARA品牌的消费者都能承受的价格去满足需求。为了做到这一点，ZARA以各种可能的方式降低成本，其中削减广告开支是重要的措施——除每年2次的店内促销外，几乎不做任何广告，以节省的广告开支为消费者带来更低的价格。

ZARA以"快"著称，在时装零售市场上创造性地提出"快速响应"的概念，以高效、顺畅的供应链管理确保对市场需求的快速响应。Inditex集团采用全球领先的IT技术系统，将设计、生产、配送和销售环节衔接起来，形成一体化的运营体系，以确保信息畅通、运营高效。

ZARA作为全球时尚服饰产品的主要提供者，十分关注时尚的潮流，并不惜代价引进或开发各类时尚款式产品，使消费者随时都能买到最新款的时尚产品。

"买得起的快时尚"是ZARA独特的战略定位，也是其长期处于不败之地的制胜法宝。

ZARA认为，流行的时尚服饰对时间极其敏感，必须像订快餐一样能让消费者立即下单，并尽快得到货品。英国《卫报》将ZARA比喻为快餐产品中的"麦当劳"，能够在短时间内向消费者提供其迫切希望得到的商品。ZARA的一件服装从设计到店面上架，时间最长不超过2周。任何一件服装都可以在48个小时内从西班牙总部随快速物流系统运到世界各地的店面，第一时间出现在消费者的手里。为了更快速地作出响应，ZARA一般提前半年到一年将各式布料采购到位，陈列在设计中心附近的仓库里，设计师需要什么布料可以随时调出，真正做到随时出手。

ZARA作为时尚服饰的提供商，在新产品开发方面可谓无所不用其极。ZARA的总部拥有超过400人的设计师团队，每年设计出超过4万款的服饰，其中2万款正式上市销售，几乎每天有超过70款的ZARA服饰从西班牙的小城走向世界各地。为了让消费者买到更加独特的衣服款式，ZARA对每款服饰都有严格的生产数量限制，达到数量后不再重复生产，即使再畅销的款式也会改变颜色和面料后重新进行设计、生产。

与 LV、爱马仕等一些大品牌的流行服饰引领潮流不一样，ZARA 并不热衷于在源头进行流行方面的创新，而是更注重从流行趋势中把握市场化的机遇。尽管设计师团队规模庞大，设计实力堪称世界一流，但 ZARA 从来不举办时装秀，不在引领世界潮流方面做太多的投入，甚至因为经常变换服装款式，连衣服目录都没有统一编辑成册。

在成长发展的数十年中，ZARA 有自己独特的经营战略，经过长时间的探索，走出了一条非同寻常的发展道路。ZARA 公司的系统依赖于整个供应链中频繁的数据共享与交互，数据驱动着整个商业模式，对数据的快速响应及有效应用决定了商品的竞争优势。

在 ZARA 的门店里，柜台和店内各角落都装有摄像机，门店经理随身带着掌上电脑，便于记录顾客的每一条意见，如顾客对衣服图案、扣子大小、拉链款式的偏好。门店经理将从店员那里获得的信息上传到 ZARA 内部全球资讯网络中，每天至少两次将资讯传递给总部设计人员，由总部作出决策后立即传送到生产线，改变产品样式。

2010 年，ZARA 同时在欧洲六个国家设立网络商店，增加了网络巨量资料的串联性。2011 年，ZARA 分别在美国、日本推出网络平台，除了增加营收，线上商店还强化了双向搜寻引擎、资料分析的功能。除了收集意见给生产端，让决策者精准找出目标市场外还为消费者提供更准确的时尚信息，让双方都能享受大数据带来的好处。

（资料来源：罗伯特·托马斯，帕特里克·马博兰. 大数据产业革命：重构 DT 时代的企业数据解决方案[M]. 北京：中国人民大学出版社，2015：78.）

# 第一节　新 4P 理论

在大数据时代，全球经济市场的诸多领域开始发生变化，传统的生产、组织、经营、决策等方式难以满足当下的市场需求。"互联网+"的出现，为企业格外重视的产品营销插上了一双新的翅膀。4P 营销理论（The Marketing Theory of 4Ps）是对企业产品营销过程中的产品（Product）、价格（Price）、渠道（Place）、促销（Promotion）四个方面加以分析，能够为"互联网+"背景下的企业产品定价提供科学、有效的理论指导。"互联网+"背景下，大数据驱动成为企业产品互联网化的核心。

## 一、大数据驱动的产品创新

 视频：大数据产品预测与规划

在任何一家成功的企业中，居于核心地位的一定是提供给消费者的产品。产品是企业的灵魂，企业若想基业长青，就必须持续提供令消费者满意甚至超出其预期的产品。大数据时代的到来，为企业的产品创新提供了新的契机。

### （一）制造智能化

以互联网为基础的新一代信息技术正在推动制造业的创新发展。作为实现智能制造的重要驱动力，大数据能够整合全部生产线数据，对生产动态建模、多目标控制流程进行优化，对物料品质、能耗、设备异常和零件生命周期进程进行监控预警，赋予设备和系统"自我意识"，从整体上大幅降低生产能耗，进而实现低成本、高效率的生产。

在产品应用层面，企业通过生产携带传感器等装置的智能产品，实时采集、存储和传输大量有关用户使用和偏好的数据，让用户参与到产品的改进与创新中，帮助企业及时改进产品功能，预先诊断产品故障，并根据生产需求的变化，在第一时间创新产品和改善服务。同时，企业还可在此基础上构建全新的商业模式，通过规模化定制，满足用户的个性化需求，创造全新价值。例如，凭借一种名为"Nike+"的产品，耐克逐渐变身为基于大数据的创新公司。所谓 Nike+，起初是一种"Nike 跑鞋或腕带+传感器"的产品，运动者只要穿着 Nike+的跑鞋运动，iPod 就可以存储并显示运动日期、时间、距离、热量消耗值等数据。后来，耐克又推出面向非运动人群的 FuelBand 运动功能手环，该手环几乎能够测量佩戴者所有日常活动消耗的能量。耐克还与知名导航产品供应商 TomTom 合作推出具有GPS 功能的运动腕表、FuelBand 第二代产品 FuelBand SE 等，这些都是对其数据补给线的进一步完善。在耐克组建的庞大 Nike+生态体系中，数百万名活跃用户每天不停地上传数据，耐克借此与消费者建立了牢固关系。同时，海量的数据为耐克深入了解用户习惯并在此基础上改进产品提供了可靠依据。

### (二)产品定制化

在以往的工业社会中，标准化作业一直是大企业安身立命之本，同时也是很多中小企业追求的目标。大型企业追求规模上的扩张，以求达到规模效应，进而实现低成本大量生产。然而随着时代的进步，这种千篇一律的标准化作业已经不能满足高端客户的需求，甚至很多中低端客户也希望能够获得私人定制的待遇。分析其原因，主要是随着互联网特别是移动互联网的不断发展，每一个体的需求得到了释放。在移动互联网时代，每位消费者都是独一无二的个体，他们有自己独特的思想和特殊的偏好，但这些独特的需求往往在标准化作业下无法得到满足。如今，如何满足消费者的个性化需求，成为企业不得不思考的问题。大数据技术的迅猛发展，让产品的定制化生产成为可能。

在高度市场化的今天，市场上每一类产品都有众多的生产厂家，这些厂家所提供的产品差别不大，生产进入过剩的时代。在众多的产品提供者面前，消费者有了精挑细选的资本。尤其是在技术日新月异的今天，消费者获取商品信息变得十分便捷，他们在购买商品时会不断比较不同厂家产品的异同，从众多的备选中找到最能满足自身需求的产品，从而实现自我个性的展现和独特需求的满足。

身处大数据时代，企业有更多的机会去了解客户，准确把握消费趋势和市场变化走向，从而提供最能满足客户需要的产品。2022 年 12 月 27 日，天猫发布了一支由一代言人主演的 TVC(电视商业广告)，向"2023 的生活新手"提前展示并邀请体验新生活，正式开启年底重磅大促：年货节。相较于往年营销策略，2023 年天猫的年货节充满了科技感和互动性，打造了淘系首个明星陪伴式云互动空间，代言人以 NPC(非玩家角色)式的角色，全程带领用户体验站内空间，用游戏化互动模式演绎 2023 生活新趋势。同时，天猫首次推出商品反向定制新玩法，集结百大商家联合发声，把 2023 新品定制的选择权交给用户。除此之外，天猫还针对特殊群体的需求，联合中国老龄事业发展基金会发起"一页纸计划"，号召商家推出长辈版使用说明书，传递品牌温度。2023 年淘宝天猫的核心战略是从交易到消费，本质是围绕消费者创造价值，满足和发现需求，甚至先一步为消费者创造需求。年货节作为年终的重要狂欢节点，平台通过多元的创意玩法，为消费者提供更好的服务与体验。

服装品牌青岛红领则更进一步，把"工业化"与"定制"完美结合，用规模化工业生产满足个性化需求，一天生产数千件西装和衬衫，但在众多的生产线上却找不到两件完全相同的衣服。红领采用的是顾客对工厂（Customer to Manufactory，C2M）模式：首先给顾客量体，采集消费者 19 个部位的 22 个数据；然后用大数据系统替代手工打板，在所有细节上实现个性化定制；最后基于数据化和自动化完成服装生产。任何一个红领的顾客一周内都能拿到所需的衣服，而传统模式下却需要 20~50 个工作日。整个定制生产流程称为红领西服个性化定制（Red Collar Made to Measure，RCMTM），包括 20 多个子系统，全部以数据驱动运行。该模式实现了个性化定制的大规模工业化生产，从而增强了企业的市场竞争力。

此外，利用大数据，内容产品也可以做到定制化。比如，视频网站爱奇艺根据用户所在地区、登录时间、浏览记录等信息，给每一个用户的收视兴趣建立模型，有针对性地向用户推荐内容。

### （三）服务个性化

大数据时代，企业有更多的机会了解顾客的需求，海量数据的支持让个性化服务有了更好的延伸和更大的价值。首先，企业需要在庞大的数据库中找出最具有含金量的数据；其次，把相似的用户分为一类，设计具有针对性的服务。个性化用户的单位可大可小，大到一个有同样需求的客户群体，小到每一位用户个体。

对于普通人来说，大数据似乎很遥远，但它的影响无处不在，信用卡公司追踪客户信息，能迅速发现资金异动，并向持卡人发出警示；电信公司追踪客户行程动态，区域化推送有关旅游或商务信息；当客户因为某个问题联系客服代表时，客服代表总能获得客户的历史记录，并根据分析给出解决问题的最佳办法……这些都与大数据有着千丝万缕的联系。

标准化服务的最大弊端在于，企业把所有顾客当作一个顾客来对待，而当顾客发现有其他同样可以满足自己需求的服务时，就很容易"移情别恋"；个性化服务则能更好地满足消费者个体的独特需求，提升消费者的品牌忠诚度。

面向未来，各个行业的服务将在大数据的支持下向更个性化的方向转变。例如，在教育方面，随着慕课的逐步普及，教师能够收集过去无法集聚起来的在线学习大数据，从而实现能满足学生个体需求的个性化教学。

## 二、大数据驱动的定价策略

产品价格是影响交易成败的重要因素，同时又是营销组合中最难以确定的因素。企业定价的目标是促进销售，获取利润，这要求企业既考虑成本的补偿，又考虑消费者对价格的接受能力，从而使定价策略具有买卖双方双向决策的特征。此外，价格还是营销组合中最灵活的因素，它可以对市场作出灵敏的反应。因此，定价策略的采用对于企业来讲十分重要。

在传统的营销学理论中，定价策略一般有成本加成定价法、竞争定价法、认知价值定价法、撇脂定价法、渗透定价法、价格歧视定价法等。不同的企业要根据自身的实际情况，采用对企业发展最有利的定价策略。这些定价策略是基于市场预测提出的，而企业并不能获得消费者对产品定价的全部反馈。如果企业能充分利用与消费者互动过程中获得的海量数据，得到消费者对产品定价的反馈，就能制订合适的价格，获取最大的利润。大数据为企业带来了新的定价思路与模式。

### （一）个性化定价

个性化定价是指在意识到每位顾客均具有个性化需求的前提下，企业以顾客的个体信息为基础，针对顾客的特定需求调整企业行为，它是在顾客需求的差异化日益显著的背景下产生和发展起来的。

随着信息技术的日新月异，电商企业进行个性化营销的能力不断提升。利用互联网、信息采集和计算机技术，电商企业可以及时将顾客信息导入数据库，对数据进行分析，从中发现顾客的购买行为模式，为其制订个性化的营销方案。由于顾客在品牌忠诚度、价格敏感性等方面存在差异，他们在面对相同产品时，感受到的价值是不一样的，愿意支付的金额也不同。因此，如果能够识别每位顾客的支付意愿，企业就可以针对每位顾客制订个性化的价格。

个性化定价主要具有以下特点。

（1）个性化定价需要对顾客个体数据进行精确分析。在精确分析的基础上，可以识别每位顾客的支付意愿，从而为他们制订不同的价格。电子商务网站在这方面具有先天优势，能够比传统零售企业更方便地收集在线顾客的数据，包括年龄、性别、地区等个人信息，以及产品浏览和购买信息等，然后利用各种智能算法工具对这些信息进行分析挖掘，获得准确的顾客支付意愿信息。

（2）个性化定价能够为电商企业挖掘隐藏利润。个性化定价可以从愿意支付高价的顾客身上获得超额利润，同时用低价吸引顾客，对于电商企业增加利润具有重要作用。

（3）个性化价格能够提高在线顾客的忠诚度和满意度。个性化的定价方案把每个顾客看成一个细分市场，从而真正实现一对一营销。因此，接受个性化价格的顾客会感受到企业对个体的关注、对个性的尊重，从中获得极大的满足。

企业实施个性化定价，首先需要确定公平原则。虽然个性化定价可以在很大程度上增加企业利润，但很多企业在决定是否采用这种定价方式时却举棋不定，其中一个疑虑是：顾客会不会觉得个性化的价格不公平？如果采用个性化的价格，却引起了顾客的不满和反对，这个策略将得不偿失。那么，该如何解决这个问题呢？在注重公平的基础上，企业可以通过下面的步骤来实现。

（1）了解顾客支付意愿。对任意一个产品，企业需要了解不同的顾客愿意支付的金额。

（2）确定目标顾客。在了解顾客支付意愿的基础上，确定目标顾客，以获取最大化利润。例如，埃森哲公司的"个性化定价工具"能够在现有存货、商品利润率等信息的基础上，利用遗传算法决定把商品提供给哪些顾客，以增加企业利润。

（3）制订差别化定价策略。在以上两步的基础上，设计差别定价（价格歧视）的机制，对不同的顾客提供不同的价格或者商品优惠。

（4）实施个性化定价策略的企业需要对商品价值进行分割，使支付不同价格的顾客享受到不同的服务，得到不同的商品价值。

要公平地做好个性化定价，可以根据顾客的支付意愿以及顾客的其他属性（如年龄、性别、位置等）确定产品的价值分割方案，为顾客提供适合其心理价位的产品与服务组合。

在销售电影《2012》的 DVD 光盘时，商家通过历史数据了解到 A 顾客的支付意愿是 60

元，而 B 顾客的支付意愿是 40 元。可以将观看电影时间的价值和电影内容的价值分割开，B 顾客在第一时间购买《2012》光盘只需要支付 40 元，但是在两周之后才能收到货；而 A 顾客支付 60 元，在第二天就可以收到货。这样顾客就不会觉得不公平，同时商家也扩展了消费者群体，实现了利润最大化。

正式上线仅一年就被沃尔玛以 33 亿美元的高价收购的电商网站 Jet.com 也采用了类似的个性化定价机制。Jet 承诺该网站上的商品价格比亚马逊和其他地方的价格低 10% ~ 15%，这主要依赖于其定价软件。该软件在定价时综合考虑了商品的送货距离、支付方式以及客户的订单金额等。同时，Jet 给用户更多的价格方面的自主控制权。用户可以有几种方式让商品的价格变得更低，包括尽量从同一分发中心购买多件商品（降低分拣、包装和运输成本）、放弃退货的权利、用借记卡而非信用卡付款等，如果用户在购买商品时同时选择了上述几个选项，商品的最终价格将变得非常低。这一独特的定价模式获得了众多专业投资机构的青睐，也在短时间内笼络了一大批忠实用户。

办公用品零售业巨头史泰博（Staples）官方网站上的同一款商品，会根据访客住所的不同位置而展现不同的价格。事实上，史泰博的定价与竞争对手实体店的位置有关。如果消费者住在一家竞争对手，比如麦克思办公（Office Max）或欧迪办公（Office Depot）的连锁店附近，史泰博就会展示一个较低的网上价格，让消费者从史泰博购买，而不在其竞争对手的实体店购买。

### （二）动态定价

随着电子商务的崛起和各种数据分析工具的诞生，零售商对竞争对手的反应前所未有地快速和准确，在竞争对手出价后数秒就能跟进。传统零售商被迫转型，跟随电商的弹性定价。价格战不再只是拼低价，而成为数据挖掘和策略制订的系统比拼。

（1）动态定价的起源。20 世纪 90 年代，航空公司会根据一架航班的空余座位数和竞争对手的票价不停地改变机票的价格。酒店很快跟进，推出了它们的"收益管理"系统，随时改变客房价格。现在，网络零售商也在使用具有类似功能的软件，目的之一就是要维持最低的价格——哪怕只低一分钱，这样当买家在进行价格比较时，它们的商品会出现在搜索结果最前面的位置。

在软件时代到来之前，企业根据竞争对手的标价来调整价格的行为就已经存在，当时商店会派员工到竞争商家的店里去手工抄录价格。电子商务发展起来后，各家企业就通过浏览竞争对手的网站来调整价格。大数据技术为大规模快速调整价格提供了可能。利用大数据技术，企业能很快地发现价格差异并进行价格调整。当然，价格调整是双向的，如果一家公司发现自己销售的某件商品的价格比竞争对手低很多，就可能会提高价格，以保持和市场价格水平的一致。

（2）排名机制对动态定价的推动。价格调整比较频繁的是在淘宝上销售产品的网络店铺。淘宝鼓励在其网站上销售商品的零售商之间展开激烈的竞争，争夺搜索结果的榜首位置。例如，一家儿童服装店为了保住在淘宝搜索排名中的领先位置，使用软件每隔一段时间就修改部分商品的价格。

对那些在淘宝网上销售商品的店主来说，拥有最低的售价是跻身购物推荐榜的最快途径。那些在搜索排名中处于比较靠前位置的商品，有 95% 的机会被买家选中。

（3）大数据分析让大规模动态定价成为可能。对于那些大型零售企业来讲，每天销售的产品数以万计，如果靠人工的方式动态调整价格，工作量巨大。大数据技术令数以万计的产品的动态价格调整成为可能。例如，梅西百货采用动态定价机制，根据需求和库存的情况，对约 7 300 万种货品进行实时定价。

提供价格调整软件的 Merent 公司称，其软件一小时内可以修改 200 万件商品的价格，该软件会根据各种不同因素（比如竞争对手的价格、销售额等）来定价。零售商自行设置价格调整的时间和频率、要跟踪的产品及可以忽略的竞争对手。价格变化最频繁的是家用电子产品、服装、珠宝，以及洗涤剂、剃须刀片之类的居家用品。频繁修改价格促进了销售，但也需要注意价格底线。因此，可以先在软件里设定与竞争对手的价格优势比例，然后设定一个不能逾越的价格底线，再将竞争对手设定为那些选定的商家，这样价格调整就处于保证商家获得一定利润的水平上。

滴滴出行也采用了动态定价的策略。其动态调价系统能够通过计算用户所在区域内车辆和打车需求的实时比例，计算运能的紧缺程度，结合用户订单自身的属性，得出该订单的成交概率。如果订单的成交概率过低，系统会根据历史数据和当下情况计算出一个建议的价格。这个数据会阶段性调整，通过机器学习来完善算法。这种定价方式的本质是由市场实际的供需关系来决定价格的波动。

## 三、大数据驱动的渠道优化与变革

渠道是商品的流通路线，是指让厂家的商品通过中间商卖向不同的区域，以达到销售目的所经过的路线。大数据时代的到来为厂商的渠道优化与变革提供了新的思路。

### （一）大数据驱动的渠道优化

在渠道规划中，通过大数据分析可以发现其中的特征与趋势、问题与短板，如果有针对性地进行整体布局和优化，就能达到提升企业销售业绩的目的。

阿迪达斯的产品线十分丰富，过去在面对展厅里各式各样的产品时，经销商很容易按个人偏好下订单。如今，阿迪达斯会用数据说话，帮助经销商选择最适合的产品。例如，一、二线城市的消费者对品牌和时尚更为敏感，可以重点投放采用前沿科技的产品、经典系列的运动服装以及设计师合作产品系列；在三、四线城市，消费者更关注产品的价值与功能，诸如纯棉制品这种高性价比的产品在这些市场会更受欢迎。阿迪达斯还会参考经销商的终端数据，给予更具体的产品订购建议。例如，阿迪达斯可能会告诉某一线市场的经销商，在其辖区，普通跑步鞋比添加了减震设备的跑步鞋更好卖；至于颜色，比起红色，当地消费者更偏爱蓝色。

作为一家以北上广等一线城市为发展重心的快递公司，顺丰快递鼓励公司的内部员工回乡创业，到家乡的三、四线城市，甚至是农村去开设快递网点。但这一布局面临很多问题。首先是运营成本高。虽然我国已基本实现全国范围内的村村通公路，但很多地方的农村地形比较复杂，不像城市那样道路平坦。其次是三、四线城市以及农村地区通过网络购买商品不像一、二线城市那么普及，快递的网点比较分散，效益很难得到保障。尽管如此，顺丰通过对全部运营网点的大数据进行分析发现，三、四线城市以及农村市场是顺丰快递的短板；而从另一份大数据的分析结果来看，这些地区的居民收入正在快速增长，增长幅度已经超过一、二线城市。随着收入的增加以及国家信息化建设的发展，这些地区的网络普及率也在快速提高，网络购物逐渐成为流行的趋势。2020 年 6 月 11 日，顺丰同城急送推出"百城计划""下沉市场"战略，为用户和商户提供优惠和优质的全城配送服务，以"一体化即时物流解决方案"加速顺丰同城急送向二、三、四线城市下沉和布局，满足更多用户的多元化需求。针对选定的 100 个城市分阶段地为骑士和用户发放总计十亿元的跑腿费用补贴。

为了适应"下沉市场"中的全场景即时物流服务需求，顺丰同城急送将产品分为品牌、时效、经济三大类。在品牌类产品方面，面向追求品质和用户体验、客单价高、配送质量要求高的客户，提供高品质稳定的配送服务(可满足定制化需求)；在时效性产品方面，面向关注时效稳定性、无个性化配送需求的客户，提供时效稳定的配送服务；在经济性产品方面，面向追求高性价比完成配送、无个性化配送需求的客户，提供高性价比的配送服务。

在"百城计划"中的夜宵主题活动中，顺丰同城急送与重庆宜宾鞏人烧烤、成都辣尚龙虾、福州虾膏蟹黄、鲜尚龙虾、大尚龙虾等达成合作，为当地范围内的线下门店提供专属配送服务；在青岛，顺丰同城急送与青岛啤酒线下直营店开展深度合作，客户可通过小程序的帮买页面购买下单后，骑手接单到店购买，商户会现场将新鲜的啤酒打出来封装交给骑手配送至客户手中。在线上，顺丰同城急送不断激活"下沉市场"中的私域流量建立新营销矩阵，商户自己组建熟客群开展线上销售，并借助顺丰同城急送补齐线下跑腿服务，完成营销闭环。这种模式相较于传统外卖形式，可以有效降低运营成本。

正是通过对多年运营所掌握的数据进行分析和解读，顺丰快递的决策层看到了三、四线城市和农村地区在未来快递市场上的巨大发展潜力。面对这样的市场前景，顺丰快递的管理层下决心要让公司的快递服务走完这"最后一里路"，实现真正的网点全覆盖。因为他们坚信，这一块市场将成为未来行业竞争对手争夺的焦点，也是快递行业未来发展的重要引擎。

由此可见，一个优秀的企业，要会使用大数据来为企业渠道布局提供支撑。大数据虽然只是之前情况的反映，却是最客观的反映。利用大数据分析手段，能较为准确地为决策提供辅助支撑，从而使决策更加科学化、规范化，也更加具有前瞻性。这样的企业才能真正走在市场前面，在激烈的行业竞争中领先对手一步，成为未来市场的优胜者。

### (二)大数据驱动的渠道变革

大数据时代，传统渠道站在变革的关口。企业自建渠道尤其是电商渠道正逐渐壮大，但经营成本也在不断上升；飞速发展的互联网、物联网缩短了企业与用户之间的距离，企业的用户运营模式越来越成熟，传统渠道的掌控力度越来越弱；在互联网环境下，传统渠道的消费者及其消费习惯逐步迁移，线上购物方式越来越受到消费者的欢迎，传统渠道面临巨大的变革压力。

面对互联网渠道的强势冲击，传统渠道要找准突破点，提供本地化服务和极致的用户关怀，积极探索以用户为中心的区域性电商或互联网化的服务模式，逐步实现渠道下沉和全渠道运营落地。另外，要积极运用大数据思维来整合渠道资源，只有将不同渠道的数据进行整合和融汇，才能精准把脉消费趋势。

## 四、程序化购买的定义及流程

购物体验在我们的日常生活中越来越普遍。当我们观看视频、浏览网页、刷微博或者玩网络游戏时，会发现出现的广告几乎都是为自己量身定制的，广告内容都是自己曾经浏览或者感兴趣的东西，这正是大数据背景下程序化购买(Programmatic Buying)的表现形式之一。

## （一）程序化购买的定义

互联网广告从诞生到现在经历了七个阶段，即图片（Banner）广告、定向广告、基于ROI（投资回报率）的广告、弹窗广告，竞价广告、目标群体的精准营销、原生广告。从广告的样式到广告的展示环境，以及流量的售卖方式，都发生了巨大的变化。在整个发展过程中，广告投放逐步从粗放式向精细化过渡，使得流量变现能力、广告主的投资回报率和用户体验同步提升。

"我知道我的广告有一半是浪费的，却不知道是哪一半"，这是广告大师约翰·沃纳梅克的名言，经常被广告主引用。试想，如果一家人特别喜欢看亲子类电视节目，那为什么不针对这家人多推送些亲子产品的广告呢？在传统广告时期，这个问题难以解决；而在移动互联网时代，人们的消费行为越来越碎片化，在海量的消费者信息中确定目标客户的画像与定位就成为广告主的迫切需要。市场的需要，加上信息技术的成熟，使代表数字营销领域规模化、精准化、程序化趋势的程序化购买应运而生。

程序化购买是指通过广告技术平台，自动地执行广告资源购买的流程，即资源的对接、购买过程都表现出自动、自助功能，通过实时竞价（Real Time Bidding，RTB）和非实时竞价（Non-RTB）两种交易方式完成购买。与传统人力购买广告方式不同，程序化购买通过编写程序建立规制和模型，在对数据进行分析的基础上，依靠机器算法自动进行广告购买并实时优化，"人力"在广告投放中的作用明显减弱。

## （二）程序化购买的兴起背景

广告业从单纯的信息传播开始，经历了漫长的发展成为一种产业。据中商产业研究院数据来源，中国五大主要渠道的广告总市值由2017年的5 055亿元增加至2021年的10 008亿元，复合年增长率为18.6%。在线广告行业的市场规模由2017年的3 763亿元增加至2021年的9 276亿元，复合年增长率为25.3%。广告产业的动态发展遵循从传播技术到媒介形态再到广告形态的逻辑。大数据技术的兴起与应用对广告业产生了重要的影响。

从媒介形态来看，传统广告所依托的媒介形式（如报纸、杂志等）逐渐走向衰落，互联网尤其是移动互联网成为主流。从消费者来看，社交媒体的崛起首先带来消费者注意力的分散，人们的时间越来越碎片化。同时，网络时代成长起来的消费者追求个性化的产品与服务，而传统媒体时代广告不区分消费者进行大范围的投放，容易引起人们的反感。从广告主来看，越来越多的广告主开始意识到，被动等待消费者注意到自己的广告形式已经与大数据时代脱节，他们转而通过分析消费者的兴趣爱好及消费习惯，主动为其推荐"可能需要"的产品。这些转变都为程序化购买的兴起提供了必要的条件。

## （三）程序化购买的发展

作为程序化购买模式的发源地，美国程序化购买的发展水平处于世界领先地位，其产业模式与发展趋势也深刻影响着全球程序化购买的发展进程。

美国互联网市场从20世纪90年代发展至今，已经形成一个分工明确、高度细分的成熟市场。除了整个程序化购买产业链中作为基础设施的Ad Exchange（广告交易平台）、DSP（需求方平台）、SSP（供应方平台）外，为进一步提升产业整体的运营效率与营销效能，围绕程序化购买衍生了更加多元与丰富的产业角色，包括独立的数据供应商、数据管理商、创意优化服务商等。美国成熟的互联网广告产业为程序化购买的发展与成熟奠定了基础，而高度成熟的产业链推动了程序化购买规模的增长。

2010 年年底，国内网络广告服务商受到国外程序化购买的启发，开始在中国市场部署程序化购买。2011 年 9 月，阿里妈妈对外发布 Tanx 营销平台，谷歌随后宣布在中国推出 Double Click Ad Exchange，进一步助推了中国程序化购买的发展浪潮。然后，腾讯、新浪、百度等的广告交易平台如雨后春笋般出现。可以说，中国程序化购买的快速发展是建立在 Ad Exchange 迅速发展基础之上的。

自 2012 年开始，中国的程序化购买快速发展，DSP 市场快速崛起，众多 DSP 产品上线并开始尝试多元化布局，部分移动 DSP 陆续上线。进入 2013 年，DSP 投放技术趋于成熟，市场反应热烈，移动端程序化购买逐渐凸显。随着移动流量的激增以及广告主预算向移动端不断倾斜，如何在移动端进行程序化购买逐渐成为行业关注的焦点。移动端用户的行为更为多样，广告定位和投放的难度较 PC 端大，而且第三方 DMP（数据管理平台）、Data Exchange（数据交易平台）等环节发展尚不成熟。

未来随着经验的积累和投入的加大，广告主会更广泛地在 PC 和移动端进行程序化广告投放，尤其是在 PC 端日益成熟的基础上，移动程序化购买会逐渐走向标准化，程序化购买将进入成熟期。

### （四）程序化购买的流程

想象一下这样的场景：有位广东地区的女性用户，2021 年 12 月 1 日在京东网上搜索过"iPhone 手机"，12 月 3 日在聚美网上搜索过"美即面膜"，12 月 4 日点击过本田汽车的广告。此时有三家广告代理公司 A、B、C，A 代理公司有个客户是 iPhone，B 代理公司有个客户是美即，C 代理公司有个客户是本田。当这名女性用户再次访问媒体的网页时，广告竞价平台告诉这三家代理公司：我这边有个用户，是广东地区的女性，分别在 12 月 1 日、3 日、4 日浏览过 iPhone、美即和本田的广告。然后这三家代理公司都认为这个用户很符合它们对广告受众的定位，分别给出一个竞价，广告竞价平台通过比价，选择出价最高的那个客户（假如是广告代理公司 C 的客户本田），于是本田汽车的广告就得以在这位女性用户的面前展示。虽然这个过程看似复杂，涉及的参与方很多，但以互联网技术为支撑，能够在 100 毫秒内完成。

程序化购买的一般流程如图 2-1 所示。

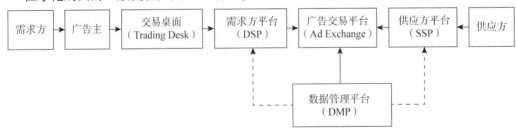

图 2-1 程序化购买的一般流程

以上场景就是程序化购买的基础流程与运作模式。在程序化购买中，对用户的每次曝光进行实时竞价。广告主通过实时竞价来获得向目标受众展示广告信息的机会。程序化购买打破了传统"广告位"的交易模式，将大数据技术、类搜索技术、实时竞价技术应用到展示类广告上，通过大数据分析技术帮助广告主快速锁定目标人群，实现智能的、精确的广告投放。对于广告主而言，要想进一步提高广告效果，可以利用更优质的广告位将自己的广告信息更好地传递给目标消费者；或者以更加灵活的方式引入技术流，做到精简人工、精准投放、流程可控与投放效果的实时监测。

程序化购买是在用户数据分析的基础上，找到符合广告诉求的目标受众，通过购买这些受众浏览的广告位，实现对目标受众的购买。程序化购买把从广告主到媒体的全部投放过程程序化，实现了整个数字广告产业链的自动化。

### （五）程序化购买与传统广告模式的区别

在传统媒体时代，广告的投放有很多中间环节，并且需要大量的人工参与。这样的广告形式既缺乏规模效益，又阻碍了智能化的空间。即便是传统的互联网广告，对新媒体、新技术的应用也是有限的。购买网络广告位与购买户外广告牌、杂志版面并无差别，都是购买位置，而且交易的方式与传统媒体的交易方式相同。程序化购买将各项技术的作用充分发挥出来，特征鲜明。

（1）从购买广告位转向购买目标受众。传统广告的传播范围大，但投放不够精准。以报纸与电视广告为例，每天刊登和播出的广告不仅数量大，而且种类繁多，受众在看广告时处于被动接受的地位，只能在大众媒体提供的广告范围内搜寻自己感兴趣的产品信息；程序化购买则利用大数据技术，根据互联网用户的浏览轨迹与行为数据，分析并判断消费者的需求，投放与其需求相匹配的产品或服务的广告，完成从传统的购买广告位到购买目标受众的转变。

（2）广告创意和技术并重。在传统广告模式下，广告产生良好的传播效果，主要是因为它的内容有创意。不同于传统广告模式，程序化购买是一种由创意和技术双驱动的广告模式。传播环境的巨大变化已经成为广告业发展不可回避的现实，传播技术的革新对广告业而言意味着广告产业出现新的服务模式。大数据时代的程序化购买中，技术成为广告效果新的驱动力。与此同时，广告创意对于程序化购买仍然是必不可少的，否则，程序化购买的精准推送只会让受众不堪其扰。实现广告投放的多屏互动。随着媒体环境的变化，受众的注意力不断地碎片化，消费者不再只关注某一个屏幕，而是从 PC 端到移动端，甚至在更多的屏幕之间随时切换。对广告主来说，受众的注意力有所改变，其投放广告的方式也要随之改变。在这样的情况下，程序化购买能够实现广告与用户的多屏互动，在电脑、手机、平板等不同终端与不同的数据库间进行对接，做到广告投放的无缝衔接。

### （六）程序化购买的特征

#### 1. 数据化

大数据的核心特征即"一切皆可量化"，语言文字、声音影像、生活消费、地理位置等信息都能以数据的形式收集和记录，甚至连人的沟通和关系、经历和情感，也都会在网络上留下痕迹。比如，百度等搜索引擎，可以将受众关心的信息数据化；微信、微博等社交媒体可以将受众的关系数据化；淘宝等电商网站可以将用户的消费行为数据化。

程序化购买的一个特征就是对数据十分重视。利用技术充分挖掘数据的价值，全方位整合 PC、移动、户外以及电视等资源，用数据打造更完整的营销生态链。例如，互联网广告公司悠易互通通过数据银行来进行用户数据的收集、管理、分析与应用，通过与 DSP 和 DMP 的对接，将广告的投放计划与受众数据整合，为广告主提供一站式服务，使广告主的广告投放效果得到更大的提升。

### 2. 精准化

大数据技术并不是对数据的简单叠加，而是要通过对海量数据的分析来甄别目标受众、预测消费者需求，因此程序化购买的另一个特征就是精准化。

程序化购买的精准化首先体现在广告的投放精准。广告主在投放广告的过程中，预先通过 DSP 设定好自己的广告信息、目标受众条件、愿意为广告支付的价格等，通过 Ad Exchange 进行交易，当 SSP 中有符合条件的用户出现时，广告主的广告就出现在该媒体的某个广告位上，如果不符合条件，广告就不展示。

其次，精准化还体现在广告效果的评估精准。广告效果通常从广告销售效果和广告传播效果两个层面来评估。广告销售效果是广告传播效果的直接体现，而广告传播效果主要通过对受众的认知、情感及行为等产生影响来间接促进广告销售效果，所以广告传播效果具有延时性，这也成为传统广告最难衡量的环节。程序化购买可以在大数据的基础上分析用户在观看广告后的一系列网络活动轨迹，如是否查询相关商品信息、是否与他人交流商品信息、是否在网上购买商品等，从而判断广告传播对销售的影响。通过对用户每一个媒介接触点的分析，计算每个媒介渠道在实现广告主销售目标上贡献了多少价值，从而帮助广告主实现广告效果评估的精准化和持续优化。

### 3. 人性化

程序化购买抛弃了传统广告时代的"无差别覆盖"，简化了广告从生成到投放的环节，做到广告的最优投放，这使受众、广告主以及媒体三方实现互利共赢。

首先，对广告主来说，程序化购买为其提供了个性化的服务。程序化购买分为实时竞价和非实时竞价两种形式，广告主可以根据自身的需求，选择其中一种或者同时选择两种。广告主还可以在 DSP 中进行设置，自由选择何时何地对何人投放广告。同时，DSP 可以协助广告主分析媒体和品牌的契合度，对投放广告的媒体环境进行筛选。

其次，对媒体来说，程序化购买有利于广告位管理和收入的增加。媒体通过 SSP 提供的广告管理后台对广告位进行管理，对广告投放进行排期设置、编辑整合等。除此之外，媒体还可以对同一广告位上的多个广告进行管理，根据广告位上的广告主出价的不同设置广告展示的优先级，优先展示通过非实时竞价投放的出价高的广告，将剩余的流量用于通过实时竞价投放的广告，以增加媒体的广告收入。

最后，对受众来说，程序化购买可以获得更好的广告体验。程序化购买是根据受众的喜好及需求特性来展示与之有关的广告，这在一定程度上减少了广告信息对受众的干扰，增加了受众对广告的好感。

### （七）PC 端程序化购买

中国市场的程序化购买最先在 PC 端实现。艾媒咨询发布的《2014—2015 年中国 DSP 行业发展研究报告》显示，"2014 年，中国程序化展示广告市场中，通过 PC 端投放的广告规模为 91.9%，通过移动端投放的广告规模为 8.1%"。中国产业发展研究网数据显示，2016 年国内 PC 端广告市场规模为 1 153 亿元，2019 年中国移动广告市场规模为 4 834 亿元，PC 端广告市场规模为 147 亿元。移动程序化购买持续保持高增长，已成为程序化购买市场增长的主要动力。在未来，移动程序化购买仍将维持较高增速，且增速将显著高于整体市场。

中国互联网络信息中心（China Internet Network Information Center，CNNIC）发布的第51次《中国互联网络发展状况统计报告》显示，截至2022年12月，我国网民规模达10.67亿，手机网民规模为10.65亿，网民中使用手机上网的比例为99.8%。我国城镇网民规模为7.59亿，占网民整体的71.1%；农村网民规模为3.08亿，占网民整体的28.9%。

"从多屏到跨屏，从PC端到移动端"的程序化购买是未来的发展趋势。受众如今面对更多的屏幕，仅在某一屏实现程序化购买并不能达到最佳的效果。一位受众可能在手机上查看想要购买的商品信息，然后在PC端完成购买，在看电视的同时，还可以拿起iPad和朋友聊天。

那么，如何联通同一个用户在不同屏幕上的身份ID，追踪识别用户，实现真正的跨屏营销呢？在联通跨屏用户数据方面，业内相关人士提出了两种可行的方法：一是依靠用户的多个登录账号或者大型互联网平台提供的跨屏ID识别支持，这种情况下只有百度、腾讯、阿里巴巴、谷歌等大型互联网公司才有能力进行匹配；二是预估匹配，也就是运用数据模型推断来自不同屏幕的多个用户实际上是同一用户。前者精准度高，但同时要求较高的数据开放生态；后者降低了门槛，但技术是难点，有偏差。即使用户的跨屏数据问题解决了，后续的跨屏程序化购买的效果评估及监测也是需要解决的难题。

# 第二节　数据库营销

## 一、数据库营销概念

数据库营销就是企业在收集、积累分析、筛选会员（用户或消费者）信息后，针对性地使用电子邮件、短信、电话、信件等方式进行客户深度挖掘与关系维护的营销方式。或者，数据库营销就是以与顾客建立一对一的互动沟通关系为目标，并依赖庞大的顾客信息库进行长期促销活动的一种全新的销售手段。它是一套内容涵盖现有顾客和潜在顾客，可以随时更新的动态数据库管理系统。数据库营销的核心是数据挖掘。

虽然在传统销售中，用于客户数据的数据库已经存在很长一段时间，但是在需要维护的更多的客户数据、数据处理，以及以新的更加复杂的方式应用等方面，数据库营销方式仍然存在很大不同。在其他事情中，市场商人使用数据来学习更多有关客户的知识，为特定的公司选择目标市场（通过客户分割），比较客户对公司的价值，以及提供更多专业的服务给客户。

## 二、数据库营销运作流程

一般来讲，数据库营销一般经历数据采集、数据存储、数据处理、寻找理想消费者、使用数据、完善数据等六个基本运作过程，如图2-2所示。

（1）数据采集。数据库数据一方面通过市场调查获得，另一方面利用公共记录的数据，如人口统计数据、银行担保卡、信用卡记录等。

（2）数据存储。将收集的数据，以消费者为基本单元，逐一输入计算机，建立起消费者数据库。

（3）数据处理。运用先进统计技术，利用计算机把不同的数据综合为有条理的数据库，然后在各种软件的支持下，产生产品开发部门、营销部门、公共关系部门所需要的任一详细数据库。

（4）寻找理想消费者。根据使用最多类消费者的共同特点，用电脑勾画出某产品的消费者模型，此类消费群具有一些共同的特点——比如兴趣、收入，以专用某品牌产品的一组消费者作为营销工作目标。

（5）使用数据。数据库数据可以用于多个方面：确定购物优惠券价值目标，决定该送给哪些顾客；开发什么样的新产品；根据消费者特性，如何有效制作广告；根据消费记录判定消费者消费档次和品牌忠诚度。数据库不仅可以满足信息需求，而且可以进行数据库经营项目开发。

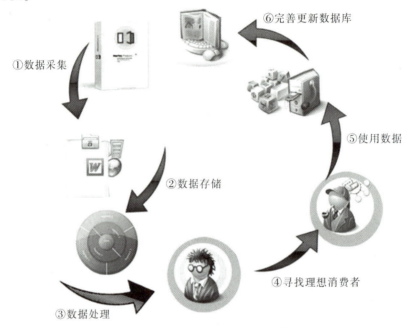

图 2-2　数据库营销运作流程图

（6）完善更新数据库。随着以产品开发为中心的消费者俱乐部、优惠券反馈、抽奖销售活动记录及其他促销活动收集来的信息不断增加和完善，数据库不断更新，从而能及时反映消费者的变化趋势，适应企业经营需要。

# 第三节　客户关系管理

## 一、客户关系管理概述

### （一）客户关系管理产生背景

在当前的竞争形势下，消费者将产品视为价值传递载体以及自我个性的延伸，企业不得不通过产品创新和价格领先将目光放得更远，以维持市场战略优势。营销人员意识到，唯有更好地培育和管理客户导向，才能获得持久的客户关系，而这种关系可以成为抵御竞争对手的战略优势。实施客户关系管理（Customer Relationship Management，CRM）的目标是满足客户的需求，以及建立、保持和加强与他们的长期关系。降低流失率、留住客户的好处已经超出商业范畴，它创造了企业与客户的情感连接，这恰恰是成功最有力的武器。但是，要加强与消费者的联系，企业需要理解客户在整个生命周期过程中的行为、需求和期望。

### （二）客户关系管理概念

客户关系管理是企业在竞争力建设中，为求竞争制胜和快速成长、树立以客户为中心的理念，所制订的包括判断、选择、争取、发展和保持客户的完整商业战略；是企业以客户关系为重点，优化组织关系体系和业务流程，提高客户的满意度和忠诚度，以提高效率和利润的业务实践；也是企业围绕客户价值创造，为最终实现电子化、自动化运营目标而发明或使用的先进技术（软硬件）、管理制度与解决方案等的方法总和。

### （三）客户关系管理实施范围

CRM 系统的目标，是本着对客户进行系统化研究的指导思想，完整地认识整个客户生命周期，管理与客户之间的所有交互关系，提供与客户沟通的统一平台，改进对客户的服务水平，提高员工与客户接触的效率和顾客忠诚度，并因此为企业带来利润。以客户为中心的管理理念是 CRM 的基础。企业的客户管理框架应从识别客户入手，然后接触客户、扩大潜在客户基数、了解客户需求、互动提升价值、整合客户接触点与产品和服务供应及交付的系统和流程。长此以往，客户会对企业产生很强的依赖感，进而与企业建立稳定的关系。

### （四）客户关系管理功能模块

下文将从 CRM 发展形成的三大核心入手，分析 CRM 的实施范围及其对提高公司利润的作用。

#### 1. 销售管理模块

CRM 中销售管理模块的目标主要是提高销售过程的自动化和销售效果。销售功能主要涵盖销售中的额度管理、销售力量管理和地域管理，现场销售管理中的机会管理、日程安排、报价及预测、活动管理、结算和合同管理、预测和合同管理。

销售模块能最大限度地扩大客户接触点。企业与客户之间需要互动，线上线下的销售过程是客户对企业的第一印象的来源。每一个客户在每一次接触公司员工、公司产品或服务时，都会有特定感受，这些都是客户接触点。CRM 中销售模块部分可以通过公关接触、人员接触、会议接触、委托接触、介质接触、联盟接触、随机接触等创建与客户的有效接触点，让潜在客户成为有效客户，认可公司产品和服务。

通过有效的接触点管理，企业决定在什么时间、什么地点、如何接触客户或者潜在客户，以达成预期沟通目标，以及围绕客户接触过程与接触结果展开管理工作。当客户有可能面对多个接触点时，要确保客户每一次都可以从任意一个接触点获得所需产品或者服务，客户不应该因接触点之间缺乏集合性而从一个接触点转移到另一个。可以通过客户体验管理（Customer Experience Management，GEM）工具识别跟踪客户问题以便企业决策者立即采取措施加以解决，做到防微杜渐。销售队伍自动化系统是一种典型的信息技术工具，可以有效整合信息技术和组织销售流程，协调所有销售活动。

### 2. 营销管理模块

营销管理模块的目标是对直接营销活动加以计划、执行、监视和分析，帮助企业营销团队对客户群体进行细分，从而使营销活动更有针对性。CRM 营销管理涉及扩展客户业务所需要的全部功能，如营销计划、活动管理、网络营销、商机管理、市场分析及客户细分，并且可以界定和测量相应的关键绩效指标。

CRM 营销由传统的电话营销转向互联网，这些基于网络的营销活动能带给潜在客户更好的客户体验，使潜在客户以自己的方式，在方便的时间查看所需要的信息。基于网络应用的 CRM，真正是以网络为中心的全面沟通客户关系渠道的客户关系同步化方案，集中解决企业中的下列问题。

（1）创造并充实动态的客户交互环境。

（2）产生覆盖全渠道的自动客户回应能力。

（3）整合全线的业务功能并实施协调运营。

（4）专为拓展和提高客户交互水平并将其转化为客户知识的客户关系技术。CRM 在营销板块实现了客户信息的同步化、开放化。

### 3. 客户服务管理模块

为客户提供更好的服务是实施 CRM 系统的首要目标。

客户服务管理模块的目标是提高那些与客户支持、现场服务和仓库修理相关的业务流程自动化程度，并加以优化。功能包括现场服务分配、现有客户关系管理、客户关怀中的联系人管理、任务管理和移动现场服务，充分利用渠道达成顾客满意，达到增加忠诚客户的目的。

优质服务可促使客户回头购买更多的产品或服务，企业整个业务也将从每位客户未来不断的采购中获益。从实际经验来看，CRM 系统将为企业带来长期的、可分析的真正收益。调查显示，企业回头客中的 10% 能为企业带来 10% 以上的收益，而增加 10% 的投入来吸引新的客户只能为企业增加 0.7% 的价值。CRM 本质上讲也有一个简单的目标：通过保留更多长期客户，可以使企业更加盈利——理想的 CRM 使客户愿意与企业完成更多交易。

## 二、客户价值的客户分类

客户是企业最重要的资源，客户关系管理已经成为企业管理的核心。对企业来说，有效地评价客户价值，按价值不同对客户资源进行合理的划分，从而有效地配置资源才是企业的生存之道。因此，进行客户的价值分析，并建立客户的价值评价模型，是客户关系管理的首要任务。

### （一）客户分类方法

#### 1. 利润学说

利润学说认为，客户对企业的贡献体现在客户为企业带来的利润上，因此可以用客户利润贡献判别客户为企业创造的价值，行业内的通常做法是用客户全生命周期利润（Customer Lifetime Profit，CLP）评定客户价值。

广义的客户全生命周期利润指的是公司在与某客户保持买卖关系的全过程中从该客户

处所获得的全部利润的现值。对现有客户来说，其CLP可分为两部分，一是历史利润，即到目前为止客户为企业创造的利润总现值；二是未来利润，即客户在将来可能为企业带来利润流的总现值。企业真正关心的是客户未来利润，因此狭义的CLP仅指客户未来利润。

CLP的预测方法：

①公式法。对客户全生命周期利润的早期研究中，赖希霍尔德的观点较有代表性，他认为，客户全生命周期利润是指在维持客户的条件下企业从该客户持续购买所获得的利润流的现值，其计算公式如下：

$$客户全生命周期利润 = \sum \left[ (1+d)^t \cdot F_{it} \cdot S_{it} \cdot \pi_{it} \right]$$

式中，$t$ 表示时间周期，$d$ 是折现因子，$F_{it}$ 是每个周期 $t$ 内客户购买该产品的期望频次，$S_{it}$ 是在时间 $t$ 内客户 $I$ 对某品牌的期望支出份额，$\pi_{it}$ 是客户 $I$ 在时间 $t$ 内每笔购买的平均贡献。从上式可以看出，影响客户全生命周期利润最重要的因素是计算周期和贴现率，贴现率可参考当前的银行利率进行适当调整。一般在贴现率不变的情况下，成为企业客户周期越长，纳入计算的客户终身价值越多；在计算周期不变的情况下，贴现率越高，未来的收益越不值钱。

这种方法把客户资产视为企业的一种资产，从财务角度来探讨客户对企业利润的贡献，不仅能反映企业当前的盈利能力，更能反映企业未来的营销能力，不失为一条定量评估客户价值的有效途径。但是由于公式中的数据如期望频次、期望支出份额和每笔购买的平均贡献等都具有可预测性，因此要做到精确评估客户资产尚无法实现。

②曲线拟合法。曲线拟合法是建立在客户利润变化遵循一定规律的基础上的，即认为一个典型客户的利润曲线成倒"U"形。如果一个客户的历史利润曲线已经较好地显示了某种变化趋势，那么可以认为客户的未来利润将继续遵循这种变化规律，据此通过曲线拟合，预测每位客户的CLP值。

### 2. 价值学说

价值学说认为，客户对企业的价值不单是客户直接购买为企业带来的利润贡献，它应该是客户在其整个生命周期内为企业创造的所有价值总和，即客户的终身价值。客户终身价值是多种类型的，主要包括以下五种。

(1)客户购买价值。客户购买价值是客户直接购买为企业提供的贡献总和。

(2)客户口碑价值。客户口碑价值是客户向他人宣传本企业产品品牌使企业销售增长、收益增加时所创造的价值。客户口碑价值与客户自身的影响力、影响范围及受影响人群对企业的价值有关。

(3)客户信息价值。客户信息价值是客户为企业提供的基本信息的价值。这些基本信息包括两类：一是企业在建立客户档案时由客户无偿提供的那部分信息；二是企业与客户进行双向互动的沟通过程中，由客户以各种方式(抱怨、建议、要求等)向企业提供各类信息，包括客户需求信息、竞争对手信息、客户满意度信息等。这些信息不仅为企业节省了信息收集费用，而且为企业制订营销策略提供了较为真实准确的一手资料。

(4)客户知识价值。客户知识价值可以说是客户信息价值的特殊化。这是因为不是每一个客户都具有客户知识价值，而且不同客户的知识价值也有高低。

(5)客户交易价值。客户交易价值是企业在获得客户品牌信赖与忠诚的基础上，通过联合销售、提供市场准入、专卖等方式与其他市场合作获取的直接或间接收益。客户交易价值受产品关联度、品牌联想度、客户忠诚度、客户购买能力及交易双方讨价还价能力等因素影响。

### (二)客户细分

客户细分是指将一个大的消费群体划分成为一个个细分群的动作，同属一个细分群的消费者彼此相似，属于不同细分群的消费者被视为不同的消费群。客户细分的目的是将有限资源优化利用，提升企业的竞争优势。细分不是目的，通过细分认清客户类型，找到最有价值的客户并有针对性地实施客户保持策略，提高客户满意度和忠诚度才是真正的目的。

目前业界对客户的分类管理已基本达成共识，只是如何对客户进行科学有效的分类还存在很大的争议。传统的基于客户价值的分类大多根据客户以往的交易额或其为企业带来的利润额来评定客户等级，这种对客户价值的认识存在极大片面性，是不科学的。

将客户终身价值作为客户细分的标准和依据是比较科学的。客户细分具体步骤如下。

①客户价值排序。按照客户的终身价值对客户排序。

②客户细分。根据客户的终身价值评价结果，划分客户群。具体方法是将客户的当前价值(购买价值)和潜在价值(除购买价值以外的四种价值形式之和)作为两个维度，每个维度分成高低两档，由此将整个客户群划分为四组，细分的结果用一个矩阵表示，称为客户价值矩阵(Customer Value Matrix)，如图2-3所示。

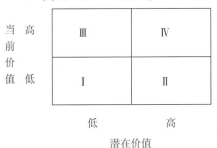

图2-3　客户价值矩阵

上述四类客户中，Ⅳ类客户对公司最有价值，为公司创造的利润最多，称为"白金客户"；Ⅲ类客户对公司的利润次之，也是公司的利润大户，称为"黄金客户"。根据帕累托原理，Ⅲ、Ⅳ两类客户数额不大，约占20%，但为公司创造的利润却能达到公司总利润的80%，常说的"最有价值的客户"指的就是这两类客户。Ⅱ类客户属于有潜力的客户，未来有可能转化为Ⅲ类或Ⅳ类客户，但就当前来说带给公司的利润很薄，称为"铁质客户"；Ⅰ类客户对公司的价值最小，是公司的微利或无利客户，称为"铅质客户"。Ⅰ、Ⅱ两类客户在数量上占了绝大多数，约占公司客户总数的80%，但他们为公司创造的利润大约只占公司总利润的20%。

对客户终身价值构成、评价方法和客户细分方法进行研究，可为企业客户资产有效管理提供帮助。我国加入WTO后引发的经济格局的变化，给中国企业带来了巨大冲击，在带来新机遇的同时也增加了竞争的压力。国内企业与国外企业相比，最大的优势是拥有一批老客户。因此，识别最有价值的客户，并以个性化服务提高其满意度和忠诚度，进而把握这部分客户，是国内企业与外来资本抗衡并维持其竞争优势的有效途径。

# 第四节　销售漏斗模型

## 一、销售漏斗模型概述

漏斗模型是由德国汉诺威大学的贝克特和温道尔于20世纪80年代初针对生产系统中的计划与控制而提出的一种系统模型。"漏斗"是为了研究问题的方便而做的形象化描述，在生产系统中可以用来描述一个工厂、一个车间乃至一台机床，在"漏斗"中流动的是需要它完成的生产任务，滞留在"漏斗"中的是生产过程的库存。漏斗模型还被应用到物流系统研究等方面。

"漏斗"在销售流程中也是一种很实用的模型。企业在向客户发布商品信息、与客户接触、交易和服务的过程中，与客户之间的关系不断地发生变化。如果把企业的营销、销售和服务部门看作是一个"漏斗"的话，那么客户就可以看作是在"漏斗"中流动的水，在流动中，客户与企业的关系得以改变。企业要使尽量多的客户进入"漏斗"，加强与"漏斗"中客户的关系，增加"漏斗"中处于良好关系状态的客户数量。客户关系管理中的"漏斗"称为销售漏斗。

销售漏斗是科学反映机会状态以及销售效率的一个重要销售管理模型。通过对销售流程中要素的定义，如阶段划分、阶段升迁标志、阶段升迁率、平均阶段耗时、阶段任务等，形成销售漏斗管理模型。当销售信息进入系统后，系统可自动生成对应的销售漏斗图，通过对销售漏斗的分析可以动态反映销售机会的升迁状态，预测销售结果；通过对销售升迁周期、机会阶段转化率、机会升迁耗时等指标的分析评估，可以准确评估销售人员和销售团队的销售能力，发现销售过程中的障碍和瓶颈；同时，可以及时发现销售中的异常现象。

漏斗的顶部是有购买需求的潜在用户，漏斗的中部是将本企业产品列入优选清单的潜在用户(两个品牌中选一个)，漏斗的下部是基本上已经确定购买本企业的产品只是有些手续还没有落实的潜在用户，漏斗的底部就是我们所期望成交的用户。

销售漏斗是一种科学有效的管理方法，它是系统集成商和增值服务商分销时普遍采用的一个销售工具。系统提供多业务模式的销售漏斗管理模型，使用者可根据不同的业务特点选择不同的漏斗管理模板，确定阶段任务和接触计划，安排行动日程等。同时，系统可通过销售漏斗管理分类跟踪机会升迁状况和机会接触状况，系统提供按公司、部门、人员、时间的机会升迁状况表，该功能可以帮助销售经理及时了解和掌握公司、部门和销售人员的销售机会状况，以及机会推进状况，及时发现潜在问题，指导销售的进行。

## 二、销售漏斗动转机制

销售漏斗不局限于长期销售过程的客户管理，是针对普遍的客户关系管理中的客户价值评估、客户划分与识别、客户关系维系问题而提出的动态系统模型如图2-4所示，其运转的机制主要基于以下五点。

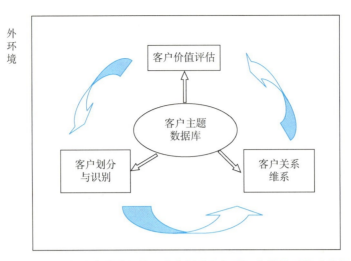

图2-4 企业的客户价值评估、客户划分与识别、客户关系维系过程

(1)销售漏斗的基础是客户主题数据库。客户主题数据库主要通过运用抽取、归纳、聚合等方法从企业的销售、营销和服务业务数据库中，整合客户相关数据，构造出来以客户为中心的数据模型和数据库。客户主题数据库提供的是包括潜在客户在内的所有客户的各种维度和深度的相关信息。具体来说，客户主题数据库中至少应该包括客户基本信息、客户销售信息、客户产品拥有信息、客户成本信息、客户交往信息等数据。

(2)运用客户价值模型计算客户的价值。客户价值主要指顾客对企业创造的价值，对客户价值的计算既要考虑客户的总购买规模、客户的预测交易规模、客户聚合和忠诚的潜在价值等客户自身价值因素，还应该考虑客户与企业的当前交易规模、客户与竞争对手的交易规模、客户获取代价等客户获取成本因素。

(3)建立客户划分和识别的模型。客户划分模型有分类和聚类两种，数据挖掘中的各种分类和聚类的算法都可以运用到客户划分中来，可以比较或组合各种模型为客户划分服务。客户识别可以被认为是对特定客户分类的成员进行甄别。

(4)建立对客户关系的评估手段。过去的讨论中多半用客户忠诚度来衡量客户和企业的关系，但是这存在着一定的局限性，因为客户忠诚度描述的主要是客户单方面对企业和产品的依赖程度。而对有的企业而言，讨论客户与企业的互动关系和相互影响的程度更有意义，可以从顾客的 RFM(指 Recency、Frequency、Monetary，即最近一次消费、消费频率、消费金额)数据、客户交往情况等方面评估企业与客户的关系程度。企业应实时监控客户关系的异动，并据此采取适当的客户维系手段控制与客户的关系。

(5)从客户价值评估、客户划分与识别到客户关系维系的三阶段应该是不断循环的。尤其是在客户关系出现异动时，更应该及时反应，及时判断客户价值和关系的走向，采取必要手段，调整与客户的关系，保持客户对企业的价值。

客户价值评估、客户划分与识别、客户关系维系的三阶段客户管理过程的循环运行构成了销售漏斗的"旋涡"，它不断推动企业及时了解客户的价值、及时划分客户、及时识别客户、及时调整与客户的关系。这种由客户主题数据库数据模型，客户价值评估、客户划分与识别、客户关系维系过程组成的追求企业整体客户价值和客户关系动态优化的系统模型，就是企业销售漏斗模型。

客户进入企业的销售漏斗之后，在漏斗的"旋涡"中，将会因为企业对其的评估和划分而被推到漏斗的一定位置，最终形成企业的层级销售漏斗。越往漏斗的底部，客户的级别越高，客户的价值越大，企业与客户的关系也越密切。企业销售漏斗理想状态，即把客户划分为潜在客户、普通客户和大客户，如图 2-5 所示。

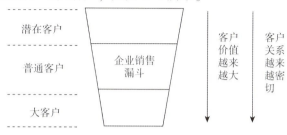

图 2-5 企业销售漏斗理想状态

### 三、销售漏斗的作用

#### (一)有利于预测销售定额

对高价值的复杂产品，潜在用户不会马上下订单，从有购买意向到实际购买少则几个月多则数年。通过加权分析，在年初可以科学地分配定额。比如某潜在用户下一年有意向购买 100 万元的产品，处在漏斗的上部，计算定额就是 25(100×25%)万元。

#### (二)可以有效地管理和督促销售人员

销售经理通过定期检查销售漏斗，能够及时掌握销售进度。例如，某潜在用户在很长时间里一直停留在某个位置，如果总是处在漏斗的上部，可能是该用户没有下决心购买，也可能是销售人员长期没有联系；如果总是处在漏斗的中部，可能是该用户拿不定主意，也可能是潜在用户已经被竞争对手抢去；如果总是处在漏斗的下部，可能是该用户的公司内部出现了问题。分析出原因，就可以有效地确定销售人员的工作方向。

#### (三)可以平衡客户资源的分配

分配客户资源时要公平，避免"肥瘦"不均。有了销售漏斗就能掌握每个地区的业务量，从而避免按照省市、行业简单粗略的划分。对于发达地区，有些省市可同时由多人负责，只是侧重面不一样；对于欠发达地区，可一个人负责多个省市的业务。衡量销售人员业绩的标准既要看定额高低也要看超额完成任务的比例。

#### (四)可以有效防范用户资源的流失

销售漏斗的建立可以最大限度地掌握潜在用户的动态，客户信息不是销售人员的"个人财产"，而是公司的集体财产。当某个销售人员提出离职申请时，销售经理就要及时检查销售漏斗，与接替人员进行对接。这样可以避免用户随销售人员离职而流失的问题。

### 四、销售漏斗的应用

#### (一)合理分配企业的营销和服务资源

企业的销售漏斗模型通过评估客户的价值划分客户，按照客户价值和营销服务资源成正比的原则，对不同的客户分类实施有差别的销售、营销和服务策略，促使客户往漏斗的底部迁移，同时吸引更多的客户进入企业的销售漏斗中。

### (二) 监控企业与客户的关系

通过及时评估企业与客户的关系，可以及时发现客户尤其是大客户的流失趋势。在客户出现异动时，及时评估当前客户价值和客户关系的变化，主动把握企业与客户关系的变化情况，并提示企业及时作出相应的反应。

### (三) 监督各客户划分的变化情况

通过客户的数量、销售量、销售额、利润额、价值等客户指标监督客户划分的变化情况，如图 2-6 所示，采取各种措施保障漏斗中的各客户划分保持一定的平衡。例如，当发现漏斗中的潜在客户减少时，应及时实施营销活动，吸引新的客户；当发现一般客户向重点客户的转移停滞时，应该考虑提高客户的重复购买次数，提高一般客户向大客户的转化速度。

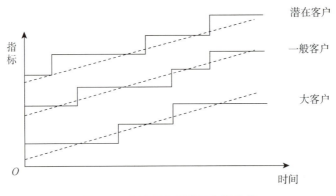

图 2-6　客户划分的指标变化监督

## 第五节　大数据营销案例应用

### 案例一：IBM 世界杯大数据营销

作为全球领先的 IT 企业，IBM 品牌广为人知，但普通消费者对其大数据业务的认知度较低。如何将大数据这一抽象的概念用生动有趣的形式展现，让广大用户认知并理解 IBM 的大数据业务？如何向他们展示 IBM 大数据业务的魅力和作用，提升 IBM 大数据及分析业务的认知度？如何形成 IBM 大数据业务合作实际范例，向潜在的业务合作伙伴决策者展现 IBM 大数据业务的价值，让他们增强合作信心？

**营销目标**

向广大用户展现 IBM 大数据业务的魅力和作用，提升 IBM 大数据及分析业务的认知度。

形成 IBM 大数据业务合作实际范例，并向潜在的业务合作伙伴决策者展现 IBM 大数据业务的价值，让他们增强合作信心。

设立关键绩效指标(Key Performance Indicator，KPI)，提升 IBM 大数据业务认知水平。

**营销洞察**

大事件令网民舆论爆发，产生海量数据，形成大数据应用的最佳舞台。

世界杯作为四年一度的顶级体育赛事，受到网民高度关注，引发网民在社交平台抒发情感、表达观点，每天都有超过 1.2 亿人在社交媒体发声。大量社交舆论数据的产生，为 IBM 大数据系统创造了丰富的分析素材，同时也为 IBM 大数据业务被更多用户知晓提供了时机。大数据能将世界杯球迷的情绪和性格清晰呈现，让 IBM 有更多的了解。

IBM 携手腾讯，首次将大数据分析融入大型体育赛事报道。IBM 运用文本分析和心理语言学技术，实时抓取和分析世界杯期间的社交媒体数据，再由腾讯从数据结论中挖掘选题，包装生成多样化内容，为用户呈现更多维、更精彩的报道。

**执行过程**

腾讯联手 IBM 开展战略级合作，成立世界杯项目联合团队，负责项目的执行。

腾讯基于数据积累及丰富的报道经验，分析预判 2014 年世界杯赛事用户关注的热点，提出 3 个维度、120 个热点关键词。

IBM 为腾讯世界杯报道定制大数据分析系统，依据其对舆情的智能文本数据挖掘和关联性分析，结合心理语言学模型，获得用户关注热点背后的洞察，构建球迷画像。

腾讯每天依据洞察形成报道选题，再将有趣味的洞察转化成可视化内容，从而为用户呈现更精彩的世界杯报道。

将大数据与实时支持率呈现、赛事图文报道、娱乐视频栏目及数据图解析专题融合，针对"资深球迷"和"围观用户"等不同人群的偏好，提供适合不同用户的内容。

（1）每一刻，球迷通过社交媒体为自己喜爱的球队呐喊，在腾讯流量最大的 64 场比赛专题页面，实时呈现对战双方支持率——德国队的支持率一路飙升，最终超越东道主巴西队，成为人气冠军。

（2）每一天，都有一篇赛事报道融入社交媒体大数据的热点和洞察，都会提供 32 篇更吸引用户的图文内容——阿根廷队在本届世界杯上成功超越意大利队、西班牙队，成为女性球迷最关注的球队。

（3）每一周，都会通过视频栏目《飞鱼球迷秀》盘点一周的焦点话题，八卦趣味解读世界杯——究竟谁才是女性球迷眼中的男神？C 罗不出意外获此殊荣。

（4）对每一位受关注的球星，描绘其球迷性格画像，结合两期《算数》栏目，数读世界杯。所有内容合作中，均突出呈现数据分析来自 IBM，潜移默化中提升用户对大数据业务的认知。

**创新价值点**

合作报道内容的表现超乎寻常。

64 场比赛实时支持率总曝光 252 968 153 次，所在专题页面较其他同级页面流量平均提升 50% 以上。

32 篇社交数据分析报道总曝光 3 244 608 次，较其他报道文章平均阅读量提升 130% 以上，其中移动端阅读量占比 94.5%。

4 期《飞鱼球迷秀》总播放量 31 485 000 次，较该栏目同期平均播放量提升近 140%。

《算数》栏目合作单期浏览量 1 291 102 次，较栏目平均浏览量提升 60% 以上。

内容集合 Minisite 总曝光 801 584 次，Minisite 中的广告通栏点击率是 IBM 常规广告均值的 20 倍。

项目期间投放的所有广告的平均点击率，是 IBM 常规广告均值的 12 倍。

尼尔森品牌调研显示，IBM 大数据认知度明显提升，达到 KPI。

82.8% 的访问用户对 IBM 大数据相关内容产生记忆。

92.7% 的用户认为大数据相关内容对其多维度了解 2014 年世界杯提供了帮助，并有 94.9% 的用户表示会持续关注大数据相关报道内容。

IBM 品牌整体认知度提升 22.8%，大数据及分析业务认知度提升了 29.9%。

（资料来源：Mawards 2014 最佳数据库营销创新奖：IBM 世界杯大数据营销 [EB/OL]. (2014-12-02) [2016-12-01]. http.//www.meihua.info/a/62263.）

**讨论题**

（1）IBM 是如何通过大数据在世界杯期间实现营销目标的？

（2）IBM 在世界杯期间的大数据营销有何创新之处？

（3）IBM 与世界杯赛事之间存在哪些内在关联，成为其实施大数据营销基础？

### 案例二："爱您所爱"方太"双十一"推广活动

近年"双十一"购物节，各个品牌都明争暗斗。家电作为耐用品，消费者在选择时考虑的因素较多。

2015 年 11 月，方太运用互动通程序化广告营销平台 hdtDXP，开展"双十一"的"爱您所爱，万众期待"感恩回馈活动网络推广，为方太天猫旗舰店活动预热并引流，帮助方太在 2015 年"双十一"取得不俗的销售业绩。

此次营销活动的传播目标有两个：首先，在优质网络媒体上宣传方太的品牌形象和产品信息，加大品牌曝光度，巩固市场地位；其次，通过优质创意吸引受众关注方太的相关产品信息，进行"双十一"活动预热，并实现电商引流，最终提升"双十一"方太天猫旗舰店的销量。该营销活动的执行过程分为前期、中期、后期三个阶段。

**前期：筛选目标受众并投放广告**

1. 筛选目标人群

通过前期的 Cookie 收集、分析受众网络行为轨迹，借助 hdtDMP 人群数据库，互动通将方太的"双十一"目标锁定为 25～50 岁、有购买厨电需求的潜在人群。他们热爱生活，有一定的经济实力，品牌意识较强，追求高品质的生活，向往舒适健康的生活环境，关注自己和家人的安全与健康，乐于享受生活；同时，习惯使用网络获取信息、查看商品和购物。hdtDXP 根据受众特性，在 hdtDMP 人群数据库中找到家居、高端消费、奢侈品、厨电等兴趣标签目标受众进行广告曝光。

2. 投放广告

通过丰富的富媒体创意及 PC 端和手机端优质媒体，向核心人群投放方太天猫旗舰店"双十一"的感恩优惠信息，吸引用户点击参与广告活动。在 PC 端平台的广告投放上，选择与受众息息相关的新闻门户、财经、汽车、时尚、旅游、生活社区等媒体；在手机端选择受众使用频繁的新闻综合、生活工具、休闲娱乐、在线视频等 APP 进行活动信息投放。通过高质量的网站媒体，有效触及目标受众。

此次营销活动采取创意广告形式，通过扩展、视窗等丰富多元的富媒体传播方式，展示方太热销爆款，并宣传方太"双十一"期间的感恩优惠活动，吸引目标受众的眼球。

**中期：实时优化**

本次投放是 8：30—23：00 时段的定向投放，监测显示，午休时段即 13：00 左右广

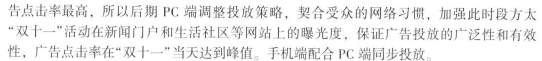

告点击率最高，所以后期 PC 端调整投放策略，契合受众的网络习惯，加强此时段方太"双十一"活动在新闻门户和生活社区等网站上的曝光度，保证广告投放的广泛性和有效性，广告点击率在"双十一"当天达到峰值。手机端配合 PC 端同步投放。

后期：实现目标受众引流

吸引受众参与活动，点击链接至方太天猫旗舰店，展示方太"双十一"期间的热销爆款信息，使受众在浏览中产生购买兴趣。同时展示热销 TOP 榜的明星产品狂欢价格，让目标消费者感受到方太品牌感恩回馈活动的力度，促进购买。

此次营销活动的投放周期为 2015 年 11 月 7—12 日，PC 端曝光量有 1 400 多万次，点击量 28 万次，大幅超过行业均值；移动端点击量有 10 多万次，点击完成率高达118.91%，广告实现超额投放并得到受众的高度关注。

方太天猫旗舰店"双十一"当日销售额达到 1.48 亿元，同比增长 70%。权威交易指数排行显示，方太天猫旗舰店在大家电行业销售额排名第八，在厨电行业排名第一。不仅在销售额上创出新高，在网购综合评价、流量转化率等方面也远超行业平均水平。

（资料来源：改编自中国广告. 方太天猫"双十一"引流互联网推广案例——"爱您所爱，万众期待"［EB/OL］.（2016-01-28）［2016-12-01］. http://www.ad-cn.net/read/5058.html.）

讨论题

（1）方太是如何锁定目标受众的？

（2）在运用大数据技术找到目标受众后，方太的广告投放策略是怎样的？

（3）如何对广告效果进行实时优化？

## 案例分析讨论

### "今日头条"APP 窃听用户信息

2018 年，今日头条、百度、新浪微博、淘宝、知乎等诸多 APP 被曝其手机 APP 通过"读取"用户对话记录的权限收集用户信息，从而达到其营销目的。此消息引发了用户的极度不安，打个电话都能被听到，被网络骗子利用了怎么办？目前，各厂家已经作出了解释和说明。但既然案例已经存在，作为用户，我们该如何保护自己在手机上的信息不被第三方收集应用呢？

怀疑电话被偷听是"今日头条"的一个用户先发现的。据她介绍，她在电话里和朋友相约去摘草莓，但后来一打开"今日头条"，就有大量的草莓类资讯给她推送了过来。该用户表示，她没在"今日头条"上看过和搜索过任何"草莓"类的资讯，因此怀疑自己的"麦克风"权限被"今日头条"使用了。

所谓麦克风权限，就是允许手机 APP 读取通过手机麦克风产生的数据。通俗地讲，就是用户的通话或语音记录可以开放给手机 APP 读取，这种权限通常在安装 APP 的时候会给用户进行提示，用户可以选择关闭或允许。

根据网络专家曾宪平的判断，按照上述用户的说法，存在两种情况：一是该用户在安装"今日头条"的时候，没有看清选项，允许了"今日头条"使用她的麦克风权限；另外一个就是用户禁用了"今日头条"的麦克风权限，但"今日头条"仍可能私自调用了用户手机的麦克风，记录下了用户的日常对话，从中获取了用户假日去摘草莓的信息，从而让一篇篇草莓类广告完成了精准抵达。

无独有偶，百度旗下的两款 APP 最近也被江苏省消保委指控"监听电话"而告上法院，虽然没有具体受害人案例，但大致情况还是与麦克风权限被强制使用有关。同时，据记者了解，新浪微博、淘宝、知乎等手机 APP 最近都曾被用户投诉，其通话记录被窃听，受害人的情况高度一致，他们在电话里和对方说了一件事，随后在自己的手机 APP 里就有大量和此事有关的广告被推送过来。

（资料来源：杨刚. 多款 APP 被曝"偷听"用户对话[N]. 华商报，2018-01-11.）

**讨论：大数据营销平台与从业者的底线有哪些？**

# 本章小结

通过基于 4P 的大数据营销理论在各个行业的应用，可以看出大数据的发展前景十分广阔，实现了制造智能化、产品定制化和服务个性化。在产品的价格方面，大数据时代企业不仅可以使用传统定价方法，还大量运用了个性化定价和动态定价方法。在渠道规划中通过大数据分析可以发现其特征与趋势、问题与短板，找准突破点，提供本地化服务和极致的用户关怀，积极探索以用户为中心的区域性电商或互联网化的服务模式，逐步实现渠道下沉和全渠道运营落地，积极运用大数据思维来整合渠道资源。只有把不同渠道的数据进行整合和融会，才能精准把脉消费趋势。

程序化购买是指通过广告技术平台自动地执行广告资源购买的流程，即资源的对接、购买过程都呈现自动、自助功能。通过实时竞价和非实时竞价两种交易方式完成购买。对广告主来说，程序化购买为其提供了个性化的服务，广告主可以根据自身的需求选择其中一种或者同时选择两种交易方式。程序化购买有数据化、精准化、人性化的特征。广告主可通过分析媒体和品牌的契合度对投放广告的媒体环境进行筛选。对媒体来说，程序化购买有利于广告位管理和收入的增加；对受众来说，程序化购买可以优化其广告体验。程序化购买是根据受众的喜好及需求特性来展示与之有关的广告，这在一定程度上减少了广告信息对受众的干扰，提升了受众对广告的好感度。

数据库营销就是以与顾客建立一对一的互动沟通关系为目标，并依赖庞大的顾客信息库进行长期促销活动的一种全新销售手段。数据库营销一般经历数据采集、数据存储、数据处理、寻找理想消费者、使用数据、完善数据六个基本过程。建立数据库可以更好地对用户进行分类。而客户价值分类是一种区分客户的方法，依据客户的市值总规模将其分为不同类别。高价值、高忠诚度的顾客是无价之宝，企业的首要目标是挽留住这样的顾客。通过对客户终身价值构成、评价方法和客户细分方法的研究，为企业客户资产有效管理提供帮助。因此如何识别最有价值的客户，并以个性化服务提高其满意度和忠诚度，进而把握这部分客户是国内企业与外来资本抗衡并维持其竞争优势的有效途径。

销售漏斗是科学反映机会状态及销售效率的一个重要销售管理模型，是一个非常直观的销售机会状态统计报表。通过这个报表，用户可以清晰地看出当前所有销售机会的状态分布。当销售信息进入系统后，系统可自动生成对应的销售漏斗图，通过对销售漏斗的分析动态反映销售机会的升迁状态，预测销售结果。通过对销售升迁周期、机会阶段转化率、机会升迁耗时等指标的分析评估，准确评估销售人员和销售团队的销售能力，发现销售过程的障碍和瓶颈。同时，通过对销售漏斗的分析，可以及时发现销售中的异常现象。销售漏斗具有预测销售定额、有效管理和督促销售人员、平衡客户资源的分配、有效防范用户资源流失的重要作用。

## 本章习题

### 一、选择题

1. 具体而言，从传统营销到大数据营销的转型与变革，主要体现在以下(　　)方面。

A. 从抽样调查到全样本分析　　　　　　B. 从单一属性到全方位解读

C. 从广泛撒网到精准营销　　　　　　　C. 以上全是

2. 大数据营销体系的参与者来自各行各业、各个领域，其中(　　)是大数据营销体系中必不可少的力量。

A. 媒体　　　　　B. 数据服务公司　　C. 数字广告代理商　　D. 以上全是

3. 以下关于大数据营销的认识中，正确的是(　　)。

A. 大数据是包治百病的灵丹妙药　　　　B. 大数据营销思维与应用之间存在差距

C. 大数据服务商是万能的　　　　　　　D. 大数据应用必然带来高效率与低成本

4. 以下关于大数据营销的机遇与挑战的认识中，错误的是(　　)。

A. 数据质量难以保证　　　　　　　　　B. 大数据人才缺乏

C. 数据管理简单化　　　　　　　　　　D. 隐私问题日益凸显

5. 新闻客户端"今日头条"基于数据挖掘及推荐引擎技术，根据用户的阅读偏好与习惯为用户量身定制与其兴趣相匹配的内容，体现了大数据营销应用的(　　)。

A. 消费者洞察　　　B. 产品定制化　　　C. 推广精准化　　　D. 改善用户体验

6. 企业根据海量的数据判断出消费者的个性、爱好、价值观、生活方式及消费特征，可以使得营销活动更具(　　)。

A. 个性化　　　　　B. 可测性　　　　　C. 趣味性　　　　　D. 以上都是

7. 大数据的应用令营销更精准体现在(　　)方面。

A. 精准定制产品　　B. 精准推送信息　　C. 精准推荐服务　　D. 精准锁定客户

### 二、判断题

1. 大数据营销的特征主要有以下四个方面：多平台，个性化，时效强，高效率。

(　　)

2. 总的来说，大数据营销的应用主要有以下六个方面：消费者洞察、产品定制化、推广精准化、改善用户体验、维护用户关系、发现新市场。(　　)

3. 大数据应用必然带来效率的提升和成本的降低。(　　)

### 三、论述题

1. 传统的数据营销与大数据营销的区别是什么？

2. 大数据发展过程中遇到的问题有哪些？

## 本章实践

任务：运用本章所学知识自行选择任一店铺或企业进行新 4P 理论营销的设计。

目的：考察对新 4P 理论的掌握情况。

要求：个人完成。

考核点：对新 4P 理论的掌握情况；会熟练地运用数据库营销、客户关系管理和销售漏斗模型。

# 第三章　大数据营销技术与流程

## 学习目标

> 识记：大数据采集处理分析手段、大数据技术的挖掘方法。
> 掌握：大数据技术支持。
> 形成：大数据营销技术思维与职业意识。

## 导学案例

### 互联网电影的智能推荐系统

随着信息技术的发展，视频内容充斥整个网络。视频网站上存有大量的影片，如果用户通过翻页的方式来寻找自己想看的电影，可能会感到疲劳甚至放弃观看。虽然很多视频网站都有搜索引擎可供用户直接搜索目标电影，但这类搜索是针对有明确目标的用户的。对于无明确观看目标的用户来说，急需一种能让用户发现自己所喜欢内容，让电影内容能够呈现在对它感兴趣的用户面前，从而实现内容提供商和用户双赢的方法。推荐系统通过分析用户对电影的评分行为，对用户兴趣建模，从而预测用户的兴趣并向用户进行推荐。

互联网电影推荐系统运用数据挖掘的方法实现对用户行为的分析，把合适的电影内容推荐给喜欢它的用户。智能推荐系统是数据挖掘的一个重要应用，在网络中已经有很多应用的范例，网络视频的崛起为这一技术提供了新的应用领域。

近年来，以 Netflix 为代表的视频提供商纷纷实现了个性化智能推荐功能，Netflix 60%的内容通过推荐获取。优酷土豆、爱奇艺、乐视、腾讯视频等视频提供商都不同程度地实现了个性化推荐。

（资料来源：改编自罗超. 大数据如何改变中国电影？［EB/OL］.（2016-03-10）［2016-12-01］. http://www.thebigdata.cn/Ying Yong AnLi/29334.html.）

# 第一节  大数据采集与存储

## 一、大数据的采集

 视频：大数据采集与存储

如果将大数据比喻成深埋在地下的石油，那么对大数据的采集就相当于发现原油的过程，它是企业进行大数据分析和商业洞察的基础，也是大数据营销流程中重要的一环，其核心是实现与用户的互联。用户是大数据最重要的来源，也是大数据营销服务的终点。因此，收集一切与用户相关的数据，是成功进行大数据营销的前提。

### （一）大数据的来源

按照数据产生的主体来划分，大数据主要来源于四个方面。

（1）政府。在社会高度信息化与数据化的今天，政府作为城市管理与民生服务的主体，拥有大量的高质量数据资源，这些数据一般来自行政记录。行政记录数据是政府部门在行使其行政管理职能过程中，通过审批、注册登记等记录的大量信息数据，包括个人信息记录数据、政府机构信息记录数据、自然和资源信息记录数据等，由政府统计部门进行采集和整理。这些数据是各职能部门为自身行政管理需要，通过信息化手段建立开发信息管理系统，以标准数据库形式存储的。数据质量相对较高，连续性较好，数据的标准化程度也较高。但是，由于政府在数据获取中处于特殊地位，他们在数据使用上往往效率较低。

（2）企业。企业的数据一般来自其生产经营管理过程的信息记录及商业交易的数据记录，如企业资源计划（Enterprise Resource Planning，ERP）、客户关系管理、供应链管理、办公自动化（Office Automation，OA）等各种企业应用软件带来的数据。这些数据具有及时、丰富和多样的优点。随着电子商务的不断发展，采用在线管理和交易的企业越来越多，这使得商品交易的数据日益增多，具有很大的挖掘价值。

（3）用户。用户的数据一般来源于社交网络、电子商务网站、搜索引擎等互联网平台。互联网每时每刻都在产生海量的数据，如新浪、搜狐等门户网站每天有大量的用户浏览信息；百度、谷歌等搜索引擎为用户检索出大量需要浏览的内容，并实时记录下关键词的搜索密度；微博、微信等社交媒体也在不断产生互动数据。互联网信息庞杂，数据量大，数据记录易获得，但是互联网中的用户数据具有不稳定性和非结构化的特点，数据的碎片化程度较高。

（4）机器。机器产生的巨量数据也是大数据的重要来源之一，其中包括应用服务器日志、传感器数据（天气、水、智能电网等）、图像和视频、射频识别（Radio Frequency Identification，RFID）、二维码或条形码扫描数据等。例如，谷歌的无人驾驶汽车配备大量的传感器，每秒钟会产生多达 1 GB 的数据，按照每年驾驶 600 小时计算，无人驾驶车每年平均产生大约 2 PB 的数据。

## （二）大数据的采集过程

与传统的数据采集相比，大数据的采集有很大的不同。传统的数据采集一般是有限的、有意识的和结构化的（如问卷调查），采集到的数据也大多是结构化的，用 MySQL 甚至 Excel 就能满足数据采集和处理的要求。大数据的采集则是一个十分复杂的工程。例如，在大数据采集过程中，很重要的一个环节是大数据的智能感知，它能实现大数据源的智能识别、感知、信号转换、适配、传输、载入等技术。在智能设备的数据中，还会涉及结构化、半结构化和非结构化等各种数据，这与纯粹结构化数据的采集有很大的不同，因此存在许多需要克服的技术难题。在智能制造、可穿戴设备、物联网愈发普及的今天，数据采集变得非常重要，高速、可靠的数据采集技术是当前需要重点突破的方向。

## 二、大数据的预处理

数据的预处理就好比用吸管吸水，只从中吸出需要的部分，而不是把它全部喝下去。在小数据时代，数据的处理包括数据清洗、数据转换、归类编码和数字编码等过程，其中数据清洗占据最重要的位置，包括检查数据的一致性、处理无效值和缺失值等操作。大数据时代，面对分散在不同地区、不同平台、种类繁多的异构数据，进行数据整合并非易事，要解决冗余、歧义等脏数据的清洗问题，仅靠手工整理不但费时费力，而且质量难以保证。此外，数据的定期更新也存在困难。如何实现业务系统的数据整合，是进行大数据处理时需要考虑的难题。ETL 数据转换系统为数据的预处理提供了可靠的解决方案。

ETL 是 Extract（抽取）、Transform（转换）、Load（装载）三个单词的首字母缩写，用来描述将数据从来源端经过抽取、转换、装载到目的端的过程。首先是抽取，即将数据从各种原始的业务系统中读取出来，这是所有工作的前提；其次是转换，即按照预先设计好的规则将抽取得到的数据进行转换，使本来结构不同的数据格式能统一起来；最后是装载，即将转换完的数据按计划增量或全部导入数据仓库。

ETL 一词常用在数据仓库中，但其对象不限于数据仓库。在大数据环境下，混杂的数据同样要经过类似的 ETL 操作过程。ETL 将分散的、不同结构数据源中的数据抽取到临时中间层，之后进行清洗、转换、集成，最终按照预先设定好的数据仓库模型，将数据加载到数据仓库中，成为联机分析处理、数据挖掘的基础。ETL 是商务智能和数据仓库的核心和灵魂，按照统一的规则集成并提高数据的价值，负责完成数据从数据源向目标数据仓库转化的过程，是搭建数据仓库的重要步骤。如果说数据仓库的模型设计是一座大厦的设计蓝图，数据是砖瓦的话，那么 ETL 就是建设大厦的过程。

数据源经过 ETL 预处理后，交易数据可用于分析用户的基本属性和购买能力，电子商务数据可用于分析用户的线上购买能力和行为特征，会员数据可用于分析用户的基本属性、兴趣爱好和价值，潜在用户数据可用于分析用户的购买意愿和二次接触数据，外部线索可用于分析用户的基本属性和行为特征来转化潜在客户，社交数据可用于分析用户的社交特征和社交关系网络，全网数据可用于分析大量的碎片化数据，与当前数据进行匹配合并，从而形成用户画像，通过这个用户画像可以进一步开展精准营销和个性化推荐。

### 三、大数据的存储

大数据由于来源不同而具有多样性的特点。在数据的结构化程度方面，传统的数据库存储的数据结构化程度较高，而大数据来源于日志、历史数据、用户行为记录等，更多的是半结构化或非结构化数据。另外，大数据的存储格式多样，例如有的数据是以文本文件格式存储，有的则是网页文件，还有的是以比特流形式存在的文件，等等。因此，大数据的存储介质也具备多样性。大数据应用需要满足不同响应速度的需求，其数据存储提倡分层管理机制，所以必须对多种数据及软硬件平台有较好的兼容性，这让传统的存储技术无计可施，而成本低廉、具有高可扩展性的云存储技术得到了业界的广泛认同。

云存储系统具有良好的可扩展性、容错性以及内部实现对用户透明等特点，这离不开分布式文件系统的支撑。现有的云存储分布式文件系统包括 Hadoop 的 HDFS，Google 的 GFS，Lustre，FastDFS 等。

# 第二节　大数据挖掘

大数据挖掘的目标是从海量的数据中发现有价值的信息，为企业营销实践提供借鉴和指导。通过数据挖掘洞察用户需求是大数据营销流程中最关键的一环，而数据挖掘的核心是通过大数据分析构建立体的用户画像。

### 一、大数据挖掘概念

大数据挖掘是利用人工智能、机器学习、统计学、模式识别等技术，从大量含有"噪声"的数据中提取有效信息的过程。从营销学的角度来看，大数据挖掘其实就是一种深层次的数据分析方法，其主要特点是对海量数据进行抽取、转换、分析和其他模型化处理，从中提取出辅助决策的关键数据。大数据时代的大数据挖掘并不是一门新的学科，其基本原理与传统数据挖掘并无本质区别，只是由于所需处理的数据规模庞大、价值密度低，在处理方法和逻辑上被赋予了新的含义。

与大数据挖掘相关的一个概念是大数据分析。从本质上说，两者都是为了从收集来的数据中提取有用信息，在某些场合这两个概念是可以互换的。而它们之间的主要区别在三个方面。一是数据量不同，数据分析的数据量通常是 MB 或者 GB 级的，数据挖掘的数据量则是 TB 甚至 PB 级的；二是数据类型不同，数据挖掘的对象不仅有结构化数据，还有半结构化和非结构化数据；三是算法不同，数据分析的主要算法以统计学为基础，而数据挖掘不仅需要统计学，还大量运用了机器学习的算法。

### 二、大数据挖掘的流程

当数据只停留在存储状态时，它们只是"数据"，而数据经过加工处理就成了有用的"信息"，如果合理地组合信息能够产生价值，我们可以称之为"知识"。大数据挖掘的过程就是把数据加工处理成信息，最后转化为知识的过程。

为了系统地进行数据挖掘，通常遵循一个通用的流程，跨行业数据挖掘标准流程（Cross Industry Standard Process for Data Mining，CRISP-DM），这是目前应用最广泛的一种标准化数据挖掘过程，包括商业理解、数据理解、数据准备、模型建立、模型评估和模型应用六个主要步骤，如图 3-1 所示。

图 3-1　跨行业数据挖掘标准流程

### 1. 商业理解

商业理解是对大数据挖掘问题本身的定义，重点在于对项目目标的理解和从商业的角度洞察用户需求，同时将这些内容转化为数据挖掘问题的定义和完成目标的初步计划。在建立数据模型之前需要掌握用户的真正需求，了解真正要解决的问题，根据需求制订工作方案。这一阶段需要较多的沟通和市场调研，了解问题的商业逻辑。从大数据建模开始到结束，要以商业理解为基础，了解相关的数据与业务问题的内在联系，在最后的阶段，需要利用业务知识来塑造模型，建立的大数据模型要能满足业务问题的提问和解答等要求。

### 2. 数据理解

数据挖掘项目需要处理明确的业务需求，因为不同的业务分析需要不同的数据集合。在理解商业目标后，要从大量可用的数据源中识别相关数据。例如，一个服装零售业的数据挖掘项目需要通过人口统计信息（如收入、职业、受教育程度、家庭人口和年龄等）、信用卡交易记录和社会经济属性，识别购买当季服装的客户的消费行为和购物偏好。此外，还应深入了解各个数据源的特征，例如，数据的存储形式、数据的更新情况以及各个变量之间可能存在的联系。

### 3. 数据准备

数据准备指的是对原始数据的预处理，主要包括数据的抽取、清洗、转换和加载，是整个数据挖掘流程中最耗时的环节。数据处理的方法是否得当，对数据中所体现出来的业务特点的理解是否准确，直接影响模型的选择及效果，甚至决定整个数据挖掘工作能否达到预定目标。

### 4. 模型建立

模型建立是整个数据挖掘流程中最关键的一步，需要在数据理解的基础上选择并实现相关的挖掘算法，同时对算法进行反复调试。模型的建立和数据理解是相互影响的，通常需要经过反复的尝试和磨合，在多次迭代后才能建立真正有效的模型。大数据建模要从数据中发现问题，解释这些问题，通过预测提供新的决策参考。

### 5. 模型评估与模型应用

传统的模型建构一般是先定义营销问题，采集对应的数据，然后根据确定的模型或分析框架，进行数据分析，验证假设，进而解读数据，解读的空间有限；而大数据提供了一种可能性，既可以根据营销问题封闭性地对数据进行验证，也可以开放性地探索，得出一些可能与常识或经验判断完全相异的结论，因此可以解读的点非常丰富。数据挖掘工作基本结束时，需要对最终的模型效果进行评测。在算法挖掘初期需要制订最终模型的评测方法、相关指标等，以此判断最终模型是否达到预期目标，一个关键的评价指标就是，模型是否仍然有一些重要的营销问题没有得到充分的关注和考虑。模型通过评测后即可以安排上线，正式进入商业化运作流程。

## 三、大数据挖掘的算法与应用

一般来说，数据挖掘的算法包括四种类型，即分类、预测、聚类、关联。前两种属于有监督学习（Supervised Learning），后两种属于无监督学习（Unsupervised Learning），如图3-2所示。这些方法分别从不同的角度对数据进行挖掘分析，并建立模型，帮助企业提取数据中蕴涵的商业价值，提升企业的竞争力。

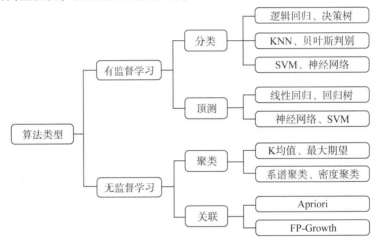

图3-2 数据挖掘的算法类型

### 1. 有监督学习

有监督学习是指存在目标变量，探索特征变量和目标变量之间的关系，在目标变量的监督下学习和优化算法。例如，信用评分模型就是典型的有监督学习，目标变量为"是否违约"。算法的目的在于研究特征变量（人口统计、资产属性等）和目标变量之间的关系，属于描述性的模式识别和发现。

（1）分类。分类是数据挖掘中最常用的应用，指的是将数据库中一组数据对象划分为不同的类别，其目的是通过模型将数据库中的数据项映射到某个既定的类别。分类算法广泛应用于客户的分类、客户的属性和特征分析、客户满意度分析、客户的购买趋势预测等。例如，一个汽车零售商按照对汽车的喜好将客户划分为不同的类别，这样营销人员就可以将新型汽车的广告手册直接邮寄到对应喜好的客户手中，从而大大提高营销的精准度。再如，淘宝商家将用户在一段时间内的购买情况划分成不同的类别，根据情况向用户推荐关联类的商品，从而增加商铺的销售量。

常见的分类算法包括逻辑回归、决策树、K最邻近(K-Nearest Neighbor，KNN)、贝叶斯判别、支持向量机(Support Vector Machine，SVM)、神经网络等。

(2)预测。预测是基于观测数据建立变量间适当的依赖关系，以分析数据内在规律，解决相关问题。主要研究数据序列的趋势特征、数据序列的预测以及变量间的相关性等。预测通常被应用到大数据营销的各个方面，如寻找与维系客户、预防客户流失、产品生命周期分析、销售趋势预测及有针对性的营销活动等。

预测算法和分类算法的最大区别在于，前者的目标变量是连续型的，后者的目标变量是分类离散型的(例如，是否逾期、是否为垃圾邮件等)。常见的预测算法包括线性回归、回归树、神经网络、SVM等。

### 2. 无监督学习

无监督学习是指不存在目标变量，基于数据本身去识别变量内在的模式和特征。例如关联分析，通过数据发现项目A和项目B之间的关联性；再如聚类分析，根据距离将所有样本划分为几个稳定可区分的群体。这些都是在没有目标变量监督下的模式识别和分析。

(1)聚类。聚类是把一组数据按照相似性和差异性分为几个类别，其目的是将同一类别数据间的相似性尽可能扩大，将不同类别数据间的相似性尽可能减小。聚类与分类不同，在做聚类分析之前并不知道会以何种方式或依据来分类，所以在聚类分析完成之后，数据和对象会分成若干群，必须借助专业领域知识来解读分群的意义。

聚类分析可以应用于客户群体的分类、客户背景分析、市场细分等。例如，金融行业中对不同股票的发展趋势进行归类，找出股价波动趋势相近的股票集合。在市场细分领域，对同一种类的商品或服务，不同的客户有不同的消费特点，通过研究这些特点，企业可以制订不同的营销组合，从而获取最大的经济效益。在销售片区划分中，只有合理地将企业所拥有的子市场归成几个大的片区，才能有效地制订符合片区特点的市场营销战略和策略。

常见的聚类算法包括K均值(K-Means)、最大期望、系谱聚类、密度聚类等。

(2)关联。关联描述数据库中数据项之间存在的关系，即隐藏在数据间的关联性或相互关系。受益于条码扫描仪等自动信息收集技术，使用关联算法从超市销售点终端系统的大规模交易记录中发现用户的购物偏好在零售业中是很常见的，因此在应用领域，关联算法通常被称为购物篮分析(Market Basket Analysis)。

在客户关系管理中，对企业客户数据库里的大量数据进行分析挖掘，可以从大量的记录中发现有趣的关联，找出影响营销效果的关键因素，为产品定位、定价与定制客户群，客户寻求、细分与保持，营销风险评估等提供参考依据。

视频：**商品关联营销**

与聚类算法一样，关联规则挖掘属于无监督学习方法，它描述的是在一个事件中不同物品同时出现的规律。现实生活中，在超市购物时，顾客的购买记录常常隐含着很多关联规则，例如购买圆珠笔的顾客中有 65% 也购买了笔记本，利用这些规则，商场人员可以很好地规划商品的货架布局。沃尔玛超市"啤酒和尿不湿"的销售策略就是通过购物篮分析发现的。常见的关联算法包括 Apriori、FP-Growth 等。

# 第三节　大数据营销的技术支持

大数据营销不只是一个停留在概念上的名词，它是一个在大量运算基础上的技术实现过程。国内外很多企业以技术为驱动力在大数据领域深耕不辍，例如京东就将其战略定位为以技术为驱动力，以电商业务为核心，力求用 IT 技术提升购物体验，而这些都离不开大数据技术的支撑。

随着数据量的急速增长，大数据的存储和处理成为企业发展必须面对的问题。目前应用最广泛的是 Hadoop 平台，它在分布式环境下发挥了处理海量数据的能力，被公认是一套行业大数据标准开源软件，国内外很多大公司都利用 Hadoop 处理公司的业务，尤其在互联网领域，Hadoop 更是大放异彩。例如，Facebook 使用 Hadoop 存储内部的日志副本，Twitter 则使用 Hadoop 存储微博数据、日志文件和其他中间数据等。在国内，Hadoop 同样得到许多公司的青睐，例如百度将 Hadoop 用于日志分析和网页数据库的数据挖掘，阿里巴巴则将 Hadoop 用于商业数据的排序和搜索引擎的优化等。

## 一、Hadoop 平台概述

### （一）Hadoop 的基本概念

Hadoop 是一个开源分布式系统基础架构。简单地说，它是一个可以更容易开发和运行的处理大规模数据的软件平台。Hadoop 是由其创建者道格·卡廷以他儿子的毛绒玩具象来命名的。

Hadoop 的核心部分由分布式文件系统（Hadoop Distributed File System，HDFS）和 MapReduce 组成，除此之外，Hadoop 还包括一些支持 Hadoop 的其他通用工具的分布式计算系统，可为用户提供系统底层细节的分布式基础架构。HDFS 具有高容错性、高伸缩性、高可用性等优点，允许用户将 Hadoop 部署在普通的个人计算机上，形成分布式系统；MapReduce 可以在用户不了解分布式系统底层细节的情况下开发并行应用程序，并可以充分利用集群进行高速运算和存储，这一结构实现了计算和存储的高度耦合，十分有利于面向数据的系统架构。因此，用户可以利用 Hadoop 轻松地组织计算机资源，搭建自己的分布式计算平台，完成海量数据的处理。

### （二）Hadoop 的功能

当今社会信息快速增加，而各类信息中又积累着海量的数据，包括企业运营数据、用户数据、机器数据等。那么如何高效地管理这些数据呢？Hadoop 作为开源分布式大数据处理平台的价值就体现出来了，在处理这种量级的数据时，Hadoop 采用 HDFS 分布式存储技术，提高了数据的读写速度，同时也扩大了存储的容量。采用 MapReduce 来整合分布式文件系统上的数据，可以保证分析和处理数据的高效性。再加上 Hadoop 的开源特性，使得它在同类的分布式系统中脱颖而出，因此被众多企业和科研机构采用。

（三）Hadoop 的优点与缺点

Hadoop 是一个能够让用户轻松架构和使用的分布式计算平台，用户可以轻松地在 Hadoop 上开发和运行处理海量数据的应用程序。它主要有以下四个优点。

（1）高扩展性。Hadoop 是在可用的计算机集群间分配数据并完成计算任务的，这些集群可以方便地扩展到数以千计的节点中。

（2）高效性。Hadoop 能够在节点之间动态地移动数据，并保证各个节点的动态平衡，因此处理速度非常快，可以高效地处理和分析海量的数据。

（3）高容错性。通过分布式存储，Hadoop 可以自动存储多份副本，当数据处理请求失败后，会自动重新部署计算任务。

（4）低成本。与一体机、商用数据仓库等数据集市相比，Hadoop 是开源的，开发者可以免费下载 Apache 的 Hadoop 分布式平台，因此项目的软件成本大大降低。

Hadoop 的不足之处在于目前仍处于发展阶段，还不够成熟。就像所有新的、原始的技术一样，实施和管理 Hadoop 集群，对大量非结构化数据进行高级分析，需要大量的专业知识、技能和培训。而 Hadoop 开发者和数据科学家的缺乏，使得众多企业维持复杂的 Hadoop 集群并利用其优势变得困难重重。此外，由于 Hadoop 的许多组件是通过技术社区得到改善的，并且新的组件不断创建，因此作为不成熟的开源技术，存在失败的风险。最后，Hadoop 是一个面向批处理的框架，这意味着它不支持实时的数据处理和分析。

## 二、Hadoop 的体系架构

Hadoop 不是一个单一的产品，而是由多个不同的产品共同组成的软件平台，其中最核心的就是 HDFS 和 MapReduce。HDFS 为海量的数据提供了存储功能，MapReduce 则为海量的数据提供了计算功能。

目前，Hadoop 已经发展成包含很多项目的集合，形成了一个以 Hadoop 为中心的生态系统，如图 3-3 所示。这一体系提供了互补性服务，并在核心层上提供了更高级的服务，使 Hadoop 的应用更加方便快捷。

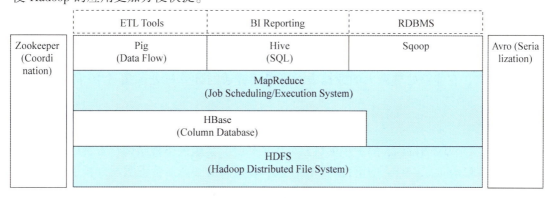

图 3-3　生态系统

系统说明：

1. 分布式文件系统（Hadoop Distributed File System，HDFS）

2. 并行计算模型（MapReduce）

3. 列式数据库（HBase）

4. 数据分析语言（Pig）

5. 数据仓库（Hive）

6. 数据格式转化工具（Sqoop）

7. 协同工作系统（Zookeeper）

8. 数据序列化系统（Avro）

9. 工具（ETL Tools）

10. 报告（BI Reporting）

11. 关系数据库管理系统（Relational Database Management System，RDBMS）

### （一）HDFS

HDFS 是 Hadoop 的基本组成部分，是一种数据分布式保存机制，存储 Hadoop 集群中所有存储节点上的文件。HDFS 为 HBase 提供了高可靠性的底层存储支持，并为 Hadoop 平台上的其他工具提供基础。HDFS 与其他分布式文件系统并无明显区别，都具有创建文件、删除文件、移动文件和重命名文件等功能。

### （二）MapReduce

MapReduce 是 Hadoop 的主要执行框架，它是一个分布式、并行处理的编程模型，分为 Map（映射）阶段和 Reduce（化简）过程，是一种将任务细分处理再汇总结果的方法，即 Map 将一个任务分解成为多个任务分发出去，Reduce 再将分解后多个任务处理的结果汇总起来。MapReduce 的用途是进行批量处理，而不是进行实时查询，因此不适合交互式应用。编程人员在不会分布式并行编程的情况下，利用 MapReduce 可将自己的程序运行在分布式系统上。由于 MapReduce 工作原理的特性，Hadoop 能以并行的方式快速访问数据。

### （三）HBase

HBase 即 Hadoop Database，是一个在 HDFS 上开发的面向列的高可靠性、高性能、可伸缩的数据库系统。利用 HBase 技术可以在廉价的 PC 服务器上搭建起大规模结构化的存储集群。HBase 是 Google BigTable 的开源实现，模仿并提供了 BigTable 数据库的所有功能。HBase 将 HDFS 作为其文件存储系统，利用 Hadoop MapReduce 来处理 HBase 中的海量数据，利用 ZooKeeper 进行协同服务。HBase 主要用于存储非结构化和半结构化的松散数据，它能够处理庞大的数据表，可以用普通的计算机处理超过 10 亿行数据的数据表。

### （四）Pig

Pig 是一个基于 Hadoop 的大规模数据分析工具，它提供的类似结构化查询语言（Structured Query Language，SQL）的语言叫 Pig Latin，该语言的编译器会把数据分析请求转换为一系列经过优化处理的 MapReduce 运算。Pig 简化了 Hadoop 常见的工作任务，使其可以用更人性化的脚本方式分析数据，逐渐发展成能够分析大数据的高级数据流编程语言和执行框架。Pig 可加载数据、表达转换数据以及存储最终结果。但是 Pig 并不适用于所有的数据处理任务，和 MapReduce 一样，它是为数据批处理而设计的。如果需要查询的只涉及一个大型数据中心的一小部分数据，Pig 的耗时会比较长，因为它要扫描整个数据集或其中的很大一部分。

### （五）Hive

Hive 是构建于 Hadoop 上的一个数据仓库软件，允许使用类似于 SQL 的语言来查询和管理分布式存储的大型数据集。在运行时，Hive 会将查询转换为一系列 MapReduce 作业。Hive 比 Pig 在概念上更接近关系型数据库管理系统，因此适用于结构化程度更高的数据。对于非结构化数据，Pig 是更佳的选择。

Hive 的设计目的是让精通 SQL 技能但 Java 编程技能相对较弱的分析师能够对存放在 HDFS 中的大规模数据集进行查询，学习成本相对较低，应用开发灵活而高效。很多企业把它当作一个通用的、可伸缩的数据处理平台。

### （六）Mahout

Mahout 的原意是"驱象人"，它是基于 Hadoop 平台的数据挖掘算法框架，可提供一些可扩展的机器学习领域的经典算法，包括聚类、分类、协同过滤等，旨在帮助开发人员更加方便快捷地创建智能应用程序。Mahout 最大的优点就是基于 Hadoop，把很多以前运行于单机上的算法转化为 MapReduce 模式，大大提升了算法可处理的数据量和处理性能。如果说 Hadoop 是大数据界中的大象，Mahout 则是能让这头体形庞大的大象轻盈舞蹈的驱象人。

### （七）ZooKeeper

ZooKeeper 的原意是"动物园管理员"，它是一种基于 HBase 和 HDFS 的分布式协作服务，主要用于解决分布式应用中遇到的一致性问题，比如统一命名服务、状态同步服务、集群管理、分布式应用配置项的管理等。ZooKeeper 作为 Hadoop 的一个子系统，致力于将不同协调服务集成在一个简单易用的界面上，是 Hadoop 集群管理不可缺少的一个模块。

### （八）Ambari

Ambari 是一种基于 Web 的工具，旨在支持 Hadoop 集群的安装、部署、管理和监控。Ambari 支持大多数 Hadoop 组件，包括 HDFS、MapReduce、Hive、ZooKeeper、Pig 等的集中管理。

### （九）Flume

Flume 是一个分布式、高可靠性、高可用性的海量日志采集、聚合和传输系统，可用于日志数据的收集、处理及传输。Flume 支持在日志系统中定制各类数据发送方，用于收集数据。同时，Flume 还提供对数据进行简单处理，并写到各种数据接收方的能力。

### （十）Sqoop

Sqoop 是一个将 Hadoop 和关系型数据库中的数据相互转移的工具，它可以将一个关系型数据库（如 MySQL、Oracle 等）中的数据导入 Hadoop 的 HDFS，也可以将 HDFS 中的数据导入关系型数据库。这个过程即为 ETL。

## 三、Hadoop 的应用

随着企业的数据量迅速增长，存储和处理海量数据成为企业的迫切需求。Hadoop 作为开源的云计算平台，引起学术界和企业界的普遍关注。下面介绍几个较有代表性的 Ha-doop 商业应用案例。

### （一）Hadoop 在搜索引擎中的应用

百度作为全球最大的中文搜索引擎公司，提供基于搜索引擎的各种产品，包括以网络搜索为主的功能性搜索，以贴吧为主的社区搜索，针对区域、行业的垂直搜索，MP3 音乐搜索以及百科搜索等，几乎覆盖了中文网络世界中所有的搜索需求。

百度对海量数据处理的要求是比较高的，要在线下对数据进行分析，还要在规定的时间内处理完并反馈到平台上。百度在互联网领域的平台需求要通过性能较好的云平台进行处理，Hadoop 就是很好的选择。在百度，Hadoop 主要用于日志的存储与统计、网页数据的分析和挖掘、商业分析（如用户的行为和广告关注度等）、在线数据的反馈、在线广告点击情况的统计、用户网页的聚类、用户推荐度及用户之间关联度的分析等。

### （二）Hadoop 在电商平台中的应用

淘宝网拥有近 5 亿注册用户，每天有超过 6 000 万名固定访客，每天的在线交易商品数超过 8 亿件，平均每分钟售出 5.2 万件商品。它需要用云系统来存储 PB 级的数据，Hadoop 就是很好的选择。随着规模的扩大和用户数量的增加，淘宝从单一的 C2C 网络集市变成包括 C2C、团购、分销、拍卖等多种电子商务模式在内的综合零售商圈。淘宝搭建了国内最大的 Hadoop 集群——云梯，存储容量超过 200 PB，机器规模超过 9 000 台，单集群每日运行的作业数超过 25 万。云梯除了支持 MapReduce、Hive、Mahout 等计算框架外，还支持 MPI、Spark、R 等新兴的离线计算模型。云梯在 Hadoop 社区版本的基础上做了大量功能性、稳定性、可扩展性方面的改进，积累了阿里巴巴旗下各家子公司的海量业务数据，包括 BI（商业智能）、搜索、广告等部门产出的核心数据，这些成为淘宝线上数据的重要来源。

除了以上例子，在其他很多应用中也有 Hadoop 的身影。例如，在社交、电信、门户网站等领域，Hadoop 也发挥着举足轻重的作用。由此可以看出，Hadoop 分布式集群在大数据处理方面有着明显优势，其易于部署、方便扩展、性能强等特点使得它能很快被各大企业接受，并在各种应用中不断得到发展和创新。

## 第四节　大数据营销技术案例

#### 案例一：中意人寿保险通过精准营销方案，销售额提升 5%

案例背景：

中意人寿保险有限公司成立于 2002 年，是中国加入世界贸易组织后首家获准成立的中外合资保险公司。2019 年中意人寿销售总额达 168 亿元，利润总额达 20 亿元。

中意人寿的精准营销方案实施过程为：

#### 1. 建立大数据平台，建立集团的企业级数据中心

实现集团数据资源（结构化、半结构化和非结构化数据）的归集、整理、加工和分析，

利用数据相关技术建立数据应用模型，为公司提供决策支持、产品创新等提供服务。中意人寿大数据平台如图 3-4 所示。

| 产品应用 | 精准营销 | 决策支撑 | 产品创新 | 业务服务 |
|---|---|---|---|---|
| 信息输出 | 用户视图 | 营销策略 | 统计报告 | 产品分析 | 业务预测 |

数据存储

企业级Hadoop数据仓库
◆ 计算引擎
◆ 数据模型
◆ 数据集市
◆ DW

画像标签体系

| 特征标签 | 行为标签 | 需求标签 | 预测标签 |
|---|---|---|---|
| ● 基本属性 | ● 购买行为 | ● 产品需求 | ● 流失风险 |
| ● 社会属性 | ● 交互行为 | ● 生活需求 | ● 消费潜力 |
| ● 性格属性 | ● 兴趣偏好 | ● 沟通需求 | ● 潜在需求 |

数据处理　　　　　　　　　　抓取、采集、清洗、修正、加工、整合

图 3-4　中意人寿大数据平台

### 2. 客户画像，提高营销行动效率

慧都大数据团队工程师和行业专家，深入客户现场，结合企业的保单数据、客户数据、营销数据，利用不同的模型和算法，生成客户多样化标签，并根据客户不同偏好进行分组，帮助管理者和业务人员区分客户的重要程度和购买力。客户画像如图 3-5 所示。

| 统计类标签 | | 规则类标签 | 机器学习挖掘类标签 |
|---|---|---|---|
| ● 客户号 | ● 首次下单距今天数 | ● RFM标签 | ● 客户类型 |
| ● 年龄段 | ● 最近生效保单距今天数 | ● 社会经济地位（购买力） | ● 产品推荐 |
| ● 星座 | ● 所属VIP续期概率 | ● 高潜客户 | ● 续期预测 |
| ● 地区 | ● 所属年龄段续期概率 | ● 为家人购买保险意愿 | |
| ● 体型 | ● 所属星座续期概率 | ● 不建议续费客户 | |
| ● 生命阶段 | ● 所属地区续期概率 | | |
| ● 收入范围 | ● 所属职业续期概率 | | |
| ● 近X天缴费次数 | ● 所属性别续期概率 | | |
| ● 主要产品 | ● 所属债务情况续期概率 | | |
| ● 累计总保费 | ● 所属婚姻状态续期概率 | | |
| ● 累计总保单数 | ● 所属收入范围续期概率 | | |

图 3-5　客户画像

### 3. 精准产品推荐，提高销售转化率

根据企业的订单数据、客户数据、营销数据等特点，结合所有精准推荐算法，实现"千人千面"的个性化产品精准推荐，如图 3-6 所示。

图 3-6　产品推荐流程

### 4. 代理人预测分析，提高销售管理效率

根据企业历史数据，获取代理人的相关基本信息，用机器算法，对续期概率进行预测，如图 3-7 所示。

图 3-7　代理人预测分析

### 5. BI 自助分析，实现数据驱动管理决策

BI 系统收集全量数据，集成算法模型，输出各个业务自助分析应用。让管理者了解如何在销售管理中合理划分销售区域和指标，深入解读如何实现精准的销售预测，合理配置资源。

方案实施后，销售的商机诊断和预测水平提高，月成交率提高了 24%。精准的产品推荐，让销售人员单一客户的销售金额整体提高了 13%。老客户的精准维护，让老客户回购率提高了 15%。通过优化销售体系，中意人寿成本降低了，销售额增加了，利润率提高了 30%。

（资料来源：精准营销案例解读（大数据精准营销流程）[EB/OL].[2023-7-20].https://zhuanlan.zhihu.com/p/511383027.）

**讨论**：中意人寿保险精准营销方案中主要使用了哪些大数据营销技术？

#### 案例二：百度糯米依托大数据造节营销

在整个 2015 年的造节营销中，百度糯米动作频频——从别出心裁的"3·7 女生节""5·17 吃货节""6·20 五周年庆""7·18 暑期大促"，到电商盛会"双十一"中的"节后大补"，再到"双十二火锅节"和"双旦大数据红包+年终大促"，将节日营销与造节营销策略发挥得淋漓尽致。

当然，仅依靠造节营销并不足以支持百度糯米赢得市场，背后的大数据技术支持才是百度糯米成功营销的关键。以"双十二火锅节"为例，百度糯米消费大数据显示，在"五一"、中秋和"十一"等节日期间，火锅已成为仅次于自助餐的第二大餐饮消费品类。而百度搜索大数据显示，从 2014 年 1 月至 2015 年 11 月，网民对火锅的搜索呈现明显的阶段性上升。在整体平稳上升的情况下，会在每年的 10 月到第二年的 2 月之间出现一个上涨的高峰期。基于这样的数据洞察，百度糯米在"双十二"电商大战中独辟蹊径推出"火锅节"，取得了空前成功。

此外，百度糯米在后续的圣诞和元旦大促中使用了基于增强现实（Augmented Reality，AR）技术的"扫钱生钱红包"及"晒气质，赢免单"的"大数据红包"等，使百度强大的技术创新力量在每一次营销活动中发挥重要作用，不仅为用户提供了更新奇炫酷的体验，更全面提升了运营效率，释放了品牌价值。

不仅如此，百度糯米还通过与《西游记之孙悟空三打白骨精》合作推出"餐饮+电影"场景化新模式。利用 WiFi 指纹方法及基于位置的服务（Location Based Service，LBS）定位大数据，百度糯米打造了到店推荐功能，可精准识别用户的到店场景，推送商户团单或提示用户使用券码。百度糯米可以根据每一个用户的位置、时间和人群行为三重需求构建用户场景生态，提供场景化、个性化的美食、电影、酒店、KTV 等多样化生活服务产品，全面提升运营效率。

技术在百度糯米造节营销中的应用不仅体现在线上，线下也在迅速渗透。百度糯米正通过大数据技术有目的地拓展新品类门店，驱动内容更匹配用户需求，一方面提升地推团队的效率，另一方面通过大数据用户画像，让商家更了解用户特征与偏好，开展更有针对性的精准营销。

技术向营销的渗透为百度糯米带来了令人侧目的成绩，在 2015 年一整年的造节营销中，百度糯米的单日商品交易总额（Gross Merchandize Volume，GMV）峰值呈螺旋式增长，先从 7 300 万元到 2 亿元，之后从 3.5 亿元到 4.5 亿元，百度糯米不断刷新着业界单日交易流水纪录。

（资料来源：改编自光明网. 百度糯米斩获"最佳营销案例"奖［EB/OL］.（2016-01-13）［2016-12-01］. http://itchinabyte,com/357/13670857.shtml. ）

**讨论题**

（1）百度糯米通过哪些渠道收集大数据？

（2）百度糯米是如何让技术向营销渗透的？

（3）百度糯米大数据营销的成功因素有哪些？

### 案例三：解码京东营销云：全域精准营销的时代来了

2021 年 12 月，京东零售商业提升事业部广告销售及运营负责人表示，京东营销云建立在京东庞大的生态之上，非常核心的竞争力是对广大消费者的理解，以及之前沉淀的人工智能的精准营销能力。京东营销云还有两个很大的特色：开放和融合。京东营销云在数据和营销产品体系方面足够开放，可以和其他所有的生态伙伴连接。而且，在京东营销云内部，数据和营销脱胎于同一个团队，具有非常高的融合度。京东营销云找到了一条营销的路径，即依托京东对用户的深刻认知，以及丰富的营销实践经验，将全域信息与营销服务连接在一起，打造出品牌的全域营销提效平台。

这种模式在重构很多营销场景。以常见的关键意见领袖（Key Opinion Leader，KOL）营销为例，通常是人工选择 KOL，非常依赖业务对接人的经验和能力，导致质量参差不齐，而且 KOL 投放后无法评估效果，KOL 的营销数据也不能回流营销，触达的粉丝无法构建粉丝池和有计划的持续的深度运营。京东营销云通过 KOL 社交内容营销、程序化广告以及智慧资讯等多种触达方式形成矩阵式整合营销，依据品牌和商品京东用户透视 KOL 匹配度，智能优选出与品牌高匹配度的 KOL，通过优质内容策划提升粉丝对品牌和商品的认知度和认同感，同时实现粉丝回流，从而构建品牌粉丝用户池，并以京东多种交互营销方式针对粉丝群圈层形成有效触达。营销云联通跨平台营销全链路，改变传统各场景独立营销的割裂现状，实现多场景联动，推动了用户进阶和转化。数据显示，KOL社交内容营销中助力品牌实现百余万粉丝沉淀，在跨平台跨品类新用户营销场景，京东营销云帮助该品牌投资回报率（ROI）提升了55.79%；在忠实用户复购场景，ROI提升了111%。

这种模式也适合更广泛的品牌类型，无论是快消品，还是耐消品。在京东营销云展示的案例中，某耐消品品牌与京东营销云合作，解决了线下用户难互动、沉睡用户难唤醒、高价低频难复购等痛点，助推老客户复购转化率增长了54%，而且使品牌新用户占比提高到50%，投放转化率提升30%。这种模式对于京东平台外的品牌也适合。京东营销云在客户视角上，也在走出电商场景，走向全域。

（资料来源：闫跃龙. 解码京东营销云：全城精准营销的时代来了［EB/OL］.（2022-1-5）［2023-7-20］. https://www.360kuai.com/pc/978fef134fdf55304?cota=3&kuai_so=1&tj_url=so_vip&sign=360_57c3bbd1&refer_scene=so_1.）

讨论题

(1) 京东是如何通过邮件系统进行精准营销的？

(2) 京东如何利用大数据勾勒用户画像？

(3) 京东的精准营销架构可以应用到哪些领域？

## 案例分析讨论

### 案例一：大数据杀熟，到底杀的是谁？

近年来，随着互联网不断渗透我们的生活，"大数据杀熟"已变成一个热词，从订机票、订酒店甚至订外卖都会被"大数据杀熟"。2021年7月7日，绍兴市柯桥区法院审理了胡女士投诉上海携程商务有限公司侵权纠纷一案。该案是绍兴首例消费者在质疑遭遇"大数据杀熟"后成功维权的案例。

据了解，该案原告胡女士此前多次通过携程APP预订机票、酒店，在携程平台上消费了10余万元，成为该平台的钻石贵宾客户。2020年，胡女士像往常一样通过携程APP订购了舟山某高端酒店的一间豪华湖景大床房，支付价款2 889元。但胡女士在退房时，发现酒店的挂牌房价加上税金总价仅1 377.63元。"不仅没有享受到星级客户应当享受的优惠，反而多支付了一倍的房价。"胡女士随后向携程反映情况。携程以供应商为由，仅退还了部分差价。

于是，胡女士向绍兴市柯桥区市场监管局投诉。柯桥区市场监管局为切实维护消费者权益，指派公益律师免费为胡女士代理了这起民事诉讼。胡女士及其代理律师以上海携程商务有限公司采集其个人非必要信息，进行"大数据杀熟"为由诉至柯桥区法院，要求"退一赔三"，并要求携程旅行APP为其增加不同意《服务协议》和《隐私政策》时仍可继续使用的选项，以避免被告采集其个人信息，相应避免被告掌握原告数据对原告杀熟。

绍兴市柯桥区法院经审理后当庭宣判：判处上海携程商务有限公司赔偿原告订房差价并按房费差价部分的三倍支付赔偿金，且在其运营的携程旅行APP中为原告增加不同意其现有《服务协议》和《隐私政策》仍可继续使用APP的选项，或者为原告修订携程旅行 APP 的《服务协议》和《隐私政策》，去除对用户非必要信息采集和使用的相关内容。

"目前大多数 APP 在使用之前，都会要求用户概括性地同意他们的用户协议和相关隐私政策，从这个案子的判决中我们要杜绝这种概括性地要求用户授权的行为。"柯桥区法院庭审法官介绍，这对保护公民隐私，杜绝"大数据杀熟"有着重要意义。

"目前在面对'大数据杀熟'时，消费者天然处于劣势地位，平台对于消费者拥有压倒性优势，消费者往往面临着举证不易、维权困难的困境。"柯桥区市场监管局相关负责人表示，该案为消费者在质疑遭遇"大数据杀熟"时维权创建了样板。下一步，市场监管部门也将对此类依托大数据从事其他经营活动的行为进行更加严格的监管，更好地规范经营者行为，净化市场环境，保护消费者的合法权益。

（资料来源：绍兴首例"大数据杀熟案"成功维权——中国青年报）

**讨论**：大数据杀熟，到底"杀"的是谁？

### 案例二：大众点评诉百度爬虫案

大众点评网创建于 2003 年，是中国领先的本地生活信息及交易平台，也是全球最早建立的独立第三方消费点评网站。作为一家致力于为网络用户免费提供商户信息、消费评价、优惠信息、团购等服务的网站，通过长期的经营，大众点评网站上累积了大量的商户信息，并通过吸引消费者真实体验发布评论而累积了大量网络用户对商户的点评。用户评论通常包括商家环境、服务、价格等方面的信息，并可附上照片。这些公开的点评信息不但吸引着互联网用户来大众点评网阅读、浏览，同时也默默地吸引来了嗅觉敏锐的网络爬虫们。

在众多爬虫之中，有一群来自百度的网络爬虫。当其爬行至大众点评网站后，第一步先访问大众点评网站上的 robots 协议。鉴于该协议并未对百度搜索引擎抓取大众点评网用户的点评信息进行任何限制，爬虫们方能开启爬取工作。

这些被爬取的数据之后被百度纳入百度旗下的百度地图等产品之中。百度地图除了提供定位、地址查询、路线规划、导航等常用地图服务外，还为用户提供商户信息查询、团购等服务。当网络用户使用百度产品进行搜索时，既可以通过关键字搜索商户，也可以先定位当前地址，然后通过附近商户列表查找商户。在商户页面中，百度会向用户提供商户地址、电话、用户点评等信息。其中餐饮类的商户，搜索出来的点评信息大多是爬虫的劳动果实，即来源于大众点评网的点评，而直接由百度用户撰写的点评数量却不多。这些点评信息中，来源于大众点评网的点评为原封不动地复制，同时标注了"大众点评"标识，并且在点评后设置了指向大众点评网的链接。除百度地图外，用户在百度知道中搜索餐饮商户名称时，百度也会提供来自大众点评网的点评信息。

2017 年，大众点评网就百度利用爬虫技术手段抓取，并在百度产品中大量显示大众点评网站上的点评信息，以不正当竞争为由将百度告上了法庭。

一审法院：大量、全文使用点评信息不具有正当性。

在案件的一审中，法院认为，涉及信息使用的市场竞争行为需要充分尊重竞争对手在信息的生产、收集和使用过程中的辛勤付出。判断相关信息使用的竞争行为是否具有不正当性，应当考虑以下四个方面的因素：（1）信息是否具有商业价值，能否给经营者带来竞争优势；（2）信息获取的难易程度和成本付出；（3）对信息的获取及利用是否违法、违背商业道德或损害社会公共利益；（4）竞争对手使用的方式和范围。

法院首先肯定了点评信息的商业价值，认为点评信息是汉涛公司（大众点评网的经营者）的核心竞争资源之一，能为其带来竞争优势。潜在的消费者可以通过点评信息获取有关商户服务、价格、环境等方面的真实信息，帮助其在同类商家中加以选择。其次，点评信息需经过长期经营积累，点评类网站很难在短期内积累足够多的用户点评，而汉涛公司为运营大众点评网付出了巨额成本。再次，点评信息由网络用户自愿发布，大众点评"获取、持有、使用"该点评信息未违反法律禁止性规定，也不违背公认的商业道德，通过法律维护点评信息使用市场的正当竞争秩序，有利于鼓励创新，造福消费者。最后，鉴于百度行为具有明显的"搭便车""不劳而获"的特点，法院认为，百度大量、全文使用大众点评的点评信息的行为违反了公认的商业道德和诚实信用原则，具有不正当性。

而对于robots协议，法院肯定了该协议是互联网行业普遍遵守的规则，违反该协议抓取网站内容将可能被认定为违背公认的商业道德，从而构成不正当竞争。然而，法院进一步认为，遵守robots协议的行为并非就一定不构成不正当竞争。robots协议仅涉及"数据的抓取行为"是否符合公认的行业准则问题，而不能解决抓取后的"使用行为"是否合法的问题。百度的搜索引擎抓取涉案信息并不违反robots协议，但这并不意味着百度可以任意使用上述信息，百度应当本着诚实信用的原则和公认的商业道德，合理控制来源于其他网站信息的使用范围和方式。

同时，法院在认定百度是否构成不正当竞争时，格外关注了不同版本百度产品对点评信息的使用程度。早期版本的百度产品由于仅显示少量、非全文的点评信息，此种信息使用方式被法院认为是符合商业道德和诚实信用原则的，因而不构成不正当竞争。

值得注意的是，反不正当竞争法中并未对信息使用这一类别的竞争行为进行明确规定，法院最终通过第2条原则条款，认定百度行为构成不正当竞争。

二审法院："模仿自由"应结合"大数据"时代背景。

二审法院认可了一审法院的结论，认为百度使用大量来自大众点评网点评信息的行为，已构成不正当竞争行为。

二审法院认为，大众点评网上的信息有很高的经济价值，是汉涛公司的劳动成果。百度没有经过汉涛公司的许可，在百度地图中大量使用点评信息，这种行为本质上属于未经许可使用他人劳动成果。法院进一步分析认为，考虑到"模仿自由"，汉涛公司所主张的应受保护的利益并非绝对权利，并不意味着应当得到法律救济，只要他人的竞争行为本身是正当的，则该行为并不具有可责性。然而，在大数据时代的背景下，信息所具有的价值超越以往任何时期，越来越多的市场主体投入巨资收集、整理和挖掘信息，如果不加节制地允许市场主体任意地使用或利用他人通过巨大投入所获取的信息，将不利于鼓励商业投入、产业创新和诚实经营，最终损害健康的竞争机制。因此，市场主体在使用他人所获取的信息时，仍然要遵循公认的商业道德，在相对合理的范围内使用。

为划定正当与不正当使用信息的边界，法院综合考虑了诸多因素，包括百度的行为是否具有积极效果，百度使用的信息是否超出了必要的限度，百度使用的信息如果超出必要范围是否对市场秩序产生影响，百度所采取的"垂直搜索"技术是否影响竞争行为正当性的判断等。

综合各种因素，法院认为百度的行为一方面丰富了消费者的选择，具有积极的效果；但另一方面，汉涛公司对点评信息的获取付出了巨大的劳动，具有可获得法律保护的权利。最终，法院在考量了信息获取者的财产投入、信息使用者自由竞争的权利以及公众自由获取信息的利益之后，确立了信息使用规则应当遵循"最少、必要"的原则。结合以上，法院认为百度通过搜索技术抓取并大量全文展示来自大众点评网的信息，已经超过了必要的限度，构成不正当竞争。

（资料来源：改编自兰国红．爬取文件，存在哪些法律风险［EB/OL］．（2023-3-25）（2023-7-19）．https://finance.sina.com.cn/jjxw/2023-03-25/doc-imymzfms2880825.shtml.）

**讨论**：针对此案例，百度后续应如何改进？

## 本章小结

大数据分析和商业洞察是大数据营销流程中重要的一环，核心是实现与用户的互联。收集一切与用户相关的数据是成功进行大数据营销的前提。大数据来源于政府、企业、用户和机器四个方面。大数据的采集有重要的一个环节，即大数据的智能感知，它能实现大数据源的智能识别、感知、信号转换、适配、传输、载入等技术。在智能设备的数据中，还涉及结构化、半结构化和非结构化等各种数据。

ETL是商务智能和数据仓库的核心和灵魂，按照统一的规则集成并提高数据的价值，负责完成数据从数据源向目标数据仓库转化的过程，是搭建数据仓库的重要步骤。数据源经过ETL预处理后，交易数据可用于分析用户的基本属性和购买能力，电子商务数据可用于分析用户的线上购买能力和行为特征，会员数据可用于分析用户的基本属性、兴趣爱好和价值，潜在用户数据可用于分析用户的购买意愿和二次接触数据，外部线索可用于分析用户的基本属性和行为特征，社交数据可用于分析用户的社交特征和社交关系网络，全网数据可用于分析大量的碎片化数据，与当前数据进行匹配合并，从而形成用户画像，并通过用户画像进一步开展精准营销和个性化推荐。

大数据挖掘是利用人工智能、机器学习、统计学、模式识别等技术，从大量含有"噪声"的数据中提取有效信息的过程。主要特点是对海量数据进行抽取、转换、分析和其他模型化处理，从中提取出辅助决策的关键数据。最广泛的一种标准化数据挖掘过程主要包括商业理解、数据理解、数据准备、模型建立、模型评估和模型应用六个步骤。大数据挖掘的算法包括四种类型，即分类、预测、聚类、关联，前两种属于有监督学习，后两种属于无监督学习。有监督学习是指存在目标变量，探索特征变量和目标变量之间的关系，在目标变量的监督下学习和优化算法。算法的目的在于研究特征变量（人口统计、资产属性等)和目标变量之间的关系, 属于描述性的模式识别和发现。无监督学习是指不存在目标变量, 基于数据本身去识别变量内在的模式和特征, 在没有目标变量监督下的模式识别和分析。

## 本章习题

### 一、选择题

1. 大数据最重要的来源是(　　)。

A. 政府　　　　　　B. 企业　　　　　　C. 机器　　　　　　D. 用户

2. 大数据营销的前提是(　　)。

A. 大数据分析　　　B. 大数据收集　　　C. 大数据挖掘　　　D. 大数据处理

3. 大数据清洗过程中不包括(　　)。

A. 处理无效值　　　B. 处理缺失值　　　C. 数据的一致性　　D. 数据的转换

4. ETL 不包括的步骤为(　　)。

A. 处理　　　　　　B. 抽取　　　　　　C. 转换　　　　　　D. 装载

5. 大数据的下列算法中, (　　)是有监督的学习。

A. 聚类　　　　　　B. 分类　　　　　　C. 关联　　　　　　D. 删除

6. 外部线索可以用于分析客户的(　　)。

A. 社交特征　　　　B. 社交关系网络　　C. 行为特征　　　　D. 二次接触数据

7. 下列选项中, (　　)是大数据挖掘的核心。

A. 构建立体的用户画像　　　　　　　　B. 大数据筛选

C. 大数据清洗　　　　　　　　　　　　D. 大数据预处理

### 二、判断题

1. 高速、可靠的数据采集数据技术是当前需要重点突破的方向。　　　　(　　)

2. 当前的大数据处理已经解决了业务系统的数据整合这一难题。　　　　(　　)

3. 建立一个有效且完善的消费者数据库是大数据营销成功的基础。　　　(　　)

### 三、思考题

1. 消费者行为的大数据分析与传统的研究方法相比, 有哪些优势?

2. 结合你的购买体验, 谈谈京东如何开展大数据精准营销。

## 本章实践

**实践一:**

任务: 运用本章所学知识自行选择任一店铺或企业进行大数据的采集、储存以及挖掘。

目的: 考察对大数据挖掘的掌握情况。

要求: 个人完成。

考核点: 掌握数据挖掘的算法与应用; 区分有监督学习和无监督学习。

**实践二：**

任务：运用前续课程 Python 语言程序设计、大数据处理与分析等的所学知识，自行选择任一店铺或企业新媒体平台，为其爬取数据进行 Python 数据分析与图形绘制。

目的：考察对大数据营销技术的认知与掌握情况。

要求：个人完成。

考核点：以用户需求为基础对网络平台数据进行抓取与分析，并将分析结果进行图形绘制。

 视频：Python 绘制图形的演示

# 第四章　基于大数据洞察的用户分析

> 识记：基于大数据的消费者洞察方法。
> 掌握：大数据洞察工具，基于大数据的消费者洞察流程。
> 形成：大数据营销从业者的用户思维与职业意识。

## 导学案例

### 百事可乐大数据营销案例

有时候，在分析用户需求的时候，我们总是以为某些点是用户需求的，但是事实不是这样的。

百事可乐一直以来在年轻消费者心中都是一个极具影响力的品牌。在与可口可乐这个霸主的百年斗争中，虽然难登第一，但是稳居第二多年。它凭借的就是告诉消费者"活跃起来！你是百事一族！"然而不久前，这个品牌开始逐渐失去年轻活力，从第二滑到了第三，市场份额出现严重下滑。如何拯救这个正在逐渐失去影响力的品牌，提升地位呢？百事可乐开展了一项高强度的全球消费者调查！百事可乐成立了一个机密的高级别调研团队，重新开始研究什么使百事可乐不同于可口可乐。这项全球调研长达九个月，只为了重新获取新的消费者洞察。具体怎么做呢？他们研究百事可乐以往的广告策划，启用了传统的调研访谈、详细的问卷调研，并且深入各地消费者，观察他们的日常生活，融入他们的文化。他们发现，像耐克、迪士尼、星巴克、可口可乐等顶级品牌都很明确自身品牌的意义，而百事可乐的定位已经不再清晰。从"每瓶百事都能激活未来"变成了"夏天时光就是百事时光"，后来又变成了"有百事的地方就有音乐"。广告语似乎越来越"文艺"和"优美"，但同时也越来越不知所以。最后这个小组将纷繁复杂的发现概括成了两个简单却有力的消费者洞察：可口可乐是经典永恒的，而百事可乐却是及时行乐的；可口可乐的顾客寻找快乐，而百事可乐的顾客寻找刺激；可口可乐代表着归属感，而百事可乐拥抱个性独立。有趣的是，这种洞察回归到了最初充满活力的"新时代的选择"这一定位，随之而来的是，百事可乐的创意大门打开了。他们迅速策划开展了"活在当下"的全球营销活动，强调抓住当前的刺激，重新建立了百事可乐与娱乐流行文化的联系。自然，大获全胜。

（资料来源：倍市得客户体验管理. 消费者洞察是什么举个例子（其回答）［EB/OL］.（2023-5-30）. https://www.zhihu.com/question/26043426/answer/1368378455.）

# 第一节　基于大数据的消费者洞察的用户分析工具

基于大数据的消费者洞察的用户分析工具是一种利用大数据技术和消费者洞察来分析用户行为和偏好的工具。这些工具可以帮助企业了解其目标客户，为目标客户提供更好的产品和服务。

 视频：基于大数据的消费者洞察

## 一、基于大数据的消费者洞察的用户分析工具功能

具体说来，大数据消费者洞察的用户分析工具的功能有如下四个方面。

（1）用户行为分析。通过分析用户的行为数据，可以了解用户在产品或服务中的使用情况和偏好。例如，如果一个电商企业使用这种工具，它可以分析用户的购物行为、浏览历史和点击数据等，以了解用户的购物偏好和购买行为。

（2）用户偏好分析。这种工具可以通过分析用户的行为数据和反馈来了解用户的偏好。例如，如果一个媒体企业使用这种工具，它可以分析用户的点击数据、评论和反馈等，以了解用户对不同类型的内容和娱乐活动的偏好。

（3）市场趋势分析。通过分析大量的消费者数据，这种工具可以帮助企业了解市场趋势和消费者需求的变化。例如，如果一个服装企业使用这种工具，它可以分析消费者的购买数据和反馈，以了解哪些类型的服装最受欢迎和市场趋势的变化。

（4）个性化推荐。基于大数据消费者洞察的用户分析工具可以为企业提供个性化的推荐服务。例如，如果一个视频平台使用这种工具，它可以为用户推荐他们可能感兴趣的视频和娱乐内容。

## 二、基于大数据的消费者洞察的用户分析工具的技术实现

基于大数据的消费者洞察的用户分析工具需要使用先进的大数据技术来处理海量的数据。这些技术包括数据挖掘、机器学习、自然语言处理等，可以处理大量的数据并提取有用的信息，以帮助企业更好地了解它们的目标客户和市场趋势。而海量的数据中需要处理的有价值数据主要包括移动设备数据、计算机产生的数据、社交平台产生的轨迹数据、视频平台数据、电商平台的浏览轨迹识别数据、实体店内的信息追踪数据。

### （一）移动设备数据

数据大爆发驱动着移动互联网络飞速发展。无论哪个行业，企业处理移动网络与设备

数据的能力都是企业的灵魂和核心竞争力。

而移动设备数据是指移动设备(如智能手机、平板电脑等)在使用过程中产生的数据,包括以下七种类型。

### 1. 位置数据

移动设备可以通过 GPS、基站定位等技术获取位置信息,这些位置信息可以用于定位服务、导航应用等。

### 2. 传感器数据

移动设备通常搭载了多种传感器,例如,加速度传感器、陀螺仪传感器、光线传感器等,这些传感器产生的数据可以用于运动监测、健康管理、环境调节等。

### 3. 通信数据

移动设备可以通过无线通信技术(如 4G、5G 等)进行数据传输和通信,这些通信数据可以用于社交网络、网站浏览等应用。

### 4. 应用数据

移动设备上安装的各种应用程序产生的数据,例如社交媒体应用的位置信息、搜索应用的历史记录等,可以用于用户行为分析、广告推送等。

### 5. 存储数据

移动设备的存储器中保存的各种数据,例如照片、视频、音频等,可以用于个人娱乐、文件管理、备份等。

### 6. 网络流量数据

移动设备在使用网络时产生的流量数据,包括上传和下载的数据量、访问的网站等,可以用于网络流量分析和优化网络服务。

### 7. 系统日志数据

移动设备的操作系统产生的日志数据,包括系统运行时间、应用程序的启动和关闭时间等,可以用于故障排查和系统监控。

新华社曾发布一则消息,称 iPhone 版多款知名社交、娱乐、出行 APP 存在"恶意代码",腾讯紧接着发布报告称超过 1 亿的用户都受到影响。原来,用户使用的 iOS 版 APP 以及 macOS 的程序很多是由非官方版本的 Xcode 编写的。因为非官方版本的 Xcode 比官方版本的下载速度快,也更方便,所以用户都乐于使用,而引发问题的正是这些非官方版本的 Xcode 工具。用户使用这款工具开发的任何一个苹果 APP,都有可能会泄露个人隐私。对此,国家互联网应急中心(National Internet Emergency Center,CNCERT)给出明确建议:"相关企业以及用户在开发苹果 APP 过程中,最好不用非官方渠道的 Xcode 工具。"

目前在移动设备端上产生的数据蕴含着巨大的价值,各个行业都在设法获得从移动设备传来的数据。移动电子商务要想获得成功,就必须着眼于移动端网站对消费者的吸引力。不断地对移动端网站进行完善,才能提高网站产品的浏览量及购买率,如改善移动端网站的支付流程等。iOS 和安卓的竞争持续,但不分输赢,因为比起份额逐渐萎缩的 PC 端,iOS 和安卓都是赢家。效果营销技术公司 Criteo 是一家在美国纳斯达克上市的法国公司,2015 年 4 月初,该公司发布了关于 2015 年第一季度移动电子商务的报告。报告显示,全球超过三分之一的电子商务是由移动设备产生的,消费者越来越习惯于移动购物,并且其中 90% 以上的交易是通过智能手机产生的。

移动电子商务的发展衍生了移动互联网营销。随着移动互联网营销与人们的距离越来越近，人们大都接受了这个新生事物并且频繁提及，关于移动互联网营销的搜索条目超过了千万条。移动互联网营销由互联网营销发展而来，却是青出于蓝而胜于蓝。与 PC 端广告相比，移动互联网营销拥有更加广泛的广告投放范围、更加精准的客户行为定位和地点定位。从这一点看，移动互联网营销比互联网营销拥有更大的发展空间。

无论是互联网营销还是移动互联网营销，有价值的广告一定是投放精准的。所以企业进行移动互联网营销的终极目标就是精准化的广告投放，做到这一点是非常困难的。而大数据给了所有企业营销的方向，数据全面覆盖、云计算及非结构化数据处理技术，大幅提高了成本利用率与精准触达率。

移动端数据库的信息应该尽可能全面、有价值。首先，数据库应该包括用户的大概类型信息，比如性别、年龄、设备型号、移动网络的高峰使用时段和浏览历史等。其次，定位到用户的地理位置，比如利用 GPS、手机基站和 WiFi 所在的 IP 端等方式来获取地理位置信息和移动变化。最后，利用移动端浏览信息建立用户脸谱，如个人标签、人际关系链、文化水平、喜好分析、共享网站链接信息等。

移动端数据库的信息不仅要丰富，还应该保证质量。这就要求各家企业有自己核心的平台信息处理能力，作为企业机密，非内部人员是无法知道的。其中，对海量信息进行快速分类筛选，高准确率地智能链接，是技术人员要解决的主要问题，企业的竞争力由此显现。在各大移动营销公司中，只有 BAP(百度联盟、阿里妈妈、盘石网盟)完整地搭建了技术平台。图 4-1 所示是一个完整的技术平台搭建图解。

图 4-1 技术平台搭建的核心技术

百度作为行业的领头羊，一直致力于逐步加速移动端的开发进程。2014 年百度成功推出了 DSP 平台，不仅保留了搜索引擎的诸多优势，还开发了一些新功能。阿里妈妈大力开展移动端的业务，收购了友盟，为移动端的联盟推广做了铺垫。阿里妈妈在移动端的推广是一种简单粗放的模式，即先汲取现成的，然后深入推进。

盘石网盟已经推出了 DSP 需求方平台、DMP 数据管理平台和 RTB 实时竞价系统。盘石网盟技术平台的核心技术能力已经比较成熟，其开放的操作平台和实时报表、全面精准的数据库、由 Hadoop 云计算支撑的大数据处理能力，给人留下深刻的印象。精准定向技术包含的范围广泛，包括用户标签、地理位置、设备型号、WiFi、运营商、使用时间等多项数据。在处理移动设备的数据方面，盘石也有自己的独家技术。经过 PC 时代长时间的积累与不断创新，盘石可以利用来自各方的数据建立精确的人群分析模型，对海量数据进行筛选，进而挖掘大数据的价值。实时竞价系统在移动应用用户行为的处理方面发挥着重要作用。在全球数以万计的移动应用上，每一个用户的展示行为可能不超过 100 毫秒，而系统可以在这个时间范围内对其进行评估及出价。这种精确锁定受众的技术能力是非常惊人的。

这些移动设备数据对了解用户行为、提高用户体验和优化移动应用程序具有重要意义。同时，这些数据也可以用于广告推送、市场调研、健康监测等领域，为商业和社会发展带来新的机遇和挑战。

### (二)计算机产生的数据

计算机产生的数据包括多种类型，常见的有以下七种。

#### 1. 数字数据

数字数据是指计算机内部的二进制数据，包括整数、浮点数、布尔值等。这些数据通常用于计算机程序的计算和处理。

#### 2. 文本数据

文本数据是指计算机中的文字数据，包括字母、数字、标点符号等。这些数据通常用于计算机程序的输入和输出，例如，用户界面、文档处理等。

#### 3. 图像数据

图像数据是指计算机中的图像数据，包括静态图像和动态视频。这些数据通常通过图像处理软件进行编辑和处理，例如，图像的缩放、旋转、美化等。

#### 4. 音频数据

音频数据是指计算机中的声音数据，包括音乐、语音、音效等。这些数据可以通过音频处理软件进行录制、编辑和处理，例如，音频的剪辑、混音、降噪等。

#### 5. 视频数据

视频数据是指计算机中的动态图像和声音数据，包括电影、视频直播等。这些数据可以通过视频处理软件进行编辑和处理，例如，视频的剪辑、特效等。

#### 6. 游戏数据

游戏数据是指计算机中的游戏程序和游戏行为数据，包括游戏进度、游戏得分、玩家行为等。这些数据可以通过游戏开发工具进行游戏编程和游戏行为的分析和优化。

#### 7. 系统日志数据

系统日志数据是指计算机系统中的日志文件数据，包括系统运行时间、用户登录信息、应用程序运行情况等。这些数据可以用于计算机系统的监控和管理，例如，故障排查和安全监控等。

我们常常会接到陌生的推销电话，例如理财、保险、旅游团等，更令我们困惑的是不知道自己的手机号码是如何泄露出去的。下面的几个案例可以告诉我们部分答案。

欧美知名的防毒软件 AVG 曾公开承认通过其免费杀毒软件获取并出售了大量用户信息。AVG 的负责人声称，用户协议中对这一行为进行了明确的说明，如果用户不同意自己的数据被收集，可以放弃安装。然而，用户安装软件时通常不会将用户协议完整地阅读一遍，一般都是直接单击"下一步"快速完成安装。因此，很多用户在安装免费软件之后并不知道自己的个人数据被收集了。值得庆幸的是，AVG 收集的用户信息数据并没有涉及敏感信息，主要是历史浏览记录、计算机设备信息、账户基本信息等。AVG 会将收集到的用户信息数据出售给广告商。业内人士与用户对此表示出极大的不满。此外，也有一大部分人认为收集用户数据是行业潜规则，可以接受。数据来源不断增长，形成了大量的数据流，其蕴含的巨大价值吸引了各行各业参与争夺。

此前，人们总是将 Facebook 与 Google 如何使用个人数据的行为作为日常话题来讨论，而微软的 Windows 似乎与互联网经济一点关系都没有。对微软来说，过去的事情已经不再重要，毕竟 Windows 过去只是一个操作系统，运行的软件都是其他人开发的。而现在，微软发布的 Windows 10 比以往任何一个 PC 操作系统都更贴近互联网。人们可以通过语音助理 Cortana 进行操作，把文件存储在云端，并快速接入 WiFi 网络，在很大程度上防范了新的网络威胁。这些功能将帮助微软收集用户的个人数据，而微软从未对收集用户个人数据显现过如此浓厚的兴趣。有一点是非常明确的，微软愿意为用户提供免费升级 Windows 10 的服务，是为了通过互联网盈利。微软官方预测，运行在这款系统上的互联网服务、广告、应用及游戏等将给微软带来可观的收入。微软的财务负责人称这种新业务模式为"客户终身价值"，即微软不满足于只在用户购买新电脑时获利，而通过这种新业务模式可以长久持续地赚取用户的钱。

事实上，微软利用计算机收集用户个人数据的方式有很多，只要用户使用了 Windows 10 的功能，数据被系统收集就不可避免。尤其是用户把 Edge 浏览器设为默认搜索引擎，即便在不登录微软账号的情况下，浏览器也会跟踪用户的一些活动，只不过收集到的数据将是匿名的。通过跟踪用户的活动，浏览器将对用户投放有针对性的广告。这一收集用户个人数据的行为，用户也是可以拒绝的。进入 choice. microsoft. com 调整选项，用户就可以使浏览器停用广告追踪。Edge 还能预测用户即将打开的网页，从而将这些网页提前加载出来，在 Edge 的设置中这一功能也可以被关闭。

总之，计算机产生的数据多种多样，不同的数据类型有着不同的应用场景和数据处理方式，都对大数据分析应用具有重要的意义。

### （三）社交平台产生的轨迹数据

社交平台产生的轨迹数据是指用户在社交平台上产生的各种轨迹数据，包括以下五种。

（1）社交互动数据，包括用户的关注、粉丝、私信、群组、帖子、评论等互动数据。这些数据可以反映用户的社交关系和社交行为，例如用户的关注对象、粉丝群体、社交圈子等。

（2）内容发布数据，包括用户发布的帖子、状态更新、照片、视频等的数据。这些数据可以反映用户的兴趣爱好、情感状态、生活动态等，例如用户发布的内容类型、频率、时间等。

（3）位置数据，包括用户在社交平台上发布的内容中所含的位置信息，例如用户发布的照片或状态更新的位置坐标。这些数据可以反映用户的行踪和生活轨迹，例如用户经常出没的地点、旅行轨迹等。

（4）浏览行为数据，包括用户在社交平台上浏览帖子、评论、私信等行为的数据。这些数据可以反映用户的兴趣和偏好，例如用户浏览的内容类型、时间、频率等。

（5）社交网络分析数据。通过对社交互动数据进行分析，可以得到用户的社交网络分析数据，包括用户的社交圈子、关系强度、中心性等指标。这些数据可以反映用户的社交地位和影响力，例如用户在社交网络中的角色和地位。

Facebook 是美国一个提供社交网络服务的网站，单日用户数已经突破 10 亿，其创始人是马克·扎克伯格。对其社交平台产生的轨迹数据分析主要集中在聚焦用户数据及运用轨迹数据两个方面。

### 1. 聚焦用户数据

扎克伯格认为，互联网是决定人们生活质量的重要因素。人们不仅通过互联网彼此通信，还可以通过互联网摆脱贫穷。他在联合国作出承诺，Facebook 将尽最大能力为贫穷国家和发展中国家提供帮助。他说："互联网不仅是一个拥有网络的机器，对时代和经济的发展也起到了关键性作用。Facebook 的一条状态或一个赞无法阻止战争，但当全世界的人们都连接起来的时候，我们就能建立一个达成共识的全球社区。"

扎克伯格的团队一直致力于对用户行为的研究分析，从而达到发送针对性广告的目的。用户行为包括点赞、分享、评论及点击页面情况等。Facebook 还采用全新的监测手段，更准确地检测每个用户运动和点击鼠标的情况，这些新的数据将丰富 Facebook 长期积累收集的海量数据。

《华尔街日报》相关报道称，Facebook 正在开发的这项对用户行为的监测方案在目前的互联网行业中没有出现过，而普遍流行的监测方式是通过开源的 Hadoop 框架进行用户数据分析。相关数据表明，Facebook 在最近的几年里收集分析了超过 300 PB 的数据信息。

### 2. 运用轨迹数据

美国媒体公司 WetPaint 联合创始人兼首席执行官本·埃洛维茨认为，Facebook 的五大领域正逐步走向成熟，这五大领域如图 4-2 所示。

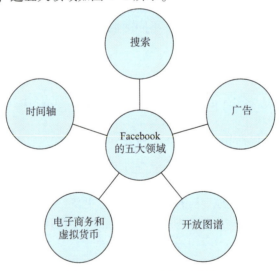

图 4-2　Facebook 的五大领域

（1）搜索。很多用户把 Facebook 当作进行互联网操作的基础。在搜索方面，Facebook 不得不把用户转向谷歌的搜索服务，Facebook 已经在努力改变这种局面。谷歌的搜索引擎服务并不能令用户满意，因为谷歌的搜索引擎每次提供的内容都与用户没有太大关系。

例如，一对新婚夫妇打算去巴厘岛度蜜月，这时谷歌的通用推荐常常就不如已经去过巴厘岛的用户好友的推荐有效。而 Facebook 的优势是可以提前知道用户的哪些好友已经前往过巴厘岛，也清楚好友对去过的哪家餐厅比较满意，以及认为哪些旅游景点比较值得游览。用户好友的推荐指南与谷歌的推荐指南肯定会存在明显的差异。

（2）广告。Facebook 一直将用户体验当作首要追求，而盈利则是附带收获。但是在公司上市之后，Facebook 不得不更重视后者。因为 Facebook 未来每季度的财报都将公开发布，股价不稳定成为公司的一大忧虑。Facebook 能通过扩展广告营收来支持股价，这既是为公司股东考虑，也是为公司员工考虑得出的结论。

Facebook 掌控着超过 10 亿的用户，可以推出比谷歌广告更具有价值的新广告产品。目前，美国互联网广告市场的规模已达到 850 亿美元，一旦 Facebook 释放出巨大的广告潜力，广告营收将会再创新高。

（3）开放图谱。相关数据表明，用户 1/7 的上网时间用在了 Facebook。Facebook 不仅有野心，还有潜力在未来发展成一个真正的平台，连接所有网络中的目的地，通过用户的身份、关注点和关系轨迹来实现。Facebook 开放图谱仅仅是个开始，之后还必须与发行商取得联系、接入数据，以此来建立完整的关系和可执行的愿景。发行商对支离破碎的数据不感兴趣，因为这需要发行商自己进行分析。发行商需要一个完整统一的操作模式，这种模式可以为受众的网络世界和真实世界搭起一座桥梁。

比如，用户在 Facebook 移动应用上获得了一张 5 美元的购物优惠券，当该用户在超市购买一只鸡使用了优惠券之后，Facebook 就会获取到用户购物的具体地点及对烹饪杂志的了解等信息。当该用户买完鸡带回家之后，用户的个人页面上便会出现有关如何烹饪鸡的建议。Facebook 在这方面蕴含着巨大的潜力，通过长期追踪用户行为获取的海量信息可以为发行商和其他品牌使用。

（4）电子商务和虚拟货币。Facebook 并没有将广告业务作为唯一的营收来源。数字商务（也叫作数字商品）到 2015 年市场规模已超过 400 亿美元，电子商务市场规模超过 7 000 亿美元。上述数字商务与电子商务均通过两种交易方式完成：信用卡或 PayPal 账户。

数字支付始终保持着缓慢的演变速度。谁对用户的财产最了解？除了银行、律师、父母，再就是 Facebook。Facebook 拥有得天独厚的优势，通过开放图谱其建立了用户与第三方网站之间关系的轨迹平台。只要进行合理的推测，电子商务将成为 Facebook 主要的发展方向。

（5）时间轴。自 Facebook 诞生以来，用户体验就是公司赖以生存和发展的根本。这么多年过去了，Facebook 一直非常关注用户体验这一问题。现在，Facebook 时间轴的体验可以说是非常棒，但依然没有达到完美的程度。时间轴还存在两个主要问题：第一，对于预测用户看重什么的直觉过于频繁，偶尔会出现误差；第二，在总结概括用户的生活时，对开放脸谱过分依赖。

Facebook 称目前时间轴仍只是第一代产品，未来将会开发更多新版本，而且不断对时间轴的用户体验进行改进更新。

这些轨迹数据可以通过社交平台的后台数据分析和挖掘，用于了解用户需求和行为，优化产品和服务，提高平台的用户体验和收益。同时，这些数据也可以用于研究社交行为和社交关系的发展趋势和规律，为社交科学研究提供有益的数据支持。

### （四）视频平台数据

视频平台数据是指视频平台在运营过程中产生的各种数据，包括用户数据、播放数据、广告数据、收入数据等等。这些数据可以帮助视频平台了解用户需求和行为，优化产品和服务，提高平台收益。具体说来，视频平台数据包括以下七个方面。

**1. 用户数据**

用户数据是视频平台最重要的数据之一，包括用户的基本信息、观看历史、收藏夹、评论、分享等。视频平台可以通过分析用户数据来了解用户的偏好和需求，为用户提供更好的服务和体验。

**2. 播放数据**

播放数据是视频平台最核心的数据之一，包括播放量、观看时长、跳过率、完播率等。视频平台可以通过分析播放数据来了解用户的观看习惯和兴趣，优化推荐算法和视频内容，提高用户的满意度和黏性。

**3. 广告数据**

广告数据是视频平台收入的重要来源之一，包括广告曝光、点击率、转化率等。视频平台可以通过分析广告数据来了解广告效果和用户对广告的接受程度，优化广告投放策略和广告形式，提高广告收益。

**4. 收入数据**

收入数据是视频平台运营的重要指标之一，包括平台的总收入、付费收入、分成收入等。视频平台可以通过分析收入数据来了解平台的盈利能力和用户付费意愿，制订更好的商业模式和营销策略，提高平台的收益和市场份额。

**5. 用户行为分析数据**

视频平台可以通过分析用户行为数据来了解用户的观看习惯和兴趣爱好。例如，通过分析用户的观看记录和收藏夹，可以了解用户对不同类型的视频内容的偏好和需求；通过分析用户的分享行为，可以了解用户对平台的社交需求和推广需求等。

**6. 推荐算法优化数据**

视频平台可以通过不断优化推荐算法数据来提高用户的满意度和黏性。推荐算法可以根据用户的观看历史、收藏夹、评论等数据来分析用户的兴趣和偏好，为用户推荐更符合他们需求的视频内容。

**7. 广告投放策略优化数据**

视频平台可以通过不断优化广告投放策略来提高广告收益。例如，可以根据用户的观看历史和兴趣爱好来推荐相关的广告内容；可以在不同时间段和不同地区投放不同形式的广告；可以通过竞价广告等方式来提高广告的曝光和点击率等。

总之，视频平台数据是视频平台运营的核心之一，通过对数据的分析和利用可以提高平台的用户满意度、黏性、收益和市场竞争力。同时，随着技术的不断发展和数据的不断增长，视频平台需要不断地学习和探索如何更好地利用这些数据进行精细化运营和决策。

**(五)电商平台的浏览轨迹识别数据**

电商平台的浏览轨迹识别数据是指用户在电商平台上浏览商品、页面等产生的数据。以下是一些常见的电商平台的浏览轨迹识别数据类型。

### 1. 商品浏览数据

用户在电商平台上浏览的商品数据，包括商品的名称、类别、价格等信息。这些数据可以用于分析用户的购物偏好和需求，以及进行商品推荐和优化。

### 2. 页面浏览数据

用户在电商平台上浏览的页面数据，包括页面的名称、类别、统一资源定位系统（Uniform Resource Locator，URL）等信息。这些数据可以用于分析用户的兴趣和行为，以及进行页面优化和用户体验提升。

### 3. 搜索数据

用户在电商平台上搜索的关键词和查询数据，包括搜索的关键词、查询的商品、搜索的时间等。这些数据可以用于分析用户的购物意图和需求，以及进行搜索结果优化和推荐。

### 4. 购物车数据

用户在电商平台上将商品添加到购物车的数据，包括购物车中商品的名称、数量、价格等信息。这些数据可以用于分析用户的购物意图和行为，以及进行购物车优化和服务提升。

### 5. 订单数据

用户在电商平台上产生的订单数据，包括订单的编号、购买时间、购买商品、价格等信息。这些数据可以用于分析用户的购物行为和消费习惯，以及进行订单处理和服务优化。

### 6. 用户行为数据

用户在电商平台上产生的各种行为数据，包括点击、滑动、评论、分享等操作。这些数据可以用于分析用户的兴趣和行为，以及进行用户行为预测和推荐。

### 7. 广告点击数据

用户在电商平台上点击广告的数据，包括广告的位置、类型、时间等信息。这些数据可以用于分析广告效果和用户兴趣，以及进行广告优化和投放管理。

亚马逊作为美国最大的网络电子商务公司，虽然已经取得巨大成功，但是依然对新领域有着浓厚的兴趣。亚马逊充分利用自己的优势，通过大数据给用户提供最好的服务。亚马逊是如何使用大数据的呢？曾经有一位用户在亚马逊网站客服处提交了 Amazon Kindle 的故障问题。仅 30 秒后，用户的手机铃声便响起了，亚马逊的一位名叫芭芭拉的客服人员对用户进行问候之后说："我了解到您的 Kindle 有一个问题……"两分钟之后，用户的问题就成功地解决了。

该用户保持从亚马逊订购商品的习惯已经有 10 年了，事实证明，他的选择是对的。10 分钟高效解决用户的问题，任何一个用户都会爱上这家公司。为什么亚马逊处理用户问题的效率如此之高呢？原来客服并没有要求用户详细拼写他的名字和地址，也没有进一步向用户推销任何东西。根据往常的经验，当接到一个客户服务电话时，用户就已经做好准备花费大把的时间与客服人员进行沟通理论了。大多数消费者与客户服务部门打交道的经历往往都是负面的，无论是通过电话或者是在线沟通。这些高高在上的公司习惯把握控制权，与消费者进行冰冷和不人道的对话，对于这个现实，大部分消费者已经麻木。

然而，令该用户意想不到的是，芭芭拉在电话里直奔主题，没有说一句废话，态度认真地给自己解决了问题。更让用户感到惊喜的是，芭芭拉完全正确地掌握了他的个人数据资料信息，并据此提出了很好的解决方案。

事实上，亚马逊多年以来一直在收集用户的相关数据资料，包括地址、付款信息，以及浏览轨迹信息等。芭芭拉通过用户的相关信息，还有在亚马逊上所购买甚至所浏览过的一切信息为用户提供了良好的服务。虽然各大互联网公司都非常重视用户的数据收集，但是亚马逊却利用这一优势做了一些与众不同的事情，亚马逊将这些数据作为拉近与客户之间关系的桥梁。亚马逊利用收集到的用户数据信息与客户建立了个性化的互动，让用户非常满意。这给了各个互联网公司一个启示：那些能够帮助你与用户沟通互动的数据才是最有用的数据。

在大数据时代，用户对提供服务的公司持有同样的标准。一些企业如果满足了这些标准，就会得到用户的信任和忠诚。那么，企业如何成功使用用户的个人数据呢？或许可以从以下三点入手，成功使用用户个人数据的方法如图4-3所示。

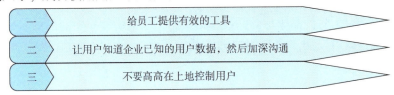

**图4-3　成功使用用户个人数据的方法**

（1）给员工提供有效的工具。用户实际上不可能知道亚马逊的芭芭拉在给自己打电话时，面前的电脑屏幕上显示着什么信息。但是公司确实在几秒钟内就给员工提供了关于用户的所有有价值的信息。公司提供的工具可使员工很容易就访问到并高效使用这些信息。

尽管一个公司内部包含了各种各样的部门，但是对于一个用户来说，每个员工与部门都代表了整个企业。信息工具由此显得相当重要。通过有效的信息工具，公司可以将收集到的用户个人数据自动传输到需要这些数据的员工电脑上。这给员工与用户都带来了方便，可以免除尴尬、客观高效地进行对话。公司对便携式平台的采用让设计人员与商店员工的沟通成为可能，而不再需要戴着耳麦呼叫中心。

（2）让用户知道企业已知的用户数据，然后加深沟通。当顾客来到一家经常光顾的商店时，店员记得顾客的名字，而且还询问了几个关于顾客最后一次购买的商品的问题，顾客会觉得店员非常擅长经营与顾客之间的关系。这时，店员不用列出所有关于顾客的信息，顾客也会觉得很舒心，甚至顾客不会仔细考虑细节是否属实。人们对通过私人谈话传达适量信息的艺术是非常精通的。

大公司做到这样就会赢得用户的信赖。与用户沟通时，工作人员面前可能有大量的用户数据，引用一些必要的信息才能做到恰到好处。比如，亚马逊的芭芭拉从用户的名字及试图解决的问题开始入手，迅速消除了用户疑虑。"可以把东西送到我家里吗？"用户直接引用相关事实问道。"当然可以。"芭芭拉爽快地答应。关于快递方式的选择，用户根本没有询问芭芭拉是否有自己具体的家庭地址，事实摆在眼前。

（3）不要高高在上地控制用户。了解用户的购买习惯是一件很麻烦的事情，但优秀的互联网公司必须具有这种洞察力并有效利用它进行细致入微的调查。优秀的企业不会打扰用户，而是在随机的各种各样的调查中，提取有价值的用户数据，为客户进行定制服务。

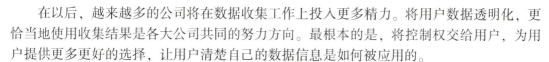

在以后，越来越多的公司将在数据收集工作上投入更多精力。将用户数据透明化，更恰当地使用收集结果是各大公司共同的努力方向。最根本的是，将控制权交给用户，为用户提供更多更好的选择，让用户清楚自己的数据信息是如何被应用的。

目前，各品牌公司之间的竞争主要是围绕建立用户与公司关系的忠诚度来进行的，这是在大数据时代赢得市场的最可靠方法。像亚马逊等大型公司对这种方法的利用已经初显成效。公司使用智能数据不仅可以为用户提供更好的服务，还减少了传统意义上市场调研所花费的固定费用。

以上的电商平台浏览轨迹识别数据可以帮助电商平台更好地了解用户的兴趣和需求，提供更加个性化和优质的服务，提高用户体验和购物满意度。同时，这些数据也可以用于商业分析和市场研究，为商家提供有价值的营销策略和商业决策支持。

### （六）实体店内的信息追踪数据

实体店内的信息追踪数据是指实体店通过各种手段追踪和记录的用户行为和信息。常见的实体店内的信息追踪数据类型包括以下七种。

#### 1. 地理位置数据

实体店通过安装定位设备或者利用移动设备的GPS功能，获取用户在店内的地理位置信息，包括用户的进店时间、在店内的行走路径、在某个区域的停留时间等。

#### 2. 视线追踪数据

实体店通过摄像头或者其他传感器，追踪用户的视线和目光停留点，了解用户对店内商品和宣传品的关注程度和兴趣。

#### 3. 声音识别数据

实体店通过录音设备或者收银系统等，记录用户的对话和声音，分析用户的购物意图和需求。

#### 4. 移动设备数据

实体店通过获取用户在店内使用的移动设备信息，包括设备型号、操作系统版本、应用使用情况等，分析用户的消费习惯和兴趣。

#### 5. 商品交互数据

实体店通过记录用户与商品的交互数据，包括商品的摆放位置、拿取次数、试用情况等，了解用户的购物偏好和需求。

#### 6. 交易数据

实体店通过记录用户的交易数据，包括购买时间、购买商品、购买数量、支付方式等，分析用户的消费行为和购物习惯。

#### 7. 营销活动数据

实体店通过记录营销活动的参与情况、优惠券使用情况等，了解用户的购物意愿和消费能力。

近年来，美国一些实体店为了对抗在线零售商，想出了各种各样的办法。其中，对客户进行多维信息的追踪发挥了重大作用。各大实体店通过视频或者智能手机的WiFi信号跟踪客户，获取客户的各类信息，包括性别、在商场不同区域花费的时间、购买之前在移动终端浏览过的记录。

亚马逊等电商可以利用网站 Cookie 对客户进行信息追踪，以此来了解客户的喜好。而传统零售商只能依靠视频系统及无线电技术追踪客户，了解客户的性别和年龄。如今，美国一些实体店成功进行了改革，而这一切都离不开智能手机的普及。

美国零售大数据分析服务公司 RetailNext、客流统计公司 Brickstream、零售追踪初创 Nomi 都是涉足为实体零售店引入电商分析技术的公司。它们通过各种渠道为零售商挖掘大数据，其中包括视频监控、手机 WiFi 追踪、移动终端系统、职工管理系统、信用卡交易等，利用这些技术甚至可以获取天气数据。

通过录像追踪客户的信息是一种传统的信息追踪方式。例如，人们通常只在外套区逛一分钟，因此商场可以简化外套区的布置。当然，录像监控对于识别客户的性别和年龄起到了重要作用。

通过精密的摄像头加上数据处理追踪客户信息的技术已经逐渐成熟。这种方式可以清楚地分辨成人和儿童，计算出商场每个区域的人数，确定最受欢迎的区域及合适的收银机数目。通过高度清晰的视频可以观察客户正在查看的商品及情绪反应。

目前，WiFi 追踪客户信息的技术越来越普及。RetailNext 的首席执行官蒂姆·卡兰说，只要客户的手机 WiFi 设置为自动连接可用的模式，即便没有连接上网络，也能使客户定位精准在 10 英尺(3 米)的半径范围内。

利用 WiFi 定位客户的技术可以识别回头客。因为每一个移动设备都有一个唯一的标识码，通过标识码系统很容易识别客户光顾的次数，并了解回头客的行为。此数据还可以分析用户下一步的去向。

利用 WiFi 对客户的信息追踪不止于此，系统将把移动手机客户端与用户个人信息联系起来。如果用户使用店内 WiFi 下载了相关应用或填写了个人的电子邮件地址，系统将获取客户的个人信息。Nomi 公司就通过这项技术提取客户的个人资料，内容包括来店总次数、网上浏览产品历史、购买产品历史等。接下来，WiFi 信号可以全程跟踪客户并将信息加入数据库。

这些实体店的信息追踪数据可以帮助实体店更好地了解用户的兴趣和需求，提供更加个性化和优质的服务，提高用户体验和购物满意度。同时，这些数据也可以用于商业分析和市场研究，为商家提供有价值的营销策略和商业决策支持。应注意，在信息追踪过程中需要保护用户的隐私权和数据安全。

### 三、基于大数据的消费者洞察的用户分析工具的优点

(1)提高客户满意度。通过了解客户的需求和偏好，企业可以提供更好的产品和服务，提高客户满意度和忠诚度。

(2)提高销售额。通过了解市场趋势和消费者需求，企业可以推出更受欢迎的产品和服务，提高销售额和市场份额。

(3)降低营销成本。通过使用基于大数据的消费者洞察的用户分析工具，企业可以更准确地了解目标客户的需求和偏好，从而更有效地进行营销活动，降低营销成本。

(4)提高决策效率。通过使用基于大数据的消费者洞察的用户分析工具，企业可以更好地了解市场趋势和客户需求，从而更快地作出决策并调整产品和服务策略。

基于大数据的消费者洞察的用户分析工具是一种重要的工具，可以帮助企业更好地了

解它们的目标客户和市场趋势。这种工具可以提高客户满意度、提高销售额、降低营销成本并提高决策效率。然而，随着数据的不断增长和技术的不断发展，企业需要不断地学习和探索如何更好地利用这些工具来满足不断变化的客户需求和市场环境需求。

## 第二节　基于大数据的消费者洞察的用户分析方法

基于大数据的消费者洞察的用户分析方法，可以为商家提供更加个性化和精准的营销服务，提高用户体验和购物满意度。同时其也可以为商家提供商业分析和市场研究支持，帮助商家更好地了解消费者和市场的情况，制订更加有针对性和有效的营销策略和商业决策。在研究基于大数据的消费者洞察的用户分析方法前，有必要了解基于大数据的消费者洞察的优势。

### 一、基于大数据的消费者洞察的优势

消费者洞察（Consumer Insight）就是正确描述和理解消费者内心的需求、信念或态度，以引起消费者的共鸣，是一个产品能否打动消费者的关键。大数据时代的到来，为企业洞察消费者提供了一种新的途径和手段。利用大数据进行消费者洞察，能够更加全面透彻地了解消费者，从而实现营销的精准化和人性化。总的来说，基于大数据的消费者洞察有以下四个方面的优势。

#### （一）提高效率：大数据 VS 小数据

传统营销的消费者洞察主要依靠实地调研、抽样问卷调查等方法，这些方式成本高、反馈周期长、样本量小。与传统的消费者洞察方法相比，大数据时代的消费者洞察是基于消费者自身在互联网中产生的庞大真实数据——不管是搜索的关键词、浏览的页面，还是观看的视频、社交媒体上的活动状态等。这种方式能节省大量调查的人力和费用，缩短信息反馈周期，大大提高洞察的准确性。

假设某大品牌想要对全国的消费者进行调查，如果采用传统的抽样调查，需要在典型城市分别采集 1 000~2 000 个样本，整个过程涉及派遣调查人员、调研后的数据录入与分析、调研报告的撰写、调研数据应用于营销的策略制订等步骤，耗费时间长、成本高，关键是这样调研无法做到访问全国人口，在这种情况下获得的数据不充足，且通常是有偏差的；而采用大数据的洞察方法，可以在短时间内收集到传统调查无法收集到的大规模数据，相对减小误差，对消费者的洞察更加准确。此外，某些小企业因为资金有限，无法像大企业那样获取大样本，更多的是凭借小样本和主观经验来制订营销策略。进入大数据时代，小企业的消费者洞察也迎来春天。

#### （二）优化效果：动态 VS 静态

传统的市场调研方法是静态的，这种静态特质不仅体现为时间上的静态，更体现为调研内容上的静态。在时间上，问卷调查是在某一具体时间节点上对消费者进行访问。在调研内容上，例如调查问卷的内容，每个问题的顺序、表达、如何作答等都是提前设计好的，这在某种程度上局限了调研的范围，而且问卷的设计水平将直接影响调研的效果。如果问卷设计得肤浅、片面，那么获得的信息对营销决策的价值很有限；如果修改问卷后重

新调研，会花费更多的人力和财力。

在互联网时代，消费者呈现新的特点，"80后""90后"的新一代消费者更强调个性，因此品牌依赖度下降，不单纯相信企业的宣传，更倾向于自己在网络上搜索评价并作出判断，他们的决策在这一秒和下一秒可能截然不同。消费者在改变，对消费者的洞察方式也需要改变。大数据能打破时间和空间的限制，使对消费者的分析实时动态更新，真正做到随时随地了解他们当下的需求。

### （三）深入洞察：全面 VS 片面

基于大数据的消费者洞察的基本特性之一就是数据获取的全面性。对用户行为轨迹进行追踪，对特定时间段的数据进行收集，传统市场调研是做不到的；而在大数据时代，消费者的各种行为都被记录下来，比如他们淘宝的收藏夹里收藏了什么、每天在网上购物的时长、购物的平均金额，等等。另外，数据的获取没有时间和地点限制，在消费者不愿意接受问卷调查时，也能获得该消费者的数据，使消费者洞察少了很多阻碍，进入一个更为全面的阶段。有全面的数据才能有全面的分析，所了解的情况才能与消费者的实际情况更加接近。

### （四）真实可信：客观 VS 主观

传统的消费者洞察更多是主观的介入，然而人是非常复杂的动物，人会思考，且富有情感。调查人员在碰到消费者提问或者问卷分析中有不理解的问题时，往往会带入自己的情感和主观推测。另外，问卷调查中很多题目是判断题或问答题，消费者在面对这样的题目时，多数情况下是经过思考才回答的，当涉及一些敏感问题时，就无法判断消费者填写的答案是真实的还是虚假的，是消费者脑海里即时冒出来的答案，还是经过一番美化后的想法。

大数据则不然，大数据是对消费者各个方面特征的客观捕捉。基于互联网的数据采集是多渠道、多元化的，例如我们可以捕捉消费者在网上购物时留下的数据，这是消费者客观、真实的购物行为，避免了传统市场调研中主观性的问题。

## 二、基于大数据的消费者洞察的用户分析具体方法

移动互联网时代的消费者相比传统媒体时代更为主动，他们不再是单纯地接收信息，而是有更多的自主权，这样的关系模式转变使得品牌不能再依靠强制来获得关注，而要以更具渗透性的方式进行传播，这势必要求更为透彻的消费者洞察。具体说来，基于大数据的消费者洞察的用户分析主要有以下五种方法。

### （一）Cookie 数据追踪行为

利用 Cookie 是大数据时代洞察消费者的一种基本方法。Cookie 是服务器暂存在用户电脑上的一笔资料，以便识别用户，它存储在用户的本地电脑上，而且经过了加密处理。Cookie 是怎样形成的呢？当用户访问某一网站，该网站的服务器会通过浏览器（如 IE、搜狗等）在其电脑上生成只能由这个网站可读的 Cookie 文件，这些 Cookie 文件会存储用户在该网站上的一些输入数据与操作记录，包括其敲入的文字、浏览行为或者一些选择，当用户下一次浏览这个网站时，网站就知道其是否访问过，以此识别用户的身份。Cookie 最基本的表现就是，保存了用户在这个网站登录时的用户名和密码，这样下次用户访问时就不

需要再重复输入，而已经是登录状态了。Cookie 就好像是用户在这个网站的一张身份证，用户在这个网站的每一次访问都会促成对 Cookie 的修改。

利用 Cookie 数据进行消费者洞察可表现为通过对可得的每一个 Cookie 进行分析，找到该用户的关注点、兴趣点。Cookie 就像是用户留下的一串串脚印，根据这些脚印的所到之处，可以知道用户的兴趣爱好，以此为基础来投放广告。但是这种方法只能做到简单的数据分析，原因是受到数据量、过期时间、数据覆盖范围等因素的限制，因此 Cookie 的准确率不高。例如，仅凭用户在网站浏览名车、房地产信息就判断这个用户可能是一位中年男性，这是不准确的，该用户也可能是一位女性。

值得一提的是，Facebook 推出的新版 Atlas 最初是一个追踪系统，如今可以在没有 Cookie 的移动世界里捕捉消费者的行为。Atlas 利用 Facebook 的永久 ID 解决了移动设备的 Cookie 难题。如果说 Cookie 是用户留在网页上的脚印的话，Facebook 的 ID 更像是一个人的指纹，更具有唯一性，无论用户到哪里，都可以通过这个指纹识别出具体的个人。因此，Atlas 也称为"基于人的营销"。

### (二)搜索数据揭示兴趣

大数据时代的另一种消费者洞察方法是基于搜索引擎巨头提供的消费者搜索行为数据的洞察。搜索引擎就像是企业和消费者之间的一个信息接口，为企业信息提供了一块展板，也满足了消费者的信息获取需求。搜索平台拥有庞大的用户行为数据，实时洞察消费者需求，集成数据，进行结构化分析，也可以进行一定程度的洞察。但是这种方法会受到特定搜索引擎的局限，只能掌握部分消费者的部分网络行为，因为仅仅基于用户的搜索行为无法知道他们的后续动作，例如：用户是否会真的购买搜索的商品？哪些用户会购买、哪些用户不会购买？是什么原因导致了这两者的区别？这些问题单靠搜索数据是无法给出答案的。

### (三)社交数据发现身份

随着移动互联网的兴起，社交媒体成为消费者日常生活中不可缺少的一部分。大多数消费者，特别是年轻人习惯了每天早晨起来看看朋友圈，睡前刷刷微博或抖音，去论坛看看有无最新活动。全球最大的传播集团 WPP 旗下的调研公司凯度发布的《2016 中国社交媒体影响报告》显示，超过一半(51%)的中国城市居民已经成为社交媒体用户。社交媒体的用户是如此广泛，使得它成为对消费者进行洞察的一座数据宝库。企业可以充分利用社交媒体来收集客户数据，从中发掘客户的年龄、性别、喜好等信息，根据分析结果来开展精准营销活动。

### (四)电商数据体现消费

如今，越来越多的中国人倾向于在网上购物，每年淘宝的"双十一"、京东的"6·18"、苏宁的"8·18"成了网购的狂欢节。正因为电商的用户如此之多，所以电商数据也成为大数据分析不可忽视的一部分。以淘宝指数为例，淘宝指数包括长周期走势、人群特性、成交排行与市场细分四个维度，分别反映淘宝上任一关键词(如商品、行业、事件等)的搜索和成交走势、不同商品的消费人群特征、基于淘宝搜索和成交的排行榜、以及不同标签的人买过什么商品的市场细分等。通过对电商大数据的分析，能够更直接地了解消费者的动态。2015 年淘宝推出的新势力周活动，就是通过对淘宝大数据的分析发现了 20 个风格的流行趋势，例如波希米亚、街头文化等，吸引了消费者的眼球。

### （五）跨屏数据打破界限

依靠"PC+移动"的数据才是大数据时代进行消费者洞察最理想的方法，这种方法囊括了 PC 端和移动端的数据，既有消费者的基本属性（如性别、年龄等），又有消费者全网浏览、搜索及购物行为的数据。以大数据公司集奥聚合为例，它依靠的是高质量非 Cookie 的数据，能通过数据挖掘技术对网民进行连续的追踪和分析，包括受众活跃时间段、全网搜索词、触媒习惯、产品与竞品受众行为等方面，在此基础上为广告主提供全方位洞察数据。相对于前面提到的几种方法，这种方法能构建消费者行为模型，即对从消费者知晓商品、查询信息、比较商品到购买的整个过程进行分析，实现消费者行为的还原，完成消费者清晰的画像。

### 三、基于大数据的消费者洞察流程

基于大数据的消费者洞察的流程大致分为四个步骤，如图 4-4 所示：第一步，收集整理消费者数据；第二步，利用标签绘制消费者画像；第三步，针对消费者特征制订营销策略；第四步，获得反馈，改进营销策略。

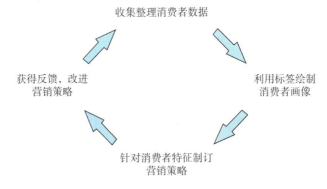

图 4-4 基于大数据的消费者洞察流程

### （一）收集整理消费者数据

从大数据中提取有价值的数据，剔除冗杂无关的数据，建立消费者数据库。数据收集后，要确定相应的筛选标准、筛选范围、筛选具体对象等，据此对有效信息和无效信息进行鉴别。确定消费者数据中哪些对企业而言是有用的、哪些是没用的。一般来说，消费者数据的筛选需要经过初步筛选、入围筛选和精选三个阶段。

建立一个有效且完善的消费者数据库是大数据营销成功的基础。消费者数据库就像是企业的一个营销宝库。对数据的分析，能帮助企业锁定目标消费者，洞察消费者的需求与偏好，从而更高效地将企业产品信息传递给消费者，为消费者提供更优质贴心的售前、售中和售后服务。

### （二）利用标签绘制消费者画像

在建立消费者数据库的基础上，利用数据挖掘技术依据消费者各自的特征对消费者进行归类，贴上相应的标签，然后基于这些标签采用不同的、定制化的活动，进行定向的精准营销。通过利用大量的标签，大数据时代的消费者洞察能够把消费者细分到非常小的人群甚至个体，比传统营销环境下的简单归类更加符合个性化原则。

然后可以分析每一类消费者的喜好，从衣食住行到社交娱乐，绘制该类消费者的画像。

以数据库中标签为"白领"的人群为例，我们可以描绘出这样一副消费者画像：喜欢高品质的生活，爱好旅游、逛街、摄影等；穿着有品位，追求细节，生活小资有格调；消费水平中等偏上。假设某轻奢女包品牌想要进行推广营销，那么数据库中标签为"白领"的女性人群便是该女包品牌的目标推广人群。

消费者画像分析是企业营销的基础。国内一家时尚传媒集团在做电子商城时，对用户的定位是高端时尚消费者，商品售价普遍在 1 000 元以上。商城上线运营半年后，发现转化率一直不高。对用户画像分析后发现，这些用户虽然是该传媒集团的时尚资讯的粉丝，但实际购买力大多在 300 元左右，并不会购买其电子商城中的正品，而是去其他网站买仿品。可见，消费者画像是洞察的关键，是企业营销的基础。值得注意的是，每个消费者并不是只有单一的标签，可以同时有多个标签。标签越多，对该消费者的了解便越透彻，进而达到一种"比消费者更了解自己"的境界。

### （三）针对消费者特征制订营销策略

找到目标消费者并制订个性化的营销策略。在最合适的时间和地点，用最合适的方式为其提供差异化的产品和服务。最后通过对营销活动的评价和反馈，进一步了解消费者需求。还是以前面提到的轻奢女包品牌为例。假设通过第二步的数据挖掘，已经选出三类消费者作为该品牌的目标消费者，标签分别为"白富美""高富帅""大城市轻熟女"，其中，"白富美"是该女包品牌的核心目标人群。在绘制了这三类人群的消费者画像之后，分别针对这三类人群进行品牌定位、产品包装、广告口号等一整套市场营销策划。假设要对核心目标群体"白富美"进行营销，那么首先应选择推广的商品，这些商品可能是该女包品牌中的高端产品；然后进行文案的策划，选择最能打动"白富美"这一群体的文案。最后，确定针对这一群体的推广时间和营销渠道等策略。

### （四）获得反馈，改进营销策略

在营销活动的执行过程中，通常会根据反馈信息进一步完善消费者洞察及营销方案。因此，获得用户反馈是改进营销策略的重要途径之一。可以通过以下方式获得用户反馈。

（1）用户调查。通过在平台上发布用户调查问卷、电话或邮件调查等方式，收集用户对购物体验、服务质量、商品质量等方面的反馈和建议。

（2）用户评分。在平台上设置用户评分系统，让用户对购物体验、服务质量、商品质量等方面进行评分，根据评分结果了解用户的满意度和需要改进的方面。

（3）社交媒体互动。在社交媒体平台上建立品牌账号，与用户进行互动和交流，关注用户的评论和反馈，及时回复和解决问题，改进营销策略。

（4）客户服务中心。建立客户服务中心，接受用户的咨询、投诉和建议，通过处理用户问题，发现和改进营销策略中的不足和问题。

（5）数据分析和监控。通过对用户行为数据的分析和监控，了解用户的购物偏好、需求和购物路径，发现用户的痛点和需求，优化商品推荐、促销策略等营销策略。

（6）合作与调研。与第三方研究机构、行业协会等合作，开展用户调研和行业研究，获取更广泛的市场信息和用户需求，为改进营销策略提供更准确的参考和依据。

通过以上方式获得用户反馈后，可以采取以下措施改进营销策略。

（1）优化商品定位。根据用户反馈和数据分析结果，调整商品定位和目标消费群体，使商品更加符合用户需求和市场趋势。

（2）改进商品品质。针对用户对商品质量、功能等方面的反馈，提升商品设计和制造的品质，让用户获得更好的体验，提高用户满意度。

（3）增加用户互动。通过社交媒体、线上社区等渠道增加与用户的互动，提高用户参与度和忠诚度，维护用户与品牌之间的良好关系。

（4）个性化推荐优化。根据用户反馈和数据分析结果，优化个性化推荐算法，提高推荐准确度和用户满意度。

（5）调整营销策略。根据用户反馈和数据分析结果，调整营销策略，包括促销活动、广告投放、优惠券发放等方面，提高营销效果和转化率。

（6）完善售后服务。针对用户反馈的问题，完善售后服务流程和质量，提高用户满意度和忠诚度。

（7）持续关注和迭代。持续关注用户反馈和数据分析结果，不断优化和迭代营销策略，提高品牌竞争力和市场占有率。

总之，获得用户反馈是改进营销策略的重要途径之一，通过不断关注用户反馈和数据分析结果，不断优化和迭代营销策略，可以更好地满足用户需求，提高品牌竞争力和市场占有率。

### （五）大数据的消费者洞察流程案例

我国电动牙刷市场处于萌芽期，但潜在市场很大，目前主要被飞利浦、欧乐 B 和松下三家占据。欧乐 B 隶属宝洁，近年来在电动牙刷领域发展较快。

欧乐 B 虽处于行业领军地位，但高端产品的市场开发程度却很低。为了推广其高端新品——全球首款蓝牙智能电动牙刷 iBrush，一款应用了智能人机互动、私人刷牙大数据和智能感应等技术且单价不菲的高科技产品，欧乐 B 拍摄了一部电视商业广告，但面临以下挑战：品牌对于什么样的消费者才是目标受众没有充分的把握；品牌在哪里投放电视商业广告能使目标受众浓度最大化、广告的精准限度最大化。

于是欧乐 B 找到了腾讯公司，希望借助腾讯的大数据平台及投放系统实现准确的目标受众人群洞察，精准地向目标受众投放广告，提升新品的品牌力。

腾讯是目前中国最大的互联网综合服务提供商之一，也是中国服务用户最多的互联网企业之一。腾讯全平台大数据包含海量的用户群聚数据管理平台（Data Management Platform，DMP）标签，通过点击人群背后多维的群聚标签可以帮助欧乐 B 进行目标受众人群洞察。在广告投放过程中对点击人群标签的分析还能帮助欧乐 B 纠正对目标受众的认知，逐步调整目标受众画像，精准找到目标受众。

欧乐 B 项目的解决方案执行过程如下。

第一阶段：依靠腾讯全平台的群聚 DMP 标签，从基础属性、个人兴趣、人群浓度和广告兴趣等多维标签入手，理性翻译客户对目标受众的感性描述，作为初期种子用户画像进行试投放。

第二阶段：在投放初期反复分析广告点击人群的数据，不断验证和修正品牌的目标受众的定义，实现精准人群洞察。

第三阶段：将投放初期经过反复验证、修正的目标受众画像作为种子人群画像，运用相似人群扩展（Lookalike）技术进行人群扩散，在腾讯全平台深度挖掘目标受众。

第四阶段：在投放的整个过程中，有规划地阶段性地分析广告点击人群的数据，不断对目标受众画像进行微调纠正，实时优化投放标签与逻辑，提升精准度。

通过以上解决方案，腾讯帮助欧乐B实现了深入精准的人群洞察，提供的人群洞察报告符合客户预期。广告投放三个月之后实现了在目标受众人群中的品牌力大爆发。

第三方（尼尔森）的调研数据显示，经过2015年4—6月的广告投放，iBrush的品牌力提升情况如下：认知度提升198.3%；喜好度提升111.6%；参与度提升320.7%；推荐度提升182.2%；预购度高达67.4%。

经过此次营销宣传，在消费者对高端电动牙刷缺乏认知的情况下，iBrush抢占先机，在目标人群中建立了认知，引起了他们的兴趣和购买欲。

讨论：腾讯如何帮助欧乐B找到iBrush的种子用户的？

# 第三节 大数据消费者洞察下的客户管理

## 一、大数据在客户管理中的作用

现代企业的一个重要特征就是以客户为导向。近年来，随着信息技术的快速发展，企业可以通过各种各样的方式获得大量的客户信息，传统的营销模式受到严重的挑战，企业需要借助先进的管理思想充分了解和掌握客户信息，挖掘潜在的市场机会，从而提高客户满意度与客户忠诚度。

客户关系管理是企业利用信息技术，通过对客户的跟踪、管理和服务，留住老客户、吸引新客户的手段和方法。在竞争日趋激烈的现代社会，企业仅仅靠提高产品品质来留住客户已经远远不够了，在这样的环境下，提高企业的市场竞争力最主要的一点是要为客户提供符合客户需求的优质服务。由于企业客户的需求存在多样性，就需要企业针对不同的客户提供个性化服务。

企业可以把海量的数据（客户信息）通过数据技术进行收集、整理，从而形成数据集或数据群。然后，利用数据挖掘分析技术使这些数据集/群产生巨大的商业价值。与大数据相关的技术知识包括数据库和数据仓库、数据挖掘、客户机/服务器体系、知识发现、图形用户界面、决策支持、互联网和电子商务技术、面向对象技术、呼叫中心等，这些技术使很多理想中的客户关系管理功能得以实现，使企业的客户关系管理进入真正的智能化时代。

对客户关系管理而言，大数据的作用有以下三点。

### （一）增强客户黏性

飞速发展的信息技术使信息透明度越来越高，客户对产品信息的获取也越发容易，客户对产品及服务的满意度水平也处于实时的变化当中。在这样的情况下，企业若想要全方位地满足客户需求，提高客户黏性，关键的任务就是要了解客户的消费习惯及偏好，从而改善产品并向客户提供个性化服务，而客户的消费习惯及偏好信息就在企业与客户的日常互动中，企业可以从海量的互动数据中提取有价值的信息并进行大数据分析，这对企业准确地认识客户大有裨益。

### (二)挖掘潜在客户

大数据分析不仅可以帮助企业分析现有客户，还能为新客户的开发提供支持。随着信息技术的高速发展，信息已经从过去的单向流动发展为双向互动。企业不仅可以利用大数据技术把产品及其相关信息推送给客户，还可以从与客户的互动中获取客户的反馈数据。这些反馈数据，不仅可以帮助企业精准地定位目标市场及目标群体，还可以帮助企业发现新的业务增长点及新客户。

### (三)建立客户分类

客户分类是基于客户的属性特征所进行的有效性识别与差异化区分。例如，企业可以根据客户的性别、收入和交易行为特征等属性，针对客户不同需求和交易习惯进行细分，将具有相似属性的客户划分在同一个类里。对客户进行分类后，针对有价值的客户群体，企业可以开展更具针对性的促销活动，提供个性化服务，从而使企业获得更大的投资回报。

在客户分类中，企业可以利用大数据技术对现有的客户进行聚类分析。例如，按照客户的不同价值分类标识客户(普通客户、最具增长型客户、高价值客户、负价值客户)，在描述客户特征时可使用决策树算法来建立分类模型，独立的客户细分群可视为决策树的一个节点。

## 二、客户管理中数据的分类、收集及清洗

据毕马威中国大数据团队报告，要完成一个数据方面的项目，数据前期准备往往要占据70%甚至更多的工作量。

### (一)客户管理中的数据分类

在客户管理系统中，客户数据可以分为描述性数据、促销性数据和交易性数据三大类。

#### 1. 描述性数据

描述性数据是客户的基本信息。如果是个人客户，描述性数据包含了客户的姓名、年龄、地域分布、婚姻状况、学历、所在行业、职业角色、职位层级、收入水平、住房情况、购车情况等；如果是企业客户，则包含了企业的名称、规模、联系人和法人代表等。描述性数据的特点是稳定性较强，不会轻易改变或改变比较缓慢。

#### 2. 促销性数据

促销性数据是体现企业曾经为客户提供的产品和服务的历史数据，主要包括用户产品使用情况调查的数据、促销活动记录数据、客服人员的建议数据和广告数据等。在大数据环境下，数据可以更加细化，客户可以被记录的促销性数据还包括媒体接触行为、页面停留时间、社交行为以及这些行为的频次等。促销性数据的特点是易于获取和跟踪，易于识别和分析。

### 3. 交易性数据

交易性数据是反映客户对企业作出的回馈的数据，包括历史购买记录数据、投诉数据、请求提供咨询及其他服务的相关数据、客户建议数据等。交易性数据的特点是变化快，会随时间迅速变化，但此类数据能直接反映企业对该客户的经营情况。

### （二）客户管理中的数据收集

企业在客户管理过程中需要收集客户数据，特别是那些需要针对客户开展个性化营销且预算充足的企业，更应该考虑通过自己建立客户数据库的方式收集客户数据。不过，虽然对企业而言，尽可能多地掌握客户数据是有效进行客户管理的基础，但企业收集、清洗、储存数据需要付出大量的人力、物力、财力，所以，企业需要有选择地根据客户的特点来收集客户数据。

此外，企业面临的客户包括个人客户和企业客户等不同类型，这些不同的客户有各自不同的要求和特点。因此，对企业而言，在收集数据的时候，有必要根据客户的特点来确定数据收集的侧重点，如表 4-1 所示。

表 4-1　针对不同的客户类型所需收集的不同数据

| 客户类型 | 企业需收集的数据 | |
| --- | --- | --- |
| | 一级数据 | 细分数据 |
| 个人客户 | 自身数据 | 姓名、性别、年龄、性格、电话、传真、住址等 |
| | 家庭数据 | 婚姻状况；结婚纪念日；配偶姓名、生日；是否有子女；如有，子女姓名、年龄、生日、教育状况、子女是否与父母同住等 |
| | 事业相关数据 | 就业情况、单位、工作地点、职务、任职时间、收入、个人从业经历等 |
| | 心理与态度相关数据 | 购物动机、个性、生活方式、品牌信念与品牌态度 |
| | 行为数据 | 购买频率、购买种类、购买金额、购买途径 |
| 企业客户 | 基本数据 | 名称、地址、电话、创立时间、所在行业、规模、经营理念、销售或服务区域、声誉 |
| | 业务状况相关数据 | 销售能力、销售业绩、发展潜力、企业优势、企业存在的问题 |
| | 交易相关数据 | 交易条件、信用等级、本企业与该客户的紧密程度 |

根据数据收集平台的归属和数据源的归属，企业在客户管理中收集的数据主要源于三个方面。

### 1. 第一方数据

第一方数据即企业自有数据，包括通过销售系统、会员系统、客户服务系统等直接采集的客户信息。例如，在订单系统中的历史交易数据，通过营销活动收集的客户描述性数据，企业电话中心收到的客户咨询及投诉等信息数据，企业通过网站分析技术收集的访问企业主页和移动端应用的行为数据等。

第一方数据记录着企业与客户接触的点点滴滴，由于数据是自主收集的，所以数据的质量毋庸置疑。但仅凭企业单方面的收集能力，其数据的规模必然受到限制，并集中在既定的消费群体中，理论上更适用于客户服务与客户忠诚计划，而不适用于新客户发掘。

### 2. 第二方数据

第二方数据主要来自企业在外部平台上收集的所需数据，包括企业从其下游企业、广告代理商、合作媒体平台等收集的数据，例如，企业会使用谷歌、腾讯等媒体的数据，或媒体投放平台提供的广告曝光、点击量数据等。几乎所有媒体都会为广告主提供数据服务，从谷歌、BAT(百度、阿里巴巴、腾讯)这样的媒介巨头，到各大视频网站、门户网站、垂直媒体、智能设备供应商，都自有一套数据营销与应用体系。它们所提供的数据可以帮助企业了解客户的媒体偏好、内容偏好，甚至地理位置和生活习惯等，方便企业直接应用。

第二方数据由于数据采集源并不属于企业，所以企业能收集到的数据完全取决于这些外部平台的开放程度，一旦外部平台停止提供数据，或提出一个企业无法接受的条件，企业之前基于第二方数据建设的数据设置和数据内容就会失去作用，造成企业损失。

### 3. 第三方数据

第三方数据指的是由独立的数据供应商提供的数据。这些数据类型丰富、体量庞大、来源与维度极其丰富，能够帮助企业形成对市场及用户的全面认识。但由于第三方数据直接面向市场公开出售，所以数据的稀缺性较低，也就是说企业看到的数据，竞争对手也能看到，双方将很难在数据战略上拉开距离。同时，专业的第三方数据机构数量众多，如何证明第三方数据的客观真实性，也是困扰企业的一大问题。需要强调一点，在中国，B2C(Business to Customer)领域的数据，即个人数据的买卖属于非法行为。

## 三、客户管理中的数据清理

从不同数据源收集的客户数据由于各种原因，会存在一些质量问题。例如，客户在调研问卷上填写假的姓名和联系方式；企业销售人员为了不让自己的公司了解真实的客户信息而在 CRM 系统中录入虚假的客户信息；营销商为了完成指标编造假数据，在客户信息录入时出现数据录入错误等。以上这些都是造成数据虚假的原因。在将这些数据录入数据系统前，数据分析人员需要对它们及时鉴别并进行清理，防止错误数据被营销部门使用。

首先，数据分析人员需要凭借经验对搜集的客户数据质量进行评估，如长度只有 10 位的手机号码、不带@字符的电子邮箱地址，都是错误数据，需要清理。

其次，通过相关字段的对比了解数据真实度。例如，拿一张"全国城市名—邮编—电话区号—手机号段归属城市"的对照表，判断客户填写的数据是否有冲突，虽然可能存在一个客户在多个城市办公的情况，但如果这个比例超过 1% 就是不可接受的了。又如，利用"中文—拼音"的对照工具，将客户的名字换成拼音字母，查看电子邮箱是否含这些拼音，如果匹配率不到 20%，那就需要人工识别了，如果看到大量姓名是"张三"，但邮件地址是"lisi@ sina. com"的数据，就需要找到数据源探查具体原因了。

通过一些工具对数据进行清理，清除数据中的空格、非法字符等。当数据量很大的时候，这个步骤需要借助 ETL 工具来完成。

最后，通过测试工具对已经确认格式和逻辑正确的数据进行测试。例如，验证电话号码用的是"信令"技术，即批量对电话号码进行预呼，根据拨打时运营商系统的回复，如"您拨打的用户忙""您拨打的电话号码是空号"正常接通的"嘟嘟"声等，将各种情况进行罗列，了解电话号码的正确程度。

数据质量清理的大致逻辑如上所述，但手法远不止这些，经过数据质量清理，录入CRM 系统的数据基本可以保证是正确的。

## 四、大数据在客户管理中的功能

客户管理是企业从以产品为中心的模式向以客户为中心的模式转变的必然结果。客户管理的目标是一方面通过提供更快捷、更周到的优质服务吸引和保持更多的客户，另一方面通过对业务流程的全面管理降低企业的成本。它既是一种概念，也是一套管理软件和技术，而客户管理实施的效果与客户信息数据库的质量息息相关。如今客户管理结合大数据技术，既充分发挥了大数据的商业价值，又使企业了解了客户的需求，开拓了业务，一改传统的经营模式，创新盈利方法，在经济整体下滑的背景下，使企业依然能够获得利润。

### （一）预测客户购买行为——趋势分析

寻找预测性信息，以往需要进行大量人工分析的问题如今可以迅速直接由数据本身得出结论。其中，一个非常典型的方法是利用大数据进行市场预测，换言之，就是利用过去有关促销的数据寻找未来投资回报最大的客户。而预测客户购买行为是一种重要的市场预测和营销策略制订手段，可以通过趋势分析来实现。以下是六种用于预测客户购买行为的趋势分析方法。

#### 1. 数据分析

通过分析历史销售数据、用户行为数据和人口统计数据，商家可以发现客户购买行为的趋势和模式。例如，可以通过分析购买量、购买频率、购买时间、购买品类等数据，来预测顾客未来的购买行为。

#### 2. 市场调研

通过市场调研和用户调查，商家可以了解消费者的需求、偏好、购买意愿等信息，进而预测未来的购买行为。例如，可以通过调查消费者的购买意愿、购买原因等信息，来预测顾客未来的购买行为。

#### 3. 行业分析

通过了解行业的趋势和发展方向，商家可以预测客户购买行为的趋势。例如，可以通过分析行业的发展速度、市场规模、竞争格局等信息，来预测顾客未来的购买行为。

#### 4. 社交媒体分析

通过分析社交媒体上的用户评论、分享、话题等数据，商家可以了解消费者的关注点、意见反馈和购买意愿，进而预测未来的购买行为。例如，可以通过分析社交媒体上的分享和评论，来了解消费者的购买意愿和需求。

#### 5. 个性化推荐

通过个性化推荐算法，商家可以根据用户的购买历史、兴趣爱好等信息，推荐相关商品或服务，进而预测用户的购买行为。例如，可以通过推荐系统向用户推荐相关商品或服务，刺激用户的购买欲望和行为。

### 6. 组合模型

通过将多种分析方法和模型组合起来，商家可以提高预测的准确性和可靠性。例如，可以将数据分析、市场调研和社交媒体分析等多种方法结合起来，构建一个综合性的预测模型。

比如，美国第二大零售商 Target 曾经通过识别怀孕的顾客和预测预产期帮助客户形成特定的购物习惯。曾经有研究表明，通过产品展示、促销和优惠券等传统的市场推广手段很难改变消费者的购物习惯，如客户对零售店的选择和日用品的购买。但是，搬家、结婚或离婚等生活中重大事件的发生往往是改变购物习惯的时机。新生儿的降临也可能会促使新任爸爸妈妈形成另一种购物习惯并维持多年，所以很多商家都希望识别出怀孕的顾客以提高销售收入。由于新生儿的记录通常是公开的，所以提前预测产妇的预产期就成为企业把握商机的关键。

Target 的目标是抢在其他竞争者之前联系怀孕的顾客，培养这些顾客在 Target 购物的习惯。Target 第一份特别设计的广告一般会在新生儿出生前 4~6 个月发送，因为这是准妈妈们开始考虑购买孕妇维生素和孕妇装的时候。这时，Target 会为迎婴聚会（亲朋好友送礼物为准妈妈和新妈妈庆祝）提供登记服务，让孕妇列出所需用品的清单。获得清单之后，Target 的数据分析员会从这些清单上的数据中发现一些有意义的规律。例如，孕妇在新生儿出生前 6 个月左右开始购买大包装的无香味体乳，5 个月左右开始补充钙、锌、镁等保健品，临近预产期时大量购买无香味的肥皂和超大包装的卫生棉球。

通过对这些海量客户数据的分析，Target 的数据分析员可以建立预测模型。他们根据从数据中挖掘出的 25 种指示怀孕的商品，设计出了"怀孕预测"指数。应用模型根据女性顾客的购物记录来计算这个指数，以此识别已经怀孕的客户。借此模型，Target 还可以比较准确地估计预产期，由此可以在已锁定的客户孕产期的不同阶段适时发放特定的购物优惠券，从而扩大客户群，提高销售额。

以上用于预测客户购买行为的分析方法，可以根据实际情况选择合适的方法进行预测和分析。在实际应用中，还需要注意数据的准确性和可靠性、模型的解释性和可推广性等问题，以及遵守相关法律法规和隐私保护等方面的要求。

## （二）客户群体划分——聚类

聚类指的是数据库中的记录可被划分为一系列有意义的子集。聚类增强了人们对客观现实的认识，是概念描述和偏差分析的先决条件。聚类技术主要包括传统的模式识别方法和数学分类学。20 世纪 80 年代初，米歇尔斯基提出了概念聚类技术，其要点是在划分对象时不仅考虑对象之间的距离，还要求划分出的类具有某种内涵描述，从而避免了传统技术的片面性。

激烈的市场竞争迫使企业必须划分客户群体，并按照划分群体选取细分市场进行定位，从而更好地满足客户需求和提高客户满意度，最终取得更多的市场份额。可采用 K-means（K 均值算法）法进行聚类分析，数据分析员从业务系统选取足量的客户数据，经过一系列处理之后，可以得到基于客户价值行为的客户细分结果。

### 1. 顾客细分

客户细分是指根据客户属性划分的客户集合。它既是客户关系管理的重要理论组成部

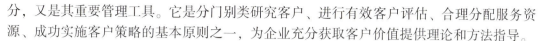

分，又是其重要管理工具。它是分门别类研究客户、进行有效客户评估、合理分配服务资源、成功实施客户策略的基本原则之一，为企业充分获取客户价值提供理论和方法指导。

顾客细分理论原理是：每类产品的顾客群不是一个群体，根据顾客群的文化观念、消费收入、消费习俗、生活方式的不同细分新的类别，企业根据消费者的不同制订品牌推广战略和营销策略，将资源针对目标顾客集中使用。

客户细分是20世纪50年代中期由美国学者温德尔·史密斯提出的，其理论依据主要有两点。

（1）顾客需求的异质性。并不是所有顾客的需求都相同，只要存在两个以上的顾客，需求就会不同。由于顾客需求、欲望及购买行为是多元的，所以顾客需求满足呈现差异。

（2）企业有限的资源和有效的市场竞争。任何一家企业不能单凭自己的人力、财力和物力来满足整个市场的所有需求，这不仅缘于企业自身条件的限制，而且从经济效应方面来看也是不足取的。因此，企业应该分辨出它能有效为之服务的最具有吸引力的细分市场，集中企业资源，制订科学的竞争策略，以取得和增强竞争优势。

**2. 客户细分包括的内容**

确定应该收集的数据，以及收集这些数据的方法，将通常保存在分立信息系统中的数据整合在一起开发统计算法或模型，分析数据，将分析结果作为对客户细分的基础。建立协作关系，使营销和客户服务部门与IT经理合作，保证所有人都能明确细分的目的，以及完成细分的技术要求和限制，实施强力的网络基础设施，以汇聚、保存、处理和分发数据分析结果。虽然高级数据库、营销自动化工具和细分模型对客户细分工作很重要，但各公司必须拥有自己精通客户细分的人才，这样才能准确分析模型，最终制订出有效的营销和服务战略。

如果企业要最大化地实现可持续发展和长期利润，就要只关注正确的顾客群体，因为企业要获得每一位顾客，先前都要付出一定的投入，这种投入只有在赢得顾客的忠诚后才能得到补偿。因此，要通过价值营销以获得品牌忠诚重要的一步就是对客户进行细分，找到哪些顾客是能使企业盈利的、哪些顾客不能，并锁定那些高价值顾客。只有这样，企业才能保证在培育顾客忠诚的过程中所投入的资源能得到回报，企业的长期利润和持续发展才能得到保证。

**3. 顾客细分的方法**

（1）根据人口特征和购买历史细分。在消费者研究中，一般通过人口特征和购买历史的调研可以找到顾客忠诚的蛛丝马迹。一般而言，通过别人推荐而购买的顾客比因广告影响而购买的人要更忠诚，以标准价格购买的顾客比以促销价格购买的人更忠诚，有家的人、中年人和农村人更忠诚，而高流动人口忠诚度较低。找到了目标消费群就可以知道企业要把价值给谁及到底要给什么价值。例如，美国USAA保险公司的顾客保留率达98%，因为该公司有一个稳定的顾客群——军官。虽然军官保险的利润不是很高，但公司满足了这一群体的特定需求，使得顾客保留率很高，维持的成本很低，公司的利润也就很可观。

（2）根据顾客对企业的价值细分。根据顾客对企业的价值来细分顾客。衡量顾客对企业的价值可以有很多方法，计算顾客的终身价值是一个切实可行的方法。所谓顾客终身价值是指顾客作为企业顾客的周期内为企业利润所做的贡献的总和。影响顾客终身价值的最重要因素是计算周期和贴现率。一般而言，在贴现率不变的情况下，顾客成为企业顾客的周期越长，纳入计算的顾客价值就越高，顾客的终身价值就越大；计算周期一定的情况下，贴现率越高，未来的收益价值越低，则顾客终身价值就越小。

顾客终身价值的计算比较复杂，需要获得以下信息。

①顾客作为某品牌顾客的时间周期；

②企业的贴现率；

③每个时间周期内顾客购买某种品牌的频数；

④顾客购买该品牌产品的平均贡献；

⑤顾客购买该品牌的概率；

⑥其他信息。

随着数据库技术的发展，尤其是数据挖掘和数据仓储技术的发展，顾客价值评估成为可能。相较而言，金融服务部门、电信服务部门根据顾客价值进行市场细分的可能性更大。顾客细分可以根据三个方面来考虑。

(1)外在属性。外在属性如客户的地域分布、客户拥有的产品、客户的组织归属(是企业用户、个人用户还是政府用户)等。通常，这种分层最简单、直观，数据也很容易得到。但这种分类比较粗放，不知道在每一个客户层面，谁是"好"客户，谁是"差"客户。只是知道某一类客户(如大企业客户)较之另一类客户(如政府客户)可能消费能力更强。

(2)内在属性。内在属性为客户的内在因素所决定的属性，比如性别、年龄、信仰、爱好、收入、家庭成员数、信用度、性格、价值取向等。

(3)消费行为分类。不少行业对消费行为的分析主要从三个方面考虑，即所谓的 RFM (最近一次消费、消费频率与消费金额)。这些指标都需要在账务系统中得到，但并不是每个行业都适用。例如，在通信行业，对客户分类主要依据话费量、使用行为特征、付款记录、信用记录、维护行为、注册行为等。

按照消费行为来分类通常只适用于现有客户，对于潜在客户，由于消费行为还没有开始，当然分层无从谈起。即使对现有客户，消费行为分类也只能满足企业客户分层的特定目的，如奖励贡献多的客户。至于找出客户中的特点为市场营销活动找到确定对策，则要做更多的数据分析工作。

### 4. 顾客分类

企业根据潜在的忠诚顾客和顾客的终身价值可把顾客分为4类。

(1)白金顾客("顶尖"客户)，即与本企业有业务往来的前1%的顾客；

(2)黄金顾客("大"客户)，即与本企业有业务往来的随后4%的顾客；

(3)铁顾客("中等"客户)，即与本企业有业务往来的再随后15%的顾客；

(4)铅顾客("小"客户)，即剩下的80%的顾客。

### 5. 客户细分实践经验

(1)每个客户只能归入一个类别。否则，客户可能因此陷入多种相互矛盾的产品信息而无所适从。

(2)不要有渠道差异。客户从不同渠道获得的产品信息都应该是相同的。每个直接接触客户的员工都能够随时知道产品推荐信息并传递给客户。

(3)向直接接触客户的员工提供有针对性的、可执行的对策。不要把仍需解释的信息提供给他们，应准确地告诉他们对客户来说哪种产品是最适合的。

（4）在客户细分之初，应给销售人员提供最佳名单，确保高成功率。不断抓住机会扩大消费者名单，并给出每个消费者的"购买可能性"评分，以帮助销售人员了解客户可能接受的程度。

（5）每一细分类别由一位高级经理负责盈亏平衡。这样做的目的是确保细分战略的最大收益。

（6）由高级管理人员负责推动客户细分。若公司仅仅在一个产品线推行细分，公司就有可能忽略部分客户的感受；若由总公司而不是某一部门负责，客户细分就有可能不太受预算的制约。

（7）从小处着手，再不断扩大。开始把客户粗略地分成几个大类，然后逐渐进行更细致、更准确的划分。

### （三）客户背景分析——概念描述

概念描述就是使用大数据对某类对象的内涵进行描述，并概括这类对象的有关特征。概念描述可分为特征性描述和区别性描述，前者描述某类对象的共同特征，后者描述同类对象之间的区别。概念描述不但可用来对客户数据集进行描述，进行特征化，还可以进行比较，如买商品 A 的客户群可以和买商品 B 的客户群进行比较。这样营销时就可以根据不同的主题在不同层次进行挖掘，从总体上把握，加快对客户群的理解。

随着大数据时代的到来，"用户画像"这个新兴词语进入了大众视野。用户画像，即用户信息标签化，就是通过收集与分析消费者的社会属性、生活习惯、消费行为等主要信息的数据之后，使用概念描述方法，抽象出一个用户的商业全貌。通俗地讲，就是利用用户个人的消费习惯或行为习惯等数据，为用户打上标签。

企业可以根据客户的画像属性，有针对性地进行营销。例如，A 企业是健身器材店家，而 B 客户的画像是一个健身达人，那么 A 企业便可向 B 客户发送一些折扣商品的链接，吸引其购买。另外，企业还可根据客户画像了解客户的年龄、爱好等信息，判断产品定位是否准确、功能设计是否完善等。例如，C 企业打算出品一款大学校园社交 APP，但收集到的客户画像中，高中生占 80%。由此可以看出，此情况与产品定位不符。这就需要产品经理找出真正的原因，并决定是否需要修改某些功能或重新定义产品客户群体。

### （四）客户流失分析——偏差检测

大数据中常有一些异常记录，从数据库中检测出这些异常记录，即偏差很有意义。根据偏差可发现很多潜在的问题，如分类中的反常实例、不满足规则的特例、观测结果与模型预测值的偏差、量值随时间的变化等。偏差检测的基本方法是寻找观测结果与参照值之间有意义的差别。比如，传统的客户流失分析一般是通过销售员对客户交易进行检测来实现的，对销售员的依赖性很大，为了提高流失客户的判别效率，企业可先根据一般分类客户的正常交易数据进行初步判断，再针对那些被认定为有流失倾向的客户进行深入分析。

## 五、客户管理中常见的数据分析模型

### （一）客户分层定义

客户分层（Custom Segmentation）是指根据客户属性划分的客户集合，它是客户关系管理理论的重要组成部分，该理念最早来源于 1959 年温德尔·史密斯的一篇关于市场细分的文章 *The Role of Planning in Marketing*。1897 年，意大利经济学家帕累托发现，在任何事物中，最重要的、起决定性作用的只占其中一小部分，约 20%；其余 80% 的尽管是多数，却是次要的、非决定性，因此又称二八法则。以此为基础，客户分层模型通常将 20% 左右的客户分为战略客户，剩下 80% 左右的客户分为重点和一般客户。1994 年，阿瑟·休斯首次提出基于最近消费行为 R（Recency）、消费频率 F（Frenquency）和开销 M（Monetry）三个指标的 RFM 客户价值分析模型。在个人客户分层方面，RFM 模型是目前应用广泛且非常重要的客户价值细分方法。沃特·巴金克斯等人于 2005 年在 61 种客户分类变量中进一步发现了 RFM 是众多变量中最常用、最实用的预测变量。

### （二）客户分层方法

#### 1. 分层实施的核心

（1）找到分层的模型之后，处于不同层级的用户，需要能够通过数据字段或标签等方式识别出来。

（2）面向每一类用户的运营机制或策略是明确稳定的。

#### 2. 客户分层的维度

（1）业务主链条标准化程度是高还是低。例如，手机里的闹钟，定了闹钟之后，响了就取消掉，闹钟的过程简单但标准化程度非常高。又如，阅读类的 APP，其用户所在的地区、年龄及身份不同，则需求也会不同，它是一个非标的产品，所以有时它的业务链条长且复杂。

（2）用户在产品中互相影响的可能性是高还是低。用户是会在一些产品当中发生关系的，而有些产品则不会，有时候对于同一类型的产品，用户之间的影响也可能不同。例如，像理财类的产品，用户之间的影响非常低，但是像抖音、知乎这样的产品，用户之间的关系程度就高。

①用户个性化特质与需求区隔分层。这一类的分层方式比较适合用在业务主链条标准化程度低、业务主链条比较多样、业务比较复杂的产品当中。需求区隔维度如图 4-5 所示。

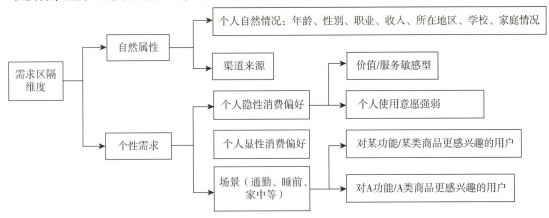

图 4-5　需求区隔维度

由图 4-5 可知，自然属性里进行区隔依靠的是用户的基础数据，个性化需求里面的显性和隐性消费偏好要依赖的是用户的行为数据。场景则是依赖于时间、地理位置进行区分的。

进行个性化区隔分层的依据是：用户是否会因为上面所陈列的这些行为和属性的不同，导致其需求、使用动机、使用偏好等出现较大差异。

进行用户个性化区隔分层时的两种选择：第一种，选择一个维度对用户进行划分，分别给予定向解决文案。例如，有的产品，根据用户所处的不同阶段，如"我在备孕""我怀孕了""我是辣妈"等进行相关信息的区分和推送。第二种，选择两个有相关性的维度，通过交叉区隔对用户进行划分，再分别给予定向解决方案。例如，某基金理财类的产品，通过两个维度来对用户进行划分。

②用户身份区隔分层。此类分层方式比较适用于用户在产品中互相影响的可能性高的产品当中。一款产品当中，如果用户之间是可见、可被影响的，则赋予用户身份的特质（加 V、勋章等）才会有意义。用户身份区隔分层通常用金字塔模型，用户金字塔模型是按照用户的价值贡献度大小或用户影响力的稀缺程度由下到上搭建一个金字塔模型，如图4-6 所示。再赋予每一类用户对应的角色和权益，搭建一个良性关系。

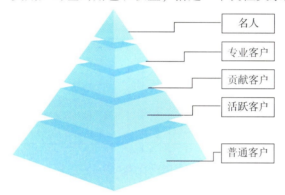

图 4-6 用户金字塔模型

用户金字塔模型建立的业务逻辑如图4-7 所示。

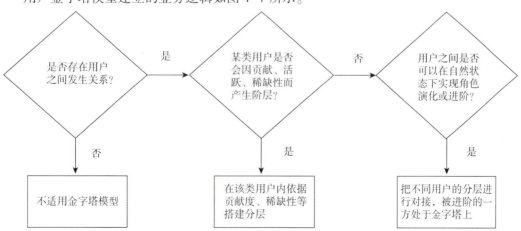

图 4-7 用户金字塔模型建立的业务逻辑

③用户价值区隔分层。通过判断用户的价值高中低，来对用户完成分层。这一类和第四类的分层方式是通用的，所有产品都可以应用。用户价值区隔分层有以下两种方法。

a. 依靠客户生命周期定义对用户进行价值区隔。客户生命周期是指随着时间的变化，客户关系发展水平有明显的阶段性发展轨迹，可在时间序列上进行连续可控的动态管理。客户生命周期在不同阶段有着各自的特征，企业的客户资源具有价值和生命周期，它包含了企业与客户建立业务关系到关系完全终止全过程。广电网络根据客户自身的特点，其生命周期可划分为获取期、形成期、稳定期、退化期、离网期五个阶段。

用户生命周期的定义，必然与用户的价值成长路径有关。不同的产品客户价值成长路径也会不同，如图4-8所示。

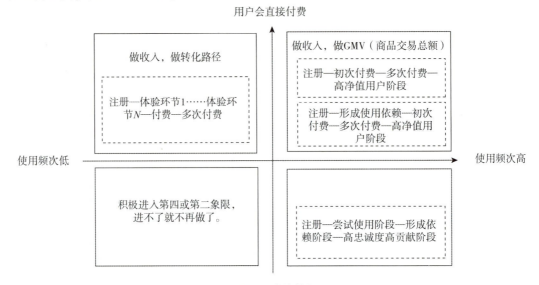

图4-8 不同的产品客户价值成长路径

客户生命周期有两种：第一种是付费收入类产品的客户生命周期，如图4-9所示；第二种是流量类产品的客户生命周期，如图4-10所示。

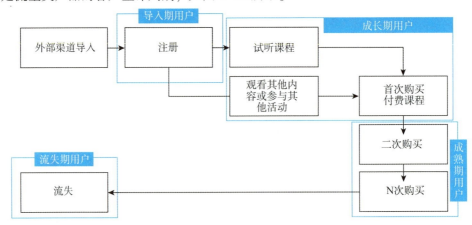

图4-9 付费收入类产品的客户生命周期

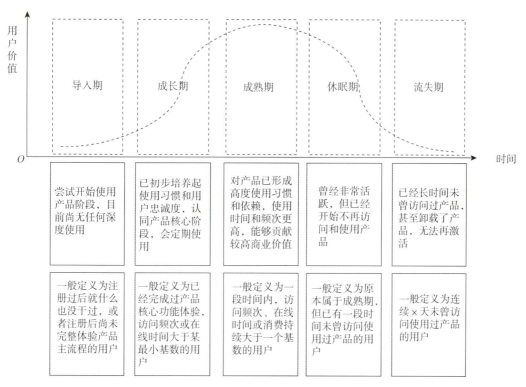

图 4-10 流量类产品的客户生命周期

b. 通过关键用户行为对用户进行价值区隔。通过关键用户行为对用户进行价值区隔是找到产品中能够衡量用户价值的关键行为，对其进行交叉分析和评估，最终形成某种分层模型，比如经典的 RFM 模型。

RFM 模型对 R、F、M 三个维度有如下假设。

R：近期有消费行为的客户的再次消费意识要高于近期没有消费行为的客户；

F：消费频率高的客户再次进行消费的概率要大于消费频率低的客户；

M：消费金额高的客户再次消费的可能性要高于消费金额较低的客户，并且是高价值客户。

根据上述假设，可以将 RFM 模型的三个维度细化为一些具体的指标，如表 4-2 所示。

表 4-2 客户细分指标体系

| 指标体系 | 细分类别 |
|---|---|
| 消费间隔时间（R）<br>R 越近定义为可发掘潜质越高 | R1：客户近度与全部客户平均近度之比<br>R2：某客户最新一年近度与自身历史近度的比值 |
| 消费频次（F）<br>F 越高定义为忠诚度越高 | F1：某客户消费次数与全部客户平均消费次数的比值<br>F2：某客户最近一年消费次数与自身历史消费次数的比值 |
| 消费金额（M）<br>M 越大定义为现值越大 | M1：某客户消费金额与全部客户平均消费金额的比值<br>M2：某客户最新一年消费金额与自身历史消费金额的比值 |

根据表 4-2 的客户细分指标体系，可以把客户分为八种类型：

类型 1：R 近 F 高 M 大——这类客户可以定义为高潜质、高忠诚度、高现值客户。这类客户在企业的消费间隔很短，且多次频繁地与企业进行交易，交易额较大。无论从客户价值还是客户行为角度来看，他们都是企业最重要的保持客户。

类型 2：R 近 F 低 M 大——这类客户可以定义为高潜质、低忠诚度、高现值客户。这类客户在企业消费间隔很短，交易额度大，但接触的频次较低。从企业长期发展来看，可以通过发展与该类客户的接触频率，引导他们成为客户类型 1，为企业贡献更多的价值，此类客户对企业来讲是重要的发展客户。

类型 3：R 近 F 高 M 小——这类客户可以定义为高潜质、高忠诚度、低现值客户。这类客户在企业消费间隔很短，交易频繁，但消费金额较小，可通过努力维护与此类客户的关系获得"M"值上升（有希望发展为类型 1 客户），也可能"M"值上升的幅度不大（维系现状）。此类客户对企业有部分价值贡献，对企业来讲为一般重要客户。

类型 4：R 近 F 低 M 小——这类客户可以定义为高潜质、低忠诚度、低现值客户。这类客户在企业的消费间隔很短，且交易频次和交易额较低，有可能是企业发展的新客户。新客户对企业也很重要，虽不能在短时间内带来显著的利益，但是他们可以被进一步开发，仍然可作为企业的重要发展客户。

类型 5：R 远 F 高 M 高——这类客户可以定义为低潜质、高忠诚度、高现值客户。这类客户与企业之间交易频繁且消费金额很高，但存在消费间隔较久的情况，存在一定的流失风险。企业可以通过采取挽留措施吸引保留此类高价值客户，此类客户对企业来讲是重要挽留客户。

类型 6：R 远 F 高 M 低——这类客户可以定义为低潜质、高忠诚度、低现值客户。这类客户与企业接触频次较高，但交易额低，且长时间未与企业联系。与类型 3 客户相似，却没有类型 3 客户的重要性高，是企业的一般客户。

类型 7：R 远 F 低 M 高——这类客户可以定义为低潜质、低忠诚度、高现值客户。这类客户与企业的交易额较大，但是较长时间没有与企业联系且交易频次较低，相对而言客户价值较低，是企业的一般客户。

类型 8：R 远 F 低 M 低——这类客户可以定义为低潜质、低忠诚度、低现值客户。这类客户既在较长时间内没有与企业联系，交易频次和交易额又都较低，该类客户的维系成本较高，是企业的无价值客户。

这两种方式有共性也有差异性，共性是都需要找到某种方式对当前的用户价值进行判断，并对用户价值的区间（是高还是低）加以界定。然后对不同价值区间的用户做针对性的运营。不同的是：去判断用户价值第一种依靠的是用户的生命周期模型，第二种是通过几个关键用户的行为进行交叉分析。

④AARRR 模型分层。AARRR 模型通常是在增长的语境下看到的，通过这个模型对用户进行粗放的分层。

第一种 AARRR 模型为倒锥型，如图 4-11 所示。

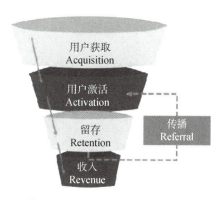

图 4-11　AARRR 模型(倒锥型)

第二种 AARRR 模型为环形,如图 4-12 所示

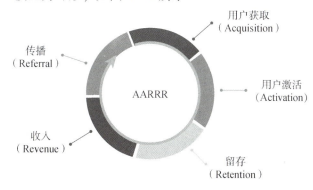

图 4-12　AARRR 模型(环形)

两种模型并没有绝对的好坏,只是适用的场景不同,像滴滴这种产品,用户上车就收费,收入放在前面比较好。

如果是流量型的产品,有了流量才能增值,用第一种 AARRR 模型比较好。利用 AARRR 模型进行用户分层的重点是找到合适的数据指标,来描述和定义处于每一层级的用户,如表 4-3 所示。

表 4-3　AARRR 模型数据指标

| 对应层级 | 描述和定义该层级用户 | 制订运营策略的导向 |
| --- | --- | --- |
| 用户获取(Acquisition) | 多参考:下载未注册、注册后未发生行为 | 针对不同渠道或不同类型用户进行精细化运营,提升获客率 |
| 用户激活(Activation) | 多参考:注册后未走完核心功能体验流程 | 加强对用户首次核心功能使用体验的引导 |
| 留存(Retention) | 多参考:首次使用后的持续使用时间 | 针对留存问题进行定向分析,然后制订策略 |
| 收入(Revenue) | 多参考:活跃度超过某个阈值(如平均在线时长) | 针对特定用户、结合特定场景加强对付费方面的引导和激励 |
| 传播(Referral) | 多参考:活跃度超过某个阈值(如平均在线时长) | 抓取场景,通过工具或策略引导用户完成传播 |

## 案例分析讨论

### 案例一：每日优鲜侵犯用户信息

2019年12月19日，工信部发布《关于侵害用户权益行为的APP（第一批）通报》，每日优鲜APP因存在"超范围收集个人信息、不给权限不让用"位列通报名单之中。

山东财经报道记者19日下载每日优鲜APP发现，其涉及的应用权限多达27项，下载安装之后，因没开启存储空间等权限，该APP就没法使用。据了解，工信部对APP侵害用户权益的专项整治分三个阶段，每日优鲜APP显然属于自查自纠阶段未完成整改的，才被进一步通报处理。

为了印证工信部通报的内容，山东财经报道记者从每日优鲜官网下载了其APP，下载过程显示，每日优鲜APP使用的权限有27项，包括读取联系人、录音、拨打电话、修改系统设置、读取SD卡内容、关闭其他应用等。

安装完成之后，当记者试图使用时，每日优鲜APP提示需要开启"定位信息、存储空间、设备信息"三个权限，记者拒绝之后，就无法正常使用其功能，并不断提醒检查上述三个权限是否已开启。"拨打电话权限表明，该应用可以在我未操作的情况下拨打电话。恶意应用可通过拨打电话产生相关应用，而无须本人确认。"下载了每日优鲜APP的消费者刘先生对这类权限感到莫名其妙，而随时可使用麦克风录音、相机拍照和录制视频，更是让他感到担忧。

不给权限就没法使用，给了权限又担心产生不良后果，每日优鲜的APP权限让部分消费者感到进退两难。

山东财经报道注意到，在19日工信部的通报中，共有41款APP存在违规收集、使用用户个人信息、不合理索取用户权限、为用户账号注销设置障碍等问题，因未完成整改而被"点名"。

据了解，工信部于2019年10月31日发布了《关于开展APP侵害用户权益专项整治工作的通知》，其中通知印发之日起至2019年11月10日为企业自查自纠阶段，APP服务提供者需对照违规收集、使用用户个人信息、不合理索取用户权限、为账号注销设置障碍等8类问题认真开展自查，发现问题及时整改。2019年11月11日到30日为监督抽查阶段，2019年12月1日到20日为结果处置阶段。

工信部19日的通报显示，自查自纠阶段共8 000多款APP完成整改。在监督检查阶段，工信部组织第三方检测机构对各大应用商店APP进行检查，对发现存在问题的百余家企业进行督促整改。

每日优鲜APP在19日的通报中被点名，说明其在自查自纠阶段表现不合格。

针对每日优鲜等41款被通报的APP，工信部要求应在2019年12月31日前完成整改落实工作，逾期不整改的，将依法依规组织开展相关处置工作。

（资料来源：山东财经报道.每日优鲜APP被工信部通报，存在超范围收集个人信息.不给权限不让用等问题[EB/OL].（2019-12-20）[2023-5-31]. https://www.sohu.com/a/361549330_558640.）

**讨论**：未来，每日优鲜要在用户体验方面如何改进？

案例二：滴滴出行APP用户信息泄露事件

滴滴出行是涵盖出租车、专车、滴滴快车、顺风车、代驾及大巴、货运等多项业务在内的一站式出行平台，2015年9月9日由"滴滴打车"更名而来。滴滴出行的主要功能有滴滴专车、滴滴快车、滴滴顺风车、滴滴代驾、滴滴公交、滴滴租车、滴滴优享、滴滴小巴、滴滴AI基础平台、小桔租车、滴滴货运、滴滴宠物专车。

滴滴出行APP改变了传统打车方式，建立培养出移动互联网时代下的用户现代化出行方式。较传统电话召车与路边招车，滴滴打车的诞生改变了传统打车市场格局，颠覆了路边拦车概念，利用移动互联网特点，将线上与线下相融合，从打车初到下车使用线上支付车费，画出了一个乘客与司机紧密相连的O2O闭环，最大限度地优化了乘客的打车体验。改变了传统出租司机等客方式，让司机师傅根据乘客目的地"按意愿"接单，节约了司机与乘客沟通成本，降低了空驶率，最大化节省了司乘双方的资源与时间。

2021年7月2日，网络安全审查办公室公告称，对滴滴出行APP实施网络安全审查，审查期间滴滴出行APP停止新用户注册。2021年7月4日，国家互联网信息办公室通报称：根据举报，经检测核实，滴滴出行APP存在严重违法违规收集使用用户个人信息问题。国家互联网信息办公室依据《中华人民共和国网络安全法》相关规定，通知应用商店下架滴滴出行APP。2021年7月16日，国家互联网信息办公室等七部门进驻滴滴出行科技有限公司，开展网络安全审查。

（资料来源："滴滴出行"百度百科）

**讨论：**

(1)滴滴出行APP为汽车行业的大数据应用带来哪些影响？

(2)滴滴出行APP的用户信息泄露为何能对国家安全造成影响？

## 本章小结

本章主要围绕基于大数据消费者洞察的工具、大数据消费者洞察流程进行学习。

在精准营销理论中，用户洞察是精准营销的第一步。企业从大规模制造过渡到大规模定制，必须掌握用户的需求特点。同样，想要取得好的营销效果，就必须找到潜在需求客群，针对需求客群的需求特点开展精准营销。否则，即使营销内容再好，没有触动到需求人群的需求点，营销结果将收益甚微。

企业如何才能找到属于自己的潜在需求客群？怎么才能将其转化成有效的销售线索？大数据时代的用户洞察让一切精准营销难题迎刃而解。

大数据的出现使得营销由"记录"变为"预测"。以前的营销可以简单概括为"搜索营销"，即借助用户搜索、浏览过的网站记录用户的行为习惯，并在下一次主动推荐给用户，它是一种先"记录"后"营销"的逻辑。它显然比过去的广告模式先进，但有可能用户在第一次搜索后消费就已发生，再次营销时，需求已不存在。而大数据营销则完全是"预测式"，它根据用户之前的行为，预测用户将要做的事件，然后给用户推荐其当下需要的"东西"，由此产生的营销显然将价值挖掘到了极致。

## 本章习题

### 一、选择题

1. 下列选项中，（　　）不是大数据对于消费者的洞察力的优势。

A. 提高效率　　　　B. 优化效果　　　　C. 更加主观　　　　D. 深入洞察

2. 大数据洞察消费者不采用的方法为（　　）。

A. 搜索数据揭示兴趣　　　　　　　　B. 社交数据发现消费

C. 跨屏数据打破界限　　　　　　　　D. Cookie 数据追踪行为

3. 下列选项中，（　　）不是传统营销的缺点。

A. 成本高　　　　B. 样本量小　　　　C. 反馈周期长　　　　D. 比较客观

4. 下列选项中，（　　）不是大数据营销的优点。

A. 比较片面　　　　　　　　　　　　B. 缩短信息反馈周期

C. 准确性高　　　　　　　　　　　　D. 节约成本

5. 下列方法中，（　　）是大数据时代洞察消费者的基本方法。

A. 搜索数据　　　　B. 社交数据　　　　C. Cookie 数据　　　　D. 跨屏数据

6. 下列选项中，消费者数据的筛选不包括（　　）。

A. 初步筛选　　　　B. 入围筛选　　　　C. 再筛选　　　　D. 精选

7. 下列选项中，属于 Cookie 最基本的表现的是（　　）。

A. 保存网站登录的用户名　　　　　　B. 保存输入的文字

C. 保存浏览记录　　　　　　　　　　D. 保存浏览时间

### 二、判断题

1. 消费者洞察不是一个产品打动消费者的关键要素。　　　　　　　　　（　　）

2. 利用大数据进行消费者洞察能够实现营销的人性化。　　　　　　　　（　　）

3. 消费者画像分析是企业营销的基础。　　　　　　　　　　　　　　　（　　）

4. 消费者只能有一个标签。　　　　　　　　　　　　　　　　　　　　（　　）

### 三、思考题

1. 用大数据研究消费者会存在哪些问题？

2. 如何针对消费者特征制订营销策略与获得反馈改进营销策略？

## 本章实践

**运用大数据客户画像提升客户细分区分度**

随着消费升级和技术革新，用户群体结构及需求不断变化。如何紧随市场需求变化，准确而深入地洞察用户，把握产品方向，成为产品规划及营销的重要工作。当下大数据已成为最热门的商业词，影响着我们生活的方方面面，无论是消费购物，还是行为习惯、吃喝玩乐都被监控着，因此，商家获取用户、获取数据变得比以前更加简单，但这样并不意味着可以带给用户更好的体验或者更好的服务，因为大多数企业即使拥有数据，也缺乏合理的规划和战略分析。

洞察最重要的目标是帮助品牌明确"价值发现"，这是我们在工作中必须时刻牢记的目标。我们要明确品牌价值，或者说，要用新鲜眼光去"发现"，就要先掌握用户对自己品牌的既有印象、态度与认知情况。此外，我们还需要知道用户对自身品牌及满足需求相近的其他品牌的印象、态度与认知。

消费行为特征：消费行为特征是洞察内容的第二个重要方面。通过关注与品牌所创造价值有关联、所满足需求相近的消费行为，企业能够对用户生活方式获得更深入的理解。

客户细分是利用客户数据的关键步骤。按相似特征将客户和潜在购买者分组。客户细分依据包括激励因素、利益、风险因素、行为、喜恶、偏好等，大多数有效的细分都是通过两个以上因素组合而成的。通过客户档案与标签结合，归类总结客户属性，对客户细分进行更加细致的划分，进而对客户产生更加立体的认知和洞察。在数字经济背景下，应用大数据分析技术，可以得到更精准的客户画像，实施更精准的客户细分。

请选择一家企业进行分析，分析其消费者类型、心理与行为特征，并运用思维导图画出其用户画像。对其用户数据类型进行分级统计，找出潜在客户、目标客户。

# 第五章 产品预测与优化

📦 **导学案例**

### 用大数据来预测爆款新衣　以3D手段为用户量体裁衣

在一个"3D量体"的小房间里，消费者只需要在仪器前一站，身材数据就被轻松读取。作为时尚产业聚集地的深圳如何走出时尚之都的新路径？在业界看来，科技作为深圳的闪亮名片，将成为时尚产业实现国际赛道弯道超车的重要机遇。从云买衣到云制衣，深圳走出了科技赋能时尚的2.0版本。

2020年11月25日，为期三天的Fashion Source第22届深圳国际服装供应链博览会、第7届深圳原创设计时装周、Première Vision品锐至尚深圳展，在深圳福田会展中心开幕。当中，女士礼服智能定制品牌"正宫 FOR QUEEN"首秀拉开三展联动的大幕，科技深度赋能时尚成为现实。用大数据预测爆款、以3D手段量体裁衣，把个性化选项添加进智能菜单，这样的智能定制礼服只需七个工作日就可以送到消费者手上。深圳，率先开启云制衣的新浪潮。

**从云买衣到云制衣，用大数据说话的新时尚**

开幕大秀上，金色手工绣花在层叠的轻纱上绽放，飘逸的羽毛、流苏连缀起经典廓形，或点状或线状的钉珠呈现别样浪漫，为大众所熟悉的一片式披肩设计修饰出女性身形。众多美衣一一呈现，而这些在秀场上聚焦新时代女性社交场合着装需求的亮眼设计，均有大数据的影子。这场开幕大秀，正是由主打女士礼服智能定制的品牌正宫 FOR QUEEN 带来的。

脱胎于赢家服饰，正宫 FOR QUEEN 有海量的消费者数据作为基础。在这些大数据中，根据消费者过往喜好及时尚趋势，预测当季会热卖的爆款。这些由大数据选出的基础款，全部集纳在品牌应用程式中，只需要轻轻一点，消费者便可以选择心仪的款式，而诸如长短袖、立肩一字肩、羽毛流苏等众多样式可以根据个人喜欢在基础款上作出调整。简单勾选，个性化的定制便通过智能手段完成。在量体裁衣上，科技也被运用起来。在赢领智尚供应链平台旗下正宫 FOR QUEEN 和赢领智尚品牌展厅里，一个写着"3D 量体"的小房间吸引了记者的注意。只需要在仪器中轻松一站，身高、体重、腰围、肩宽等 28 个数据轻松获取。简单一扫，身材数据就出来了，而这些录得的数据也可以导录进品牌 APP。根据先前已经选好的款式，个人定制版的衣服成型。平台通知仓库备原料、调货裁剪，成衣只需要七个工作日便可送达消费者。

不管是前期刚结束的深圳春夏时装周还是时尚深圳展，再到如今的深圳原创设计时装周，科技都在其中扮演着重要角色。从玩转抖音跨界营销，到 5G、AI、物联网等数字技术融入服装零售，再到当下用大数据说出新时尚、用智能手段造衣，科技与时尚的深度融合成为深圳时尚产业的重要特色。云看秀、云买衣、云制衣，深圳时尚的科技之路走出升级路线。

"我走过这么多的城市，跟科技深度融合深圳是独一份，这也是深圳时尚出圈的重要机遇。这本身也是由深圳科技名片所决定的，其他城市无法替代。"知名时尚评论人冷芸点评。

**时尚 2.0 背后的供应链升级，大数据推动制造业发展**

深圳女装诞生了四个"第一"，分别是品牌数量第一、上市企业第一、经济总量第一及市场占有率第一。在深圳，有超过 2 000 家服装品牌进驻，近十家服装企业上市。深圳服装的销售总额占到全国份额的 10%。其中，深圳女装在大中城市高端女装市场占有率超过 60%。

在发布的《深圳市时尚产业高质量发展行动计划（2020—2024 年）》中，明确提出 2024 年为深圳初步建成亚洲领先、全球知名的新锐时尚产业之都的重要节点。"十四五"规划再次从政策层面明确提出要"推动互联网、大数据、人工智能等同各产业深度融合，推动先进制造业集群发展"。

如今产业加紧复苏，作为时尚产业聚集地的深圳，如何走出更好成就时尚之都的路子？供应链升级是必须应对的挑战。深耕服装行业三十余年，七十四岁的赢领智尚董事长陈灵梅深知服装行业的供应链痛点。作为赢家服饰创始人，她创立过深圳人所熟悉的娜尔思、恩灵、珂莱蒂尔等众多知名品牌，正宫 FOR QUEEN 是她人生的第二次创业。

"服装是个很传统的产业，衣服从拿料、设计、试样、成衣、上架、销售，整个供应链环节冗杂，一件衣服从设计到卖出时间可以长达半年。这么长的时间流程，服装企业很难不担心，既怕卖不出，又怕卖太好。"陈灵梅表示，传统的服装行业常以春夏、秋冬划分两季，每一季的衣服都要提早半年准备。因备货时间长、获得的市场资讯也是半年前发布的时尚趋势，如果没有正确把握住消费者需求旺盛的节点，消费者就会流向其他产品，而自家生产出来的货也会因为卖不出去积压仓库；但如果因为观望导致产量不足，后续补货又容易面临产能跟不上、时间无法快速匹配的困境。

在供应链上升级，成为必然趋势。深圳的人工智能、物联网等智能技术，成为产业升级的重要抓手。"我们要打造一个合作共赢的产业互联网平台，服装的生产和销售是一个纵向深化的环节，而对外寻求原料供应、设计新生力量加入则是一个横向拓展的链条。正宫 FOR QUEEN、赢领智尚这两个品牌是重要抓手，用终端品牌去跑通整个环节。"陈灵梅讲述了自己在服装产业链升级的尝试与规划。

产业聚集地，意味着这里有传统转型升级的难点与痛点。但另一方面，完善的产业链也赋予了深圳更多先行可能性。在有的专业人士看来，深圳诞生了全国第一批的服装企业，也是国内最早诞生品牌意识的地方，这里有良好的产业基础。

从新锐力量的持续孵化，到当下云制衣的加入，深圳成就时尚之都的赛道上有机遇也有挑战。在业内看来，产业链的转型升级需要链条上所有企业的通力合作。"未来消费者的需求变化会越来越快，创意力量离不开人才，产业升级离不开供应链革新，而技术在这其中都将大有可为。"业内人士点评道。

利用大数据，分析消费者过往喜好及时尚趋势，预测当季可能会热卖的爆款。消费者在大数据选出的基础款中，选择心仪的款式，诸如长短袖、立肩一字肩、羽毛流苏等，进行简单勾选，个性化的定制便完成。人们只需要在仪器中轻松一站，简单一扫，身高、体重、腰围、肩宽等 28 个数据轻松获取。根据消费者选好的款式，平台通知仓库备原料、调货裁剪，成衣只需要七个工作日便可送达消费者手里。

（资料来源：陈盈珊. 用大数据预测爆款新衣以 3D 手段为用户量体裁衣［N］. 南方都市报. 2020-12-2：NA03.）

# 第一节　大数据背景下的产品层次分析

## 一、大数据营销产品数据层次分析

### （一）产品数据层次分析概述

视频：大数据产品预测与规划

在数据驱动的时代，很多产品团队选择在产品早期引入或搭建数据分析平台，希望通过数据驱动产品的快速成长，但即便如此，大多数的初创企业还是难逃失败的厄运。除去战略错误、经营不善等导致企业倒闭的情况，数据分析的深度不够也是让产品铩羽的重要原因，大多数企业构建的数据分析平台仅仅能看一些统计指标，而这并不足以指导产品改进，并使企业走向成功。

对产品用户和行为数据的研究可以大致划分为宏观层、中间层和微观层三个层次，如图 5-1 所示。

（1）宏观层由一系列的数据指标构成，如产品每日的活跃用户数、新增用户数、订单数量、点赞的次数和人数、次日或七日留存率等，这些指标能够从整体上把握产品的运营状况。

（2）中间层由一系列相互关联的分析方法、模型以及相应的数据构成，如行为分析、漏斗、留存、细分、画像洞察等。中间层是至关重要的一层，针对产品和业务目标展开的大部分分析，需要在中间层的方法模型支持下完成。这是因为，宏观层的数据指标过于概括，虽然可以了解产品运营的整体状况，却很难基于这些指标直接构建出切实的产品改进策略；而微观层的行为的数据量太大，海量细节让人无从下手。如果中间层能够基于丰富的维度提供有效的方法和模型，就有机会对存在问题的宏观数据指标进行逐级深入的剖析，逐步缩小问题的范围和人群。甚至深入微观层洞察相关的用户及行为，直至对问题原因得到清晰的认识（或有效猜测），并据此构建出产品改进策略并逐步改进，促使产品赢得消费者的青睐。相反，如果中间层缺失，或提供的方法模型不能支持对问题指标进行足够的剖析，就只能回到看数据、拍脑袋的老路上去，无法真正找到产品改进的方法。

（3）微观层由产品中每个用户及其行为的细节数据构成，如每一个用户的年龄性别，他在什么时间打开应用、做了什么，他的购物车里有哪些商品等。通过这些数据，企业可以深入了解每一个用户。

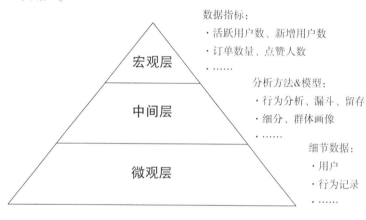

图 5-1 产品数据层次

### （二）典型实例剖析

以一款假想的"视频分享社区"产品为例。

（1）发现问题。该产品的运营负责人通过数据发现，新用户在注册第二天只有 20% 人回访，这说明宏观层指标次日留存率低。

（2）深入分析。接下来，将某天新增的用户划分为"第二天回访的用户"和"第二天不回访的用户"两个群体（中间层的人群细分），并且对这两个群体用户从各个维度进行了分析对比（中间层的细分、群体画像、行为分析等方法），结果发现这两个群体的一个典型区别是"回访的用户"往往在首次使用时就"拍摄了至少 1 段视频"并且"分享到微信朋友圈"，而"不回访的用户"大多在首次使用时"没有拍摄视频"或"没有分享到朋友圈"。根据上述差异，这位运营负责人猜测，首次使用时"拍摄并分享"会影响到第二天及后续的留存率。于是，她进一步在两个群体中各抽取了少量用户，查看他们的行为记录（微观层的用户及行为细节数据），发现在首次使用时"拍摄并分享视频"的用户，往往会在收到朋友圈好友评论时返回应用，以便查看或回复评论。并且，得到评论较多的用户很快会"拍摄新的视频"。而"没有拍摄和分享视频"的用户则情况相反。这位运营负责人的想法通过这些细节数据得到验证。

（3）改进产品获得提升。这位运营负责人将她的发现与产品经理以及其他团队成员进行了沟通，并得到认可。大家基于这个发现，对产品本身进行了更为深入的分析，并选取部分用户进行了电话调研。然后，大家制订了提升产品的策略：第一步，对产品本身进行优化改进，引导和鼓励用户在首次使用时完成视频拍摄和分享。新版本发布后，新增用户的次日留存率很快上升到50%。第二步，组织"最佳微视频评选""搞笑视频评选"等一系列活动，刺激视频的拍摄和传播互动。随着活动的进行，新增用户数量和次日留存率有了进一步的提升，并且老用户的活跃度也不断增长。

（4）走向成功。随着产品用户的快速增长，产品团队的负责人很快与投资人敲定了新一轮融资方案，产品迈向成功。

宏观层的指标相对容易得到。而选择或构建合适的分析工具将中间层和微观层解锁，才是数据分析成功的关键。

## 二、大数据营销产品层次分析

与传统营销一样，大数据营销的目标是为顾客提供满意的产品和服务，同时实现企业的利益。产品作为连接企业利益与消费者利益的桥梁，包括有形物体、服务、人员、地点、组织和构思。在大数据营销中，产品仍然发挥着同样的作用，它是指能提供给市场以引起人们注意、获取、使用或消费，从而满足某种欲望或需要的一切东西。由于大数据营销是在互联网虚拟市场开展营销活动实现企业营销目标的，在面对与传统市场不同的互联网虚拟市场时，必须满足互联网消费者一些特有的需求特征。因此大数据营销产品的内涵与传统产品不同，大数据营销产品的层次比传统营销的产品层次大大拓展了。

### （一）产品整体概念

产品整体概念是现代市场营销学的一个重要理论，它具有宽广的外延和深刻而丰富的内涵。以往，学术界用三个层次（核心产品、形式产品、延伸产品）来表述产品整体概念。近年来，运用更多的是菲利普·科特勒等学者的五层次理论。产品整体概念的五个层次分别是核心产品、形式产品、期望产品、延伸产品、潜在产品。

#### 1. 核心产品

核心产品是指向顾客提供的产品的基本效用和利益。从根本上讲，每个产品实质上都是为解决问题而提供的服务。例如，消费者购买口红不是为了得到某种颜色、某种形状的实体，而是为了使用口红提升自身的形象和气质。

#### 2. 形式产品

形式产品是指核心产品借以实现的形式或目标市场对需求的特定满足形式。形式产品一般有五个方面，即品质、式样、特征、商标及包装。核心产品必须通过形式产品才能实现。

#### 3. 期望产品

期望产品是指购买者在购买产品时期望得到的与产品密切相关的一整套属性和条件。旅馆的客人期望得到干净卫生的床位、洗浴香波、浴巾、能看电视等服务。

#### 4. 延伸产品

延伸产品是指顾客购买形式产品和期望产品时，附带获得的各种利益的总和，包括说

明书、保证、安装、维修、送货、技术培训等。

### 5. 潜在产品

潜在产品是指现有产品包括所有附加产品在内的，可能发展成未来最终产品的潜在状态的产品。潜在产品指出了现有产品可能的演变趋势和前景。如彩色电视机可发展为放映机、电脑终端机等。

产品整体概念的五个层次，体现了以顾客为中心的现代营销理念。这一概念的内涵和外延皆以消费者的需求为标准。产品整体概念五个层次的建立，可以使经营企业正确地认识产品，并在营销的过程中，结合产品的五个层次有针对性地开展活动，通过为顾客提供更高的顾客让渡价值来获得顾客忠诚，从而实现产品的可持续经营。

### (二)产品整体概念的营销策略

企业在充分认识产品整体概念的基础上，应努力从这五个层次展开营销活动，尽可能增加产品的价值，降低顾客购买时付出的成本。只有这样，企业的品牌才能赢得与类似产品的竞争。

#### 1. 开发核心产品，满足不同细分市场的利益

对消费者进行市场细分，根据不同细分市场的消费者需求的差异，开发不同的产品，在成功定位的基础上有效地满足不同消费者对产品的需求。

#### 2. 设计形式产品，体现产品核心利益

产品的核心部分需要通过有形部分体现出来，因此，产品应在口味、包装、品牌等有形部分体现产品的核心部分，并有效地传递产品的核心利益。

#### 3. 准确把握期望产品，提升顾客满意度

产品的期望部分是顾客对产品的内在判断、要求和期望，是顾客购买时对产品核心利益、有形部分、延伸部分和潜在产品内在的标准。顾客是否满意主要取决于顾客感知价值和顾客期望之间的对比关系，顾客感知价值越接近甚至超出顾客期望，顾客满意度越高，反之越低。因此，企业应在准确把握顾客期望产品的同时，通过有形部分提高顾客的感知价值，从而提高顾客满意度，在此基础上，进一步培养顾客忠诚度。

#### 4. 拓展延伸产品，增加顾客感知价值

企业可以通过增加产品的延伸部分，给顾客以惊喜，增加顾客的感知价值，提高顾客的满意度。这样，一方面顾客会对该企业的产品形成依赖，形成顾客忠诚；另一方面，顾客会对该产品进行口头的免费宣传，从而为企业的经营赢得主动权。

经营企业在正确理解产品整体概念的基础上，针对不同部分开展研发、设计、生产、营销等活动，能有效地提高产品的价值，从而增强产品的竞争力，为企业的生存和发展创造良好的机会。

## 三、大数据营销产品的特点

随着大数据与互联网信息技术发展和其他科学技术的进步，越来越多的产品开始在互联网上销售。在互联网上销售的产品，按照产品性质的不同，可以分为两大类，即实体产品和虚体产品。一般而言，适合在互联网上销售的产品通常具有以下特性。

### （一）产品质量

互联网的虚拟性使顾客可以突破时间和空间的限制，实现远程购物和在网上直接订购，导致网络购买者在购买前无法亲自体验或只能通过网络来体验产品。

### （二）产品式样

通过互联网对全世界国家和地区进行营销的产品，要注意符合所销往国家或地区的风俗习惯、宗教信仰和教育水平。同时，大数据营销产品还必须满足购买者的个性化需求。

### （三）产品包装

通过互联网经营的针对全球市场的产品，其包装必须适合远程配送的要求。除了包装的美观设计外，消费者最关注的是收到商品时的包装是否完好、包装里的商品是否完好无缺。

### （四）产品价格

互联网作为信息传递工具，在发展初期多采用共享和免费策略，互联网用户比较认同网上产品价格低廉的特性。此外，由于通过互联网进行销售减少了渠道成本，产品价格总体要低于其他渠道的产品，因此互联网销售产品一般采用低价位定价。

### （五）产品品牌

在大数据营销中，生产商与经营商的品牌同样重要。一方面，因为要在互联网浩如烟海的信息中引起浏览者的注意，所以必须拥有明确、醒目的品牌；另一方面，由于互联网购买者面对很多选择，同时互联网的销售无法进行购物体验，因此，购买者对互联网品牌更加关注。

与传统市场类似，互联网品牌对网上的市场也有非常大的影响力。根据美国丘比特（Jupiter）市场调查公司对圣诞节购物的调研资料，超过半数的被调查者说他们首先会选择那些知名商家的网站与产品，这是因为网上品牌形象是唯一的保证，网上销售受品牌影响颇大。

品牌是产品或服务的牌子，通常由文字、标识、符号、图案和颜色等要素组成。商标是一个法律术语。品牌和商标都有名称和标志，名称用语言表达，标志由符号、图案和颜色表达。品牌或品牌的一部分依法注册并取得专用权即成为商标。品牌包括商标，商标是企业重要的无形资产。

品牌一般分两种属性：一是制造商品牌，二是中间商品牌。如果制造商与中间商合作生产经营某种产品，可能采用混合品牌，如中间商监制的产品。在购买过程中，制造商品牌产品使用了中间商的包装携带物，购物者同时得到了两种品牌，制造商提供品牌产品，中间商提供品牌经营服务。少数经营规模大、分销能力强的中间商，可以大批量购进制造商的产品，使用中间商自己的品牌，也可能是中间商通过形成生产能力，实现中间商品牌产品的产销一体化。

在市场竞争中，由于企业的经营跨度扩大，一业为主、多样化经营十分流行，集团化企业越来越多，企业可创立或选择的品牌并不是唯一的，有四种品牌策略供选择。

（1）个别品牌。企业对不同产品实行不同品牌、商标的策略，品牌声誉好坏对企业形象的影响小，但相对促销费用高。

（2）单一品牌。企业或集团公司的全部产品使用同一品牌、商标，这种策略的促销成本低，促销效率高，但某一产品的不良市场反应会影响整个企业的社会形象。

（3）分类品牌。对不同类别的产品使用不同的品牌，同类不同品种的产品使用相同的品牌。这种策略适合跨行业经营的大中型集团。

（4）个别品牌加企业名称。不同产品使用不同的品牌或商标，但在产品或包装物上统一使用企业的名称。这种品牌策略利于集中促销经费，宣传企业形象，又保持各种产品品牌的独立性，适合目标市场众多、经营多样化的企业。

除上述四种品牌策略以外，利用原品牌的知名度向其他产品延伸，产销规模大的产品用两个以上品牌推向市场，是企业界新的营销策略。前一种策略以营销推动多样化投资经营，后一种选择能推动企业内部竞争和更好地适应不同目标市场。此外，国外还流行在企业原品牌、商标的基础上，运用他人设计并获专利的标识图案，使产品更好地拓展某些目标市场。如巴布豆小狗标识以许可方式应用于某些品牌后，产品深受少年儿童青睐，销量激增。卡通人物、运动会吉祥物图案均有这种促销功能。

在现实的市场中，除了极少数无品牌、无商标而质量不错的产品，品牌、商标与产品包装是分不开的。产品包装包括容器、包装物和设计装潢三项内容，分内包装、中层包装和储运包装三个层次。包装材料及设计的优劣对部分产品的消费吸引力影响很大，如酒瓶、化妆品容器和礼品包装物等。

## 四、网络域名品牌内涵与发展

### （一）网络域名品牌内涵

#### 1. 互联网域名的商业作用

互联网上的商业应用将传统的以物质交换为基础的交易带入以信息交换替代物质交换的虚拟交易世界，由原来的具体物理层次上的物质交换上升为基于数据通信的逻辑层次上的信息交换，如传统的多级批发、代理和零售销售，需要进行多次物质交换，借助互联网，可以由生产厂商与消费者在互联网直接交换信息达成交易，减少原来中间环节的物质交换过程。这种基于信息交换的虚拟交易同样需要交易双方协商和参与，同样需要双方相互选择，因此在网上虚拟交易中，交易双方选择和协商等行为依然存在，只是实施的媒体发生变化，双方选择和协商的交易成本减少而已。随着互联网上的商业增长，交易双方识别和选择范围增大，交易概率随之减少，因此互联网上同样存在提高被识别和选择概率、提高选择者忠诚度等问题。

传统的解决问题的办法是借助各种媒体树立企业形象，提高品牌知名度，通过在消费者中树立企业形象来促使消费者购买企业产品。企业在互联网进行商业活动，同样存在被识别和选择的问题，由于域名是企业站点联系地址，是企业被识别和选择的对象，因此提高域名的知名度，提高企业站点知名度，也就是提高企业的被识别和选择概率。域名在互联网上可以说是企业形象化身，是在网上市场环境中进行商业活动的标识。

也正因为域名具有商标特性，与商标一样具有"域名效应"，这使得某些域名已具有潜在价值。如以 IBM 作为域名，使用者很自然联想到 IBM 公司，联想到该站点提供的服务或产品同样具有 IBM 公司一贯承诺的品质和价值。如果被人抢先注册，注册者可以很自然利用该域名所附带一些属性和价值，无须付出成本，即可获取巨额不道德商业利润。此外，注册成本也比较低廉。可以说，被伤害企业不但损失商业利润，还有品牌形象受到无形损害的风险。因此，域名抢注问题是引起商业利润损失的不道德问题。

由于互联网的国际性，域名抢注问题不仅仅是国内问题，还可能是国际问题，如一些与中国相关域名已被抢注。更有甚者，一些企业的著名商标和名称也被非法抢注。北京创联通信网络公司的检索表明，被抢注的中国著名商标和企业名称有 400 多个，包括长虹、健力宝、三九等，这些不道德者的恶意注册很容易妨碍一些著名企业正常入网。

### 2. 商标的界定与域名商标

根据美国市场营销协会（American Marketing Association，AMA）的定义，商标是名字、术语、标志、符号、设计或者它们的组合体，其用来识别某一销售者或组织所营销的产品或服务，以区别于其他竞争者。商标从本质上说是用来识别销售者或生产者，依据商标法，商标拥有者享有独占权，单独承担使用商标的权利和义务。商标还携带一些附加属性，它可以给消费者传递使用该商标的产品所具有的品质，是消费者对企业进行心理定位的具体依据。可以说，商标是企业形象的化身，也是企业品质的保证和承诺。

### （二）互联网域名品牌发展策略

在互联网上，除提高企业网站站点内容的丰富性和服务性，还须注重域名及站点发展问题，以尽快发挥域名的商标特性和站点商业价值，避免出现有损企业形象的有关域名站点问题。创建网上域名品牌其实与建立传统品牌的手法大同小异。

### 1. 多方位宣传

域名可以说是消费者识别企业的符号，企业在开始进入互联网时域名还鲜为人知，这时企业应善用传统的平面与电子媒体，并耗费资金进行品牌广告宣传，让网址利用各种机会多方曝光。如已经获得网友肯定的品牌如京东、淘宝都在传统大众媒体的广告宣传上投入了数千万元，而且毫无停歇之势。此外，可以通过建立相关链接扩大知名度。互联网的一个特色就是各站点之间的关联性，可以在不同站点和页面之间进行非线形的访问，因此企业要提高被访问率，应与许多不同站点和页面建立链接，还应在有关搜索引擎登记，如在百度登记，提供多个转入点，提高域名站点的被访问率。

### 2. 高度重视用户的网站使用体验

这一点对网站品牌格外重要。两大网络顾问公司丘比特和弗雷斯特（Forrester）不约而同地指出，广告在顾客内心激发出的感觉，固然有建立品牌的功效，但比不上网友访问网站体会到的整体浏览或购买经验。亚马逊指出，亚马逊的品牌基石不是任何形式的广告或赞助活动，而是网站本身。根据网站调查，民众对亚马逊的印象有七八成来自他们在这个网站的使用经验，因此，亚马逊也花费相当心力改善自己的网站，增加更多体贴用户的功能等。

### 3. 利用公关造势

这对新兴网站非常重要。美国互联网汽车营销服务公司 Autobytel 就非常热衷于运用这种最传统的营销方式在消费者心中烙印企业形象。这家公司的资深营销主管一年到头都带着手提电脑在全美各地奔波，不论是华尔街分析师或是媒体，只要是任何有机会向消费者提到购车的人士，都是这家公司有兴趣沟通的对象。这个购车网站甚至还举办免费赠车活动，以吸引媒体采访报道。

利用公关造势，必须注意树立良好形象。因为互联网传播的国际性和广泛性，企业必须审慎对待谣言和有损形象信息，如 Intel 公司 Pentiumn 芯片的 Bug（未被发现的问题）被发现后，由于 Intel 公司的掩盖，一些发现者在网上广为传播，使 Intel 公司不得不花费巨资收回已售出芯片，来维护企业形象。

### 4. 遵守约定规则

互联网开始是非商用的，这使其形成了使用低廉、信息共享和相互尊重的原则。商用后，企业提供服务的收费最好也是免费或者非常低廉，同时注意发布信息道德规范，未经允许不能随意向顾客发布消息，以免引起顾客反感。

### 5. 持续不断塑造网上品牌形象

创建品牌其实就是一种"收购人心"的活动，顾客观念的形成与改变可能就在一夕之间，也可能需要耗费数年，但市场的扩张是永无止境的，因此，创建品牌必是终身事业。想要成为网上的金牌商标，需要长久不断的努力与投资。在瞬息万变的网络世界，只有掌握这个不变的定律，才能建立起长久经营的基石。

## 第二节  大数据预测与产品优化

大数据预测是大数据最核心的应用，它将传统意义的预测拓展到"现测"。大数据预测的优势体现在，它把一个非常难的预测问题，转化为一个相对简单的描述问题，而这是传统小数据集无法企及的。从预测的角度看，大数据预测所得出的结果不仅是用于处理现实业务的简单、客观的理论，还能用于帮助企业进行产品经营与产品优化的决策。

### 一、预测是大数据的核心价值

大数据的本质是解决问题，大数据的核心价值就在于预测，而企业经营的核心也是基于预测作出正确判断。在谈论大数据应用时，最常见的应用案例便是预测股市、预测流感、预测消费者行为等。

让分析从"面向过去"转向"面向未来"，是大数据预测与传统数据分析的最大不同。大数据预测所得出的结论能用于帮助企业经营决策，收集起来的资料还可以被再次利用，开发更大的消费力量。

大数据预测的逻辑基础是，每一种非常规的变化事前一定有征兆，每一件事情都有迹可循，如果找到了征兆与变化之间的规律，就可以进行预测。大数据预测无法确定某件事情必然会发生，更多的是给出一个事件会发生的概率。

### 二、大数据预测的思维改变

在过去，人们的决策主要是依赖 20% 的结构化数据，而大数据预测可以利用另外 80% 的非结构化数据来做决策。大数据预测具有更多的数据维度、更快的数据频度和更广的数据宽度。与小数据时代相比，大数据预测具有三大基本特征。

### （一）实样而非抽样

在小数据时代，由于缺乏获取全体样本的手段，人们大多采用随机调研数据的方法。

理论上，抽取样本越随机，就越能代表整体样本。但问题是，获取一个随机样本的代价极高，而且很费时。人口调查就是一个典型例子，一个国家很难做到每年都完成一次人口调查，因为随机调研太耗时耗力。然而云计算和大数据技术的出现，使获取足够大的样本数据乃至全体数据成为可能。

### (二)效率而非精确

小数据时代由于使用抽样的方法，所以需要在数据样本的具体运算上非常精确，否则就会"差之毫厘，失之千里"。例如，在一个总样本为1亿的人口中随机抽取1 000人进行人口调查，如果在1 000人的运算上出现错误，那么放大到1亿人时，偏差将会很大。但在全样本的情况下，有多少偏差就是多少偏差，不会被放大。

在大数据时代，快速获得一个大概的轮廓和发展脉络，比严格的精确性要重要得多。有时候，快速掌握大量新型数据，精确性就不那么重要了，因为仍然可以基于海量数据掌握事情的发展趋势。大数据基础上的简单算法比小数据基础上的复杂算法更加有效。数据分析的目的并非只是分析数据，而是用于决策，故而时效性也非常重要。

### (三)相关性而非因果关系

大数据研究不同于传统的逻辑推理研究，大数据研究需要对数量巨大的数据进行统计性的搜索、比较、聚类、分类等，因此继承了统计学科的一些特点，同时关注数据的相关性。相关性是指两个或两个以上变量的取值之间存在某种规律性。相关性可以帮助我们捕捉现在和预测未来。例如，A和B经常一起发生，则我们只需要注意到B发生了，就可以预测A也发生了。根据相关性，我们理解世界不再需要建立在假设的基础上，这个假设是指针对现象建立的有关其产生机制和内在机理的假设。因此，我们不需要建立这样的假设，即哪些检索词条可以表示流感在何时何地传播，航空公司怎样给机票定价，沃尔玛的顾客的烹饪喜好是什么。取而代之的是，我们可以对大数据进行相关性分析，从而知道哪些检索词条最能显示流感的传播，飞机票的价格是否会飞涨等。

大数据驱动下，相关性分析法取代了基于假想的易出错的方法。大数据的相关性分析法更准确、更快，而且不易受偏见的影响。建立在相关性分析法基础上的预测是大数据的核心。找出可能相关的事物后，我们可以在此基础上进行进一步的因果关系分析。如果存在因果关系，则再进一步找出原因。这样可降低因果分析的成本。我们也可以从相互联系中找到一些重要的变量，并用到验证因果关系的实验中。

## 三、大数据优化新产品

### (一)全新产品

全新产品是指在市场上从未出现过的，由于新的发明创造，采用新的原理、新的结构、新的技术和新的材料而生产出来的产品。全新完全没有历史同类可参考。比如第一次出现的多点触控智能手机iPhone，第一次出现的平板电脑iPad。

全新产品的研制时间长、难度大，大多数企业很难开发出全新的产品，因为一项新的科学技术的发明应用于生产，需要经历较长的时间，且要花费大量的人力和资金。但是，这种新产品一旦开发出来并且被市场所接受，就可以使企业获得巨大的收益。

全新产品一般是由科技进步或为满足市场上出现的新的需求而发明的产品，具有明显

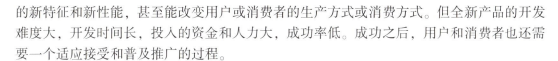

的新特征和新性能，甚至能改变用户或消费者的生产方式或消费方式。但全新产品的开发难度大，开发时间长，投入的资金和人力大，成功率低。成功之后，用户和消费者也还需要一个适应接受和普及推广的过程。

### （二）增补产品

增补产品的目标往往是拓展原有产品的属性或者功能。常见于口红系列出新色号，服装出新尺寸或颜色等。这类产品上线可能跟流行趋势相关，或者为了弥补原产品的某些缺失功能。

### （三）替代产品

替代产品是指那些同该行业生产的产品一样可以满足相同需求的物品。如果某个细分市场存在着替代产品或者有潜在替代产品，那么该细分市场就在某种程度上失去了吸引力。替代产品会限制细分市场内价格和利润的增长，公司应密切注意替代产品的价格趋势。如果这些替代产品行业中的技术有所发展，或者竞争日趋激烈，这个细分市场的价格和利润就可能会下降。

原本产品的生命周期进入衰退期，几乎没有什么销量，客户对产品缺乏新鲜感，品牌商可上线一款功能类似的替代产品作为新品发售，或者将原有产品进行二次开发上线发售。针对不同新品，应有不同的解决方案，主要目的是有利于新品的备货和促销。

## 四、大数据产品优化解决方案

### （一）全新产品

乔布斯当年发售 iPhone 4 后，迎来了一波购机潮，不断刷新销量最快最多纪录。这给供应链带来了很多困难。

从供应链运营角度，可在新品发布会后实行消费者订购，允诺可能的收货周期。根据订单进行生产备货，可以减轻库存备货压力，即采用 M2O（Make To Order）模式。

从供应链数据角度，可根据产品属性挖掘画像人群数量。基于潜在人群数量备货，进行人群需求估计或者将人群进行分类，以合理备货，促进销售。

### （二）增补产品

增补产品拥有同类型产品数据，同时将获取到竞品同功能或型号数据作为参考。

从数据预测角度出发，同类型产品历史上线数据可以作为参考，结合增补产品上线时间进行预测。如果能获取到竞品同功能或型号的数据，可以根据自有品牌市场占有率进行需求量的估计。

所需数据包括同类产品历史销量数据，同功能或型号竞品销量数据、新品上线时间，新品营销投放相关数据等。

### （三）替代产品

企业可以进行数据拼接，利用被替代产品的数据作为参考进行预测，也可结合其他相似产品数据进行预测。

所需数据包括产品属性或定位、历史被替代产品销量数据、相似产品销量数据、新品上线时间、新品营销投放相关数据等。

### 五、迁移学习

拥有历史产品的数据，就可以利用迁移学习的思路进行新品预测。我们以同类型产品或者被替代产品的数据作为基础训练源模型。源模型主要是针对源任务建立的模型。在源模型之后，我们加入少量的目标新品的数据获得目标模型，通过目标模型来进行新品预测。

产品管理：构建最小存货单位(Stock Keeping Unit，SKU)产品树。基于 SKU 产品属性和分类表，构建 SKU 树。通过 SKU 树，快速构建 SKU 产品特征，找到类似产品。

营销管理：很多企业虽然很重视营销广告上的投入，却没有进行高效的营销管理。比如，每人只研究 1 个 SKU，营销数据都用 Excel 管理，一个 Excel 文件可能有几十张表，不断地刷新营销活动的数字和版本。营销管理的建议有：营销数据管理，进行历史营销数据的系统存储；通过历史数据的沉淀来进行未来的促销模拟，更好地拟定营销策略和实现系统化需求预测；市场数据收集，收集市场占有率等行情以及竞品的数据营销策略。尽可能地将折扣、营销投放花费精细到具体的 SKU。这也依赖于有效地营销系统管理。

## 第三节　大数据背景下的新产品开发

大数据发展到现在，已经不是简单的数据数量庞大和形式多样了，它的范围越来越广，逐渐被各行各业运用。大数据以海量的数据、多样化的形式、高速度的运算等为主要特征，各企业将其发展现状与大数据结合起来，推动企业和行业的发展。

### 一、大数据背景下新产品预测开发的特点

在大数据背景下，无论是移动设备，还是传感系统，又或者是互联网社会，都在不断地进行着数据库的建立和创新。随着数据的不断发展，其多样性也在不断扩大。非结构化成为数据发展的一大显著特征，并逐渐占据主导地位。不仅如此，大数据背景下的数据利用分布式的运行体系，在云计算的基础上，通过集群方式对搜集到的信息和数据进行分析和处理，从而不断提高数据传输的效率。同时，引擎等技术给数据和信息的分析和处理提供更加高效的加速器。大数据的发展速度如此之快，却仍然有非常大的发展空间，能否将数据的价值最大化利用成了各行各业的竞争手段，其特点如下。

(1)提供更客观的判断依据。

(2)更强的时效性、动态性。

(3)更清晰的产品、用户定位。

(4)以更长的产品生命周期为目标。

(5)资源整合式的整体思路。

### 二、大数据背景下新产品开发的流程

产品开发的第一步，也是相当重要的一步，就是概念开发和产品规划。在这一阶段，设计师需要分析需求并定义产品功能，这是整个设计过程的基础。在数据时代的大背景下，设计师对产品需求功能拥有更多的选择，蕴含着巨大价值的大数据本身并不能直接

被利用，而是需要通过一定的载体发挥作用，这时候就需要设计师通过产品的形式将其价值转变为使用价值。也就是说，大数据为产品开发提供了一个崭新且巨大的需求空间。因此必须按照一定的程序开展工作，这些程序之间互相促进、互相制约，才能使产品开发工作协调、顺利地进行。产品开发的程序是指从提出产品构思到正式投入生产的整个过程。由于行业的差别和产品生产技术的不同，特别是选择产品开发方式的不同，新产品开发所经历的阶段和具体内容并不完全一样。新产品开发的基本流程如图 5-2 所示。

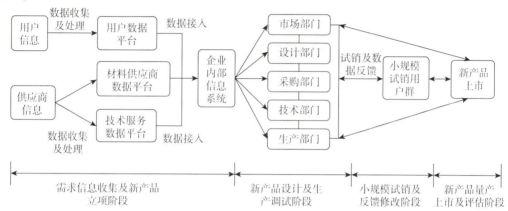

图 5-2　新产品开发的基本流程

现以加工装配性质企业的自行研制产品开发方式为对象，来说明新产品开发需要经历的各个阶段。

### 1. 需求信息收集及新产品立项阶段

开发新产品的目的，是满足社会和用户需要。用户的要求是新产品开发选择决策的主要依据。为此必须认真做好调查计划工作，收集相关信息并进行处理，这个阶段主要是提出新产品构思以及新产品的原理、结构、功能、材料和工艺方面的开发设想和总体方案。

### 2. 新产品设计及生产调试阶段

新产品开发是一种创新活动，产品创意是开发新产品的关键。在这一阶段，要根据社会调查掌握的市场需求情况及企业自身条件，充分考虑用户的使用要求和竞争对手的动向，有针对性地提出开发新产品的设想和构思。充分协调企业各部门资源，如市场部门、设计部门、采购部门、技术部门、生产部门和人力资源部门等，为新产品的设计和研发调试做好充分的准备工作。

（1）企业新产品开发构思创意主要来自三个方面。

①来自用户。企业着手开发新产品，首先要通过各种渠道掌握用户的需求，了解用户在使用老产品过程中有哪些改进意见和新的需求，并在此基础上形成新产品开发创意。

②来自本企业职工。企业职工特别是销售人员和技术服务人员，经常接触用户，比较清楚用户对老产品的改进意见与需求变化。

③来自专业科研人员。科研人员具有比较丰富的专业理论和技术知识，要鼓励他们发挥这方面的专长，为企业提供新产品开发的创意。此外，企业还可以通过情报部门、工商管理部门、外贸等渠道，征集新产品开发创意。

（2）产品创意对新产品能否开发成功有至关重要的意义和作用。因此新产品创意包括三个方面的内容：产品构思、构思筛选和产品概念的形成。

①产品构思。产品构思是在市场调查和技术分析的基础上，提出新产品的构想或有关产品改良的建议。

②构思筛选。并非所有的产品构思都能发展成新产品。有的产品构思可能很好，但与企业的发展目标不符，也缺乏相应的资源条件；有的产品构思可能本身就不切实际，缺乏开发的可能性。因此，必须对产品构思进行筛选。

③产品概念的形成。经过筛选后的构思仅仅是设计人员或管理者头脑中的概念，离产品还有相当的距离。还需要形成能够为消费者接受的具体的产品概念。产品概念的形成过程实际上就是构思创意与消费者需求相结合的过程。

（3）产品设计是指从确定产品设计任务书起到确定产品结构为止的一系列技术工作的准备和管理，是产品开发的重要环节，是产品生产过程的开始，必须严格遵循"三段设计"程序。

①初步设计阶段。初步设计阶段一般是为下一步技术设计做准备。这一阶段的主要工作就是编制设计任务书，让上级对设计任务书提出体现产品合理设计方案的改进性和推荐性意见，经上级批准后，作为新产品技术设计的依据。它的主要任务在于正确地确定产品最佳总体设计方案、设计依据、产品用途及使用范围、基本参数及主要技术性能指标、产品工作原理及系统标准化综合要求、关键技术解决办法及关键元器件，分析特殊材料资源，分析比较新产品设计方案，运用价值工程，研究确定产品的合理性能（包括消除剩余功能），分析不同结构原理和系统，从中选出最佳方案。

②技术设计阶段。技术设计阶段是新产品的定型阶段。它是在初步设计的基础上完成设计必需的试验研究（新原理结构、材料元件工艺的功能或模具试验），并写出试验研究大纲和研究试验报告；制作产品设计说明书；画出产品总体尺寸图、产品主要零部件图并校准；运用价值工程对产品中造价高、结构复杂、体积笨重、数量多的主要零部件的结构、材质精度等选择方案进行成本与功能关系的分析，并编制技术经济分析报告；绘出各种系统原理图，提出特殊元件、外购件、材料清单，对技术任务书的某些内容进行审查和修正，对产品进行可靠性、可维修性分析。

③工作图设计阶段。工作图设计的目的，是在技术设计的基础上完成供试制（生产）及随机出厂用的全部工作图样和设计文件。设计者必须严格遵守有关标准规程和指导性文件的规定，设计绘制各项产品工作图。

### 3. 小规模试销及反馈修改阶段

该阶段又分为样品试制阶段和小批试制阶段。

（1）样品试制阶段。它的目的是考核产品设计质量，考验产品结构、性能及主要工艺，验证和修正设计图纸，使产品设计基本定型，同时也要验证产品结构工艺性，审查主要工艺上存在的问题。

（2）小批试制阶段。这一阶段的工作重点在于工艺准备，主要目的是考验产品的工艺，验证它在正常生产条件下（即在生产车间条件下）能否保证所规定的技术条件、质量和良好的经济效果。

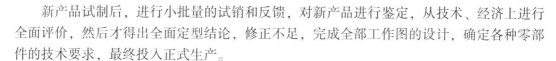

新产品试制后，进行小批量的试销和反馈，对新产品进行鉴定，从技术、经济上进行全面评价，然后才得出全面定型结论，修正不足，完成全部工作图的设计，确定各种零部件的技术要求，最终投入正式生产。

#### 4. 新产品量产上市及评估阶段。

在这个阶段，不仅需要做好生产计划、劳动组织、物资供应、设备管理等一系列工作，还要考虑如何把新产品引入市场，如研究产品的促销宣传方式、价格策略、销售渠道和提供服务等方面的问题。新产品的市场开发既是新产品开发过程的终点，又是下一代新产品再开发的起点。通过市场开发和评估可确切了解开发的产品是否适应需要以及适应的程度；分析与产品开发有关的市场情报，为开发产品决策、改进下一批(代)产品、提高开发研制水平提供依据，同时取得有关潜在市场的数据资料。

### 三、大数据时代的新产品开发

新产品开发是许多企业市场取胜的法宝，而大数据时代的新产品开发面临挑战。在大数据时代，由于信息和知识的共享，科学技术扩散速度加快，企业的竞争从原来简单依靠产品的竞争转变为不断开发新产品的能力竞争。

#### 1. 大数据时代的新产品开发难度加大

互联网与大数据的发展，使获得新产品开发成功的难度增大了，其原因如下。

(1)在某些领域内缺乏重要的新产品构思。一些科学家认为，随着时间的推移，在汽车、电视机、计算机、印刷和特效药等领域内值得投资的切实可行的新技术微乎其微。许多传统优势企业面临着严峻挑战，Cisco(思科)公司在短短的 15 年内就成为美国市场价值第三的公司，超过了 Intel 公司。未来的产品构思开发必须适应网络时代的需要。

(2)不断分裂的市场。激烈的竞争正在导致市场不断分裂。各个公司不得不将新产品的目标对准较小的细分市场，而不是整个市场，这就意味着每一个产品只能获得较低的销售额和利润额。互联网与大数据的发展加剧了这种趋势，市场正从企业主导转为消费者主导，个性化消费成为主流，未来的细分市场必将是以个体为基准的。

(3)社会和政府的限制。大数据时代强调的是绿色发展，新产品必须以满足公众利益为准则，诸如消费者安全和生态平衡。政府的一些要求使得医药行业的创新进度减慢，并使工业设备、化工产品、汽车和玩具等行业的产品设计和广告决策工作难以开展。

(4)新产品开发过程昂贵。大数据时代竞争加剧，公司为了最终开发出良好的构思，通常需要形成许多新产品构思。因此，公司就得面对日益上升的研究开发费用、生产费用和市场营销费用。

(5)新产品开发完成的时限缩短。许多公司可能同时得到同样的新产品构思，而最终的胜利往往属于行动迅速的人。反应灵敏的公司必须压缩产品开发的时间，他们可以采用计算机辅助设计和生产技术、合伙开发、先进的市场营销规划等方式。

(6)成功产品的生命周期缩短。当一种新产品成功后，竞争对手立即就会对之进行模仿，从而使新产品的生命周期大大缩短。大数据时代，特别是互联网与信息技术的发展带来的新产品开发的困难，对企业来说既是机遇也是挑战。企业开发的新产品如果能适应市场需要，可以在很短时间内占领市场，打败其他竞争对手；企业的新产品开发如果跟不上，企业很可能会马上陷入困境。

### 2. 大数据时代的新产品开发策略

与传统新产品开发一样，大数据时代的新产品开发策略也有以下六种类型，但策略制订的环境和操作方法不一样。

（1）新问世的产品。这种策略指企业开创了一个具有全新市场的产品。这种策略主要为创新公司所采用。大数据时代使得市场需求发生根本性变化，消费者的需求和消费心理发生重大变化。如果有好的产品构思和服务概念，即使没有资本也可以凭借这些产品构思和服务概念获得成功，因为许多风险投资资金愿意投入市场。如阿里巴巴凭借其提出的独到的为商人提供网上免费中介服务的概念，迅速成长起来。这种策略是大数据时代中最有效的策略，因为互联网市场中只有第一。

（2）新产品线。新产品线使公司首次进入一个现有市场的产品。利用互联网与大数据的技术，信息扩散速度非常快，利用互联网迅速模仿和研制已有产品是一条捷径，因为开发速度非常快，往往可领先占领市场。这种策略只能作为一种对抗的防御性策略。

（3）现有产品线外新增加的产品。这种策略指企业补充现有产品线的新产品。这种新产品策略是一种比较有效的策略。首先，它能满足不同层次的差异性需求。其次，它能以较低风险进行新产品开发，因为它是在已经成功产品上再进行开发。

（4）现有产品的改良品或更新。这种策略指企业提供改善了的功能或较大感知价值并且能替换现有产品的新产品。在大数据营销市场中，由于消费者可以在很大范围内挑选商品，消费者具有很大的选择权，企业面对日益扩大的消费者需求，必须不断改进现有产品，进行升级换代。

（5）降低成本的产品。这种策略指企业提供同样功能但成本较低的新产品。大数据时代的消费者虽然注重个性化消费，但个性化消费不等于高档次消费。个性化消费意味着消费者根据个人情况（包括收入、地位、家庭以及爱好等）来确定自己的需要，因此消费者的消费意识更趋向于理性，消费者更强调产品给消费者带来的价值，同时考虑付出的代价。在大数据营销中，产品的价格总体呈下降趋势，因此提供功能相同但成本更低的产品更能满足日益扩大的市场需求。

（6）重定位产品。这种策略指企业提供以新的市场或细分市场为目标市场的现有产品。这种策略是大数据营销初期可以考虑的，因为大数据营销面对的是更加广阔的市场，企业可以突破时空限制以有限的营销费用占领更多的市场。在全球市场上，企业重新定位产品，可以获得更多的市场机会。如在国内的中档家电产品通过互联网进入国际其他发展地区市场，可以将产品重新定位为高档产品。

企业在大数据营销产品策略中采取哪一种具体的新产品开发方式，可以根据企业的实际情况决定。但结合大数据营销市场特点和互联网特点，开发新市场的新产品是企业竞争的核心。对于相对成熟的企业，采用后面几种新产品策略是一种短期较稳妥的策略，但不能作为企业长期的新产品开发策略。

### 3. 大数据时代新产品构思与概念形成

大数据时代新产品开发面临的首要问题是新产品构思和概念的形成。在经济发展的每一个阶段，都有一些重大发明来推动技术革命和产业革命，这个时期的新产品构思和概念

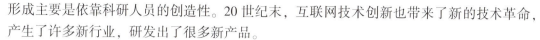

形成主要是依靠科研人员的创造性。20世纪末,互联网技术创新也带来了新的技术革命,产生了许多新行业,研发出了很多新产品。

新产品的构思有多种来源,可以是顾客、科学家、竞争者、公司销售人员、中间商和高层管理者,但最主要的来源还是顾客。网络营销最重要的特性是与顾客的交互性,它可以通过大数据信息技术和网络技术记录、评价和控制营销活动,掌握市场需求情况。大数据营销通过数据库系统处理营销活动中的数据,并用来指导企业营销策略和营销活动。大数据营销数据库系统一般具以有下特点。

(1)在大数据营销数据库中,每个现在或潜在顾客都要作为一个单独记录存储起来,只有了解了每个个体的信息才能细分市场,并通过汇总数据发现市场总体特征。

(2)每个顾客记录不但要包含顾客的一般信息,如姓名、地址、电话等,还要包含一定范围的市场营销信息,即顾客需求和需求特点,以及有关的人口统计和心理测试统计信息。

(3)每个顾客记录还要包含顾客是否能接触到针对特定市场开展的营销活动的信息,以及顾客与公司或公司竞争对手的交易信息。

(4)数据库中应包含顾客对公司采取的营销沟通或销售活动的反应的相关信息。

(5)存储的信息有助于营销策略制订者制订营销政策,如针对目标市场或细分市场提供何种合适的产品或服务,如针对每个产品在目标市场中采用何种营销策略组合。

(6)在对顾客推销产品时,数据库可以用来保证与顾客进行协调一致的业务关系发展。

(7)数据库建好后可以代替市场研究,无须通过专门的市场调研来测试顾客对所进行的营销活动的响应程度。

(8)大型数据库可以自动记录顾客信息和自动控制与顾客的交易,让自动营销管理成为可能。但这要求有处理大批量数据的能力,并且在发现市场机会的同时对市场威胁提出分析和警告。

利用大数据营销数据库,企业可以迅速发现顾客的现实需求和潜在需求,从而形成产品构思。通过数据库分析,可以对产品构思进行筛选,并形成产品的概念。在筛选构思和形成概念时,要注意,大数据时代的新产品看重的是产品创新性和市场发展潜力,对于产品的盈利和风险的考虑是其次。

### 4. 大数据营销新产品研制

与过去新产品研制和试销不一样,顾客可以全程参与概念形成后的产品研制和开发工作。顾客参与新产品研制与开发不再是简单的被动接收测试和表达感受,而是主动参与和协助产品的研制开发工作。与此同时,与企业关联的供应商和经销商也可以直接参与新产品的研制与开发。因为大数据时代企业之间的关系主流是合作,只有通过合作才可能增强企业竞争能力,才能在激烈的市场竞争中站稳脚跟。通过互联网,企业可以与供应商、经销商和顾客进行双向沟通和交流,可以最大限度提高新产品研制与开发速度。如美国的波音公司为加快777的研制与开发,通过其内部的网络CAD系统将所有的零件供应商联系在一起,波音在设计777飞机系统时,它的零件商就可以按照规格协助设计和开发相应配套的零件,最终波音777飞机研制时间缩短了2年多时间,在激烈的航空市场中占据有利的竞争地位。

值得关注的是，许多产品需要许多企业共同配合才有可能满足顾客的最终需要，这就更需要在新产品开发的同时加强与以产品为纽带的相关企业的合作。例如，计算机的硬件和软件是需要许多公司配合才能满足市场需要的，为提高新产品研究开发速度，提供CPU的Intel公司在研究新产品时就将其技术指标向相关企业公开，以使相关企业能配套开发新产品；提供操作系统的微软公司，也是在开发新操作系统时就将操作系统的标准和规范公开，在产品上市前先与硬件制造商测试操作系统稳定性，以及配合硬件制造商的硬件设计和制造，使计算机上市时能保持同步。

### 5. 大数据营销新产品试销与上市

接受并购买新产品的不可能是所有的目标市场消费者，更不可能是全部消费者。为什么购买新产品的消费者有先有后？因为消费者对新产品的反应不同。实践表明，约2.5%的消费者是领先采用者，他们往往收入高且接受过较高的教育。13.5%的消费者属于早期采用者，这些消费者在各社会阶层、团体中极富影响力和示范效应。34%的用户属于早期多数采用者，这些人不愿冒险，处事慎重，经济条件有好有坏。这种消费者对新产品开发推广非常重要，这些人购买新产品，企业的投资回报基本上就有了保证。34%属于晚期采用者，这些消费者疑虑重、反应滞缓、经济条件一般，但这些人一旦购买，新产品的研究开发就有收益和利润。约16%的消费者是滞后采用者，其中部分消费者可能拒绝采用。

借助互联网消费的群体一般具有很强的好奇心和消费领导性，比较愿意尝试新的产品。因此，通过大数据营销来推动新产品试销与上市，是比较好的策略和方式。需要注意的是，互联网市场群体有一定的局限性，消费意向比较单一，所以并不是任何一种新产品都适合在网上试销和推广。一般和技术相关的新产品，在互联网试销和推广效果比较理想，这种方式一方面可以覆盖比较有效的目标市场，另一方面可以利用互联网与顾客直接进行沟通和交互，有利于顾客了解新产品的性能，还可以帮助企业对新产品进行改进。

将互联网作为新产品营销渠道时，新产品应能满足顾客的个性化需求，即同一产品能针对互联网市场不同顾客需求生产出功能相同但又能满足个性需求的产品，这要求新产品在开发和设计时考虑到产品式样和顾客需求的差异性。例如，戴尔电脑公司在推出电脑新产品时，允许顾客根据自己需要自行设计和挑选配件来组装自己满意的产品，戴尔公司可以通过互联网直接将顾客订单需求传递给生产部门，生产部门根据个性化需求组装电脑。因此，大数据营销产品的设计和开发要能体现产品的个性化特征，适合进行柔性化的大规模生产，否则概念再好的产品也很难让消费者满意。

## 第四节　大数据时代新产品开发实例

大数据预测如何解决生活难题？介绍几个大数据预测的典型应用实例场景。

### 1. 用户行为预测，实现企业精准营销

随着网络时代的快速发展和信息时代的来临，消费者慢慢从信息内容不足的时期踏入了信息过载的时期。为了更好地让消费者从海量数据中高效地获得自身需要的信息，推荐算法应时而生。推荐算法的首要目标便是联络客户和信息内容，它一方面协助客户发掘对

自身有价值的信息内容，另一方面可以让数据呈现在对它有所偏好的客户眼前，进而实现信息内容顾客和信息内容经营者的互利共赢。

通过推荐算法，结合分析客户特征、客户行为数据、产品的相关数据，可构建推荐预测模型，实现"千人千面"的个性化产品精准推荐，将用户的行为预测与相关产品结合起来，精准销售，提高用户购买率。

### 2. 设备故障预测，降低设备故障带来的经济损失

（1）设备故障分析及预测：对故障的种类、原因、影响等参数进行统计分析，并构建故障预测模型，为设备的购置、维修、升级等业务计划提供支持。

（2）设备劣化倾向分析：包含预防性维修和预测性维修。对设备的关键技术参数、关键零件使用情况等参数进行统计分析，提出预防性维修或预测性维修建议。

（3）备件出入库分析及预测：统计分析每种备件出入库数量，结合设备故障预测、生产需求等预测备件需求，为备件购置等其他业务提供数据支撑。

### 3. 产品质量分析及预测，提高企业生产产品优良率

通过对生产过程中的数据分析，特别是缺陷异常因子分析、设备故障分析、员工分析、生产过程控制分析等，判断产品质量走势，预测产品质量。并且快速确定产品缺陷的根本原因，从源头上解决质量问题。

### 4. 市场物价预测

大数据可帮助人们了解未来物价的走向，提前预知通货膨胀或经济危机。

#### 案例：尚品宅配，大数据驱动的 C2B 定制模式

2015 年 2 月，刚过完年，广州天河区一位打算买家具的王先生在尚品宅配的电商官网看到"全屋定制"的服务后，决定在这家网站上预约"上门量房设计"。两天后，尚品宅配的专员联系王先生上门量房。又过了 3 天，一套免费的家具设计方案完成了。王先生过目之后很满意，提了几个细节的修改意见之后，就签订了装修合同。15 天之后，尚品宅配的工作人员联系王先生，家具材料已经到广州，可以送货上门和安装了。又花了 4 天的安装时间，王先生的新家具安装完毕。从网上预约到安装完毕，花了不到一个月的时间。其中只有 4~5 天时间花在王先生的家中，其余时间花在门店、工厂和配送的路上。而整体的费用只是整个家具市场的中档水平，比传统的定制低了近一半费用。这是广州一家名为尚品宅配的家居企业的定制业务模式。这样的装修流程，每一天都在中国的各个城市发生。

**定制：大数据驱动的 C2B 模式**

定制和规模化从来都是位于现代消费的两端，前者是高端消费的代名词，后者则往往意味着平价、大众和标准化。对所有定制类业务而言，个性是其中高附加值的最终来源，但也是妨碍业务几何级增长的绊脚石。因为在定制的过程中，有太多需要让个体消费者满意的细节，这些细节足以让任何一条大规模标准化生产线叫苦不迭。

但在尚品宅配看来，个性与共性并不矛盾，为几万个不同的户型配备合适的家具确实很耗时耗力，不可能有足够的设计师来完成任务。但是从户型这一层往下分，可能所有房子的卧室、客厅、厨房的布局都差不多，在这一基础上，要配置的衣柜、橱柜、台面、电

器、床等家具又有很多共性，如此化整为零，一个户型拆分，对每一部分配套方案的要求就大大降低了。

2007 年，尚品宅配董事长做了一个在旁人看来有些匪夷所思的决定：他打算把所有楼盘的数据都收集起来，建立"房型库"，然后据此降维到可标准化的层次上。他坚信，虽然中国楼盘千千万万，但是户型的种类要远远少于这个数量，而房间的类型会更少。为此，他亲自带队到北上广深等城市，收集楼盘、房型数据建立"房型库"。综合统计分析下来，全国这么多的房子，其实只有大约 100 种卧室和 70 种客厅。他眼中看到的不再是一整套一整套的房子，而是一个个独立的房间，一件件配套的家居，甚至是一块块独立的木板。

往后的日子里，这个数据库从单一的房型库扩展到房型库、产品库、设计库三位一体，相互联通成了"云设计库"。每位顾客只要告知所在城市、楼盘、房价、收入、年龄等信息，设计师就可以在系统中找到过去 3 个月、半年、一年内类似顾客中受欢迎的几十上百套方案作为参考。如果顾客在价格、样式、颜色、布局等细节上有任何要求，只需要在现有方案上进行微调即可，设计流程非常快。

每一套新方案又会上传至数据库中，成为后来者的参考。这样不断滚动，短短五六年时间，尚品宅配为全国近 3 万个楼盘、40 多万户家庭提供了近 30 万种个性化方案。

在受房地产行业低迷影响而增长乏力的家具行业，尚品宅配仍然能够实现 60% 的年复合增长率，仅广州的一家体验店在 2014 年就实现了 2 亿元营业额，这样的业绩增长大部分是源于极其高效、快速的 C2B 定制模式。

**生产："所有的环节都是电脑指挥人"**

对顾客而言，尚品宅配的大数据云设计库、快速完成的家具定制是他们能够看到的最显著特征，但在这背后需要一条社会化的柔性供应链来实现。

与设计批量户型的思路相同，尚品宅配对个性化生产也进行了降维处理，将整件家具的生产转换成一个个零部件的生产，经过总部的订单管理系统统一分配调转。整个生产过程控制在 10~15 天，各地门店收到配件后就全部送到顾客家里，并根据固定的组装程序一步步进行组装，短短两三天就能完成安装流程。

借助条码扫描，尚品宅配得以实现社会化协作的柔性供应链。在生产流程上，不管是工厂作业、资源调配还是供应商供货，都可以依照系统显示的订单要求执行，几乎不需要人工沟通的环节。所以，这一条供应链，与其说是人借助了信息化工具，不如说是电脑指挥人。

尚品宅配的成功向其他制造业同行展现了一点：信息化和大数据已经无可争议地成了制造业转型最重要的两根支柱；离开这两根支柱，企业很难满足消费者日趋多样的个性化需求。

（资料来源：改编自品途网. 尚品宅配：大数据驱动的 C2B 模式，连阿里巴巴都羡慕 [EB/OL]. (2015-03-31) [2016-12-01]. http://bigdata.idcquan.com/faal/69057.shtml.）

讨论：

(1) 尚品宅配的 C2B 定制模式为什么能取得成功？

(2) 你对"所有的环节都是电脑指挥人"如何理解与评价？

(3) 尚品宅配的成功给中国制造业转型提供了哪些借鉴？

## 案例分析讨论

### 案例一：互联网巨头的"数字霸权"

近年来，我国互联网巨头阿里巴巴、腾讯、百度、今日头条、抖音等互联网公司发展迅猛，它们通过大数据技术精准推送资讯和广告，不仅为用户提供了个性化的服务，还从中获利颇丰。

在用户使用APP的过程中，用户的信息就被APP收集起来，汇聚成一个用户画像，尤其是阿里系和腾讯系，利用其自己和其合作伙伴的数据，可以共同描绘出更真实更精准的用户画像。然后，利用APP精准推送资讯和广告，用户会感觉到所关注的事情或与之相关的事情一直向自己推送。

由于这些公司通过大数据能够分析出个人的消费惯性，进而就有可能利用其相关的"数字霸权"，在定价、服务等方面针对信息不对称的用户作出不公平行为。近些年，爱奇艺视频和腾讯视频纷纷宣布对会员价格进行调整，也就是提高会员月卡价格，由于这两大视频网站把握着绝大多数影视资源的版权，消费者只能无奈地接受涨价。

近年来我国开始对互联网行业加强监管，2021年发布了《国务院反垄断委员会关于平台经济领域的反垄断指南》，预防和制止平台经济领域垄断行为，维护市场公平，这给互联网行业中滥用"数字霸权"的企业敲响了警钟。

**讨论**：长久来看，"数字霸权"对企业自身的影响有哪些？

### 案例二：国货精品云南白药

2017年6月，云南白药牙膏官方旗舰店在淘宝上开业。为了让公众得到这个信息，提高品牌知名度，云南白药和阿里开展了大数据技术、明星效应和跨界宣传的开放营销。

云南白药致力于通过在线上的营销来打开品牌，并以"长期市场优势的沉淀"为目标，因此与阿里的合作主要集中在品牌形象的创造和传播上，以获得长期的品牌效应。为了实现这一目标，云南白药基于品牌特征和产品优势，主要利用阿里的生态平台和大数据技术来收集和分析淘宝用户，包括用户搜索、浏览、点击、购买和共享。深入了解此类行为，了解淘宝用户的使用习惯和偏好，并根据用户年轻化的主要特征，结合云南白药的特点，策划了将明星粉丝转变为店铺粉丝的营销理念，并进一步针对两位明星代言人组织了营销互动活动。为了激发两个明星粉丝团体的参与和互动热情，云南白药和阿里开展了一项活动，以帮助偶像在淘宝上成为头条新闻，通过PK增强粉丝和品牌之间的互动。该活动一出，就取得了非常好的成绩。在短短的几天内，它吸引了成千上万的粉丝积极参与，迅速将超过30万的粉丝带到了旗舰店，并在短时间内获得了很高的评价以及品牌知名度。此后，云南白药还与一部网络剧的原作者冯唐进行了跨界知识产权营销，推出了主题套装。除了对淘宝网用户进行数据收集和分析外，云南白药还在其他一些平台上进行了相应的重合度抓取，整合了这些资源，并设计了一套IP媒体矩阵。这样，云南白药牙膏成功实现了销售额的大幅增长。

（资料来源：https://zhuanlan.zhihu-com/p/81928596?utm_id=0.）

**讨论**：云南白药为什么销售额能大幅增长？

## 本章小结

本章主要介绍了产品数据分析的三个层次、产品整体概念的五个层次、大数据预测与产品优化以及大数据背景下的新产品开发等。其中，产品数据分析的三个层次、产品整体概念的五个层次及大数据背景下的新产品开发为重点掌握内容。

## 本章习题

### 一、选择题

1. 以下(    )不属于大数据驱动的产品创新内容。

A. 制造智能化    B. 产品定制化    C. 信息透明化    D. 服务个性化

2. (    )是营销组合中最灵活的因素，它可以对市场作出灵敏的反应。

A. 包装    B. 产品质量    C. 价格    D. 服务

### 二、判断题

1. 产品价格是影响交易结果的重要因素，同时又是营销组合中最难以确定的因素。

（    ）

2. 用大数据分析的手段，能够准确地为决策提供辅助支撑，从而使决策更加科学化、规范化，也更加具有前瞻性。

（    ）

### 三、思考题

大数据背景下，消费者在网络购物时开始越来越多地考虑商品定制，因此以客户为中心的新产品开发也是未来的发展趋势。如果你是一家网络服装店铺的店主，你如何实施大数据背景下的新产品开发？

## 本章实践

任务：运用本章所学知识，以华为 Mate X3 折叠屏手机为例，结合目标人群，分析产品整体概念的五个层次。

目的：考察对产品整体概念层次的掌握情况。

要求：个人完成。

考核点：请以目标市场需求为基础，阐述对产品整体概念层次的理解，预测该系列新产品的功能。

# 第六章  定价流程与策略

## 学习目标

识记：大数据定价的关键因素、定价方法、个性化定价策略、动态化定价策略。

掌握：个性化定价策略、动态化定价策略。

形成：大数据营销从业者的成本思维与职业意识。

## 导学案例

Uber(优步)曾在接受彭博社采访时承认，其部分乘客支付的费用与司机收到的车费不对等。Uber司机发现，自己收到的车费与乘客支付的车费不一致。Uber作出了回应：该公司对部分乘客收取了更高的费用，以获得收入。

Uber这种新的定价体系被称作"基于路线的定价"。Uber首先会预测乘客愿意支付的价格，随后再对乘客收费。这与以往模式不同，即根据行驶里程数、行车时长，以及基于供需状况的倍数来计算车费。Uber产品负责人丹尼尔·格拉夫表示，Uber利用机器学习技术来估计，对特定行程，某些群体的用户愿意支付多少费用。例如，即使需求、交通状况和路程相同，从富人区前往富人区的订单价格就要比从富人区前往穷人区贵。

这种定价模式基于Uber 2016年推出的预先定价功能。Uber在乘客行程开始之前就会先显示价格，该公司认为这样做带来了更好的透明度。不过Uber并没有透露，如何预先计算这些价格，以及这些价格的计算是否沿用了以往的定价模式。为了打消司机们的疑虑，Uber开始向司机们展示乘客每个订单支付的价格。不过，Uber将停止公布从中的分成比例。此外，Uber将向司机们发送新版服务协议条款，以反映新的定价体系。Uber只在14座提供拼车服务的美国城市启用了新的定价模式。这种司乘双方不对等的定价模式或许将成为Uber业务的未来。这将给Uber带来额外的收入，有助于该公司实现盈利。

格拉夫表示，Uber的定价技术正逐渐变得复杂，他负责了一支由经济学家和统计学家组成的市场平台团队。作为谷歌和Twitter前高管，格拉夫认为，金融工程将给Uber带来竞争优势，使其胜过其他打车平台。Uber表示，这种基于路线的定价模式从2016年年底开始投入试验。"谷歌搜索用起来很简单，但背后发生的一切非常复杂。"格拉夫表示："这里也是同样。一次行程很简单，但如果希望整个市场以可持续的方式运行，那么确实很难。"

在这一过程中，对乘客来说价格将成为"黑盒"。这也使 Uber 和司机们的关系变得紧张。过去几年，司机们指责 Uber 在他们本应获得的收入中进行提成，同时一直用误导性的说法来敷衍司机。过去一年，Uber 曾表示，司乘双方价格的不一致是由于价格估计时的不确定性。但实际并非如此，Uber 正在有意测试这项技术。Uber 司机中的知名博客 The Rideshare Guy 在 2011 年 5 月公布了在纽约的一项调研。结果表明，司乘双方价格不对等的现象广泛存在，司机们对此感到不满。来自加州的一名 Uber 司机克里斯·埃斯特拉达 (Chris Estrada) 表示："这是不道德的做法。"

Uber 对定价模式的试验可能会引出新问题。麻省理工学院商学教授克里斯·尼特尔表示，社会可以接受，富人在打车时多付些车费。不过对于低收入地区，如果降低车费的代价是让人们等待更长时间，那么将会引发争议。这样的定价模式可能也会令乘客感到不满。研究 Uber 的微软高级研究员格伦·威尔表示："他们可能会失去用户的信任。对 Uber 来说，这是非常危险的时刻。不过，他们这样做有着正当的经济理由。"

Uber 的专家仍将继续对定价模式进行尝试，致力于实现平衡。格拉夫表示："如果存在不平衡，那么我们会制造杠杆，推动人们去重新实现平衡。人们总是会有选择，从来不可能出现'我必须使用 Uber'的情况。"

（资料来源：嘴硬的 Uber 终于承认了：他们对部分乘客收取更高费用［EB/OL］.(2017-5-20)［2023-5-31］. https://tech.sina.cn/2017-05-20/detail-ifyfkkmc9856319.d.html.）

# 第一节　大数据定价的关键环节

 视频：大数据驱动产品定价与渠道创新

在营销管理中，价格是唯一与收入相联系的营销手段。价格的基本状况受制于环境和市场，企业的价格策略与营销目标、成本水平、竞争要求以及财务状况有密切的联系。企业定价的目标是促进销售，获取利润，这要求企业既考虑成本，又考虑消费者对价格的接受能力，从而使定价策略具有买卖双方双向决策的特征。此外，价格还是营销组合中最灵活的因素，它可以对市场作出灵敏的反应。因此定价策略对于企业来讲十分重要。

在传统的营销学理论中，定价策略一般有以下六种：成本加成定价法、竞争定价法、认知价值定价法、撇脂定价法、渗透定价法、价格歧视定价法。不同的企业根据自身的实际情况，采用对企业发展最有利的定价策略。这些定价策略为营销活动提供了指导，但是这些定价策略是基于市场预测提出的，企业并不能获得消费者对产品定价的全部反馈。如果企业充分利用与消费者互动过程中获得的海量数据，得到消费者对产品定价的反馈，就能制定合适的价格，并获得相应的回报。大数据为企业带来了新的定价思路与模式。

## 一、影响大数据定价的关键因素

随着数据采集技术、数据存储技术、数据处理技术和数据分析技术的逐步完善，大数据产品化成为一个重大趋势，但是通用性大数据产品定价方法的缺失是当下大数据产品交易亟待解决的问题。大数据商品的价格受到数据来源、数据规模、数据种类、数据采集方式、数据实时性等多种因素影响。

### （一）影响大数据产品定价的因素

#### 1. 大数据产品的生命周期

大数据产品作为信息产品，具有商品的一般属性，其从投入到退出数据市场流通的过程符合产品生命周期理论，因此，可以根据大数据产品在投入期、成长期、成熟期和衰退期的用户需求、加工成本、数据价值衰退程度等影响因素的变化，采用不同的产品定价策略及方法。例如，在产品投入期，大数据产品市场供需关系不对等，市场需求旺盛，同质竞争产品少，适用撇脂定价策略和锁定策略，在以较高的产品定价快速收回部分产品成本的同时提高买方的转移成本，为进入产品成长期和成熟期做准备；产品成长期和产品成熟期是产品利润的主要增长期，此时产品供应方已积累一定的顾客数量，而前期已选择相应大数据产品的需求方在产品质量对等的情况下面临高额的转移成本，也不会放弃自己已经选择的大数据产品，因此产品供应方可以选择差别定价策略和捆绑定价策略以最大化产品收益，根据需求差异、数据时效性差异、数据规模差异等分别采取个性化定价、时间差别定价和容量差别定价；产品衰退期是产品撤出交易市场前最后一个获利期，此时应采取折扣定价策略收回产品的直接成本。

#### 2. 大数据产品的质量

大数据产品的质量是大数据产品的基本出发点，大数据产品供应方可以依据大数据产品质量的评级对产品作出定价决策。目前对大数据质量评估还未有全球性的统一评估指标体系，但是已有研究成果如 AIMQ 数据产品质量评估方法、TDQM 方法框架、CALDE 数据质量模型和六元组形式来描述数据质量评估模型。同时，鉴于数据质量的基础性作用，国际标准化组织从 2009 年起开始制订致力于数据质量管理的 ISO 8000 标准。大数据产品供应方可借鉴以上方法，在对自己的大数据产品进行评估、分档、定级的基础上使用差别定价策略，在满足买方不同需求的同时最大化供应方利润。

#### 3. 大数据产品的流通过程

大数据产品的流通过程主要涉及产品供给端和需求端，产品供给端包括数据源和数据中介，需求端为产品需求方。对于大数据产品供给端的两方而言，对大数据产品定价要在利润最大化的目标下，既体现产品价格的市场竞争优势，又保证交易双方实现高效长久的合作共赢。产品供给端对大数据产品的定价可以从两个角度出发：大数据产品成本和使用价值。大数据产品成本主要包括数据挖掘、数据分析和数据存储等过程的人工费用和设备费用。大数据产品的使用价值很大程度上依赖于需求方的使用分析方式，其价值实现具有未可知性，因此，很难在购买前准确判断待售大数据产品的使用价值，这是大数据产品价值衡量的难点。大数据产品需求方虽然不涉及产品的最终定价环节，但在选择产品之前也需要选择适当的方法对自己的数据产品需求进行准确合理的估价，再在大数据产品市场上寻找接近的产品，可以整体上将供需双方看作处于动态合作博弈状态下的博弈双方，再结合大数据产品交易市场的供需关系，从动态合作博弈模型或者讨价还价博弈模型出发制订由卖方主导或买方主导的大数据产品定价模型。

### 4. 大数据产品使用方式

对大数据产品需求方而言，其对大数据产品的使用方式分有限次使用、一定时间段内多次重复使用和无时间限制下无限次使用。相应地，产品供应方可以采用差别定价策略，按照买方的产品使用方式将大数据产品按照限制使用次数、限制使用时间段和一次性买断三种模式定价出售。

### (二)大数据定价模式

数据交易价格的影响因子包括数据品种、时间跨度、数据完整性、数据样本覆盖和数据时效性等。考虑买卖双方的信息是否对等及交易地位等因素，数据定价参考三种模式。

#### 1. 买卖方一对一的协商模式

在买卖方一对一的协商模式下，买卖双方协商，数据交易平台作为第三方参与商谈。大数据产品价格在买卖双方作出的要约、反要约、再要约和承诺的过程中商榷，数据交易所在谈判中起撮合作用。这样的典型过程发生在特定的卖家和买家之间，目标性强，在不违反政策限制的情况下，双方对价格的把控自由度大。

#### 2. 买卖方一对多的系统自动定价模式

在买卖方一对多的系统自动定价模式下，买卖双方是不特定的，进入交易所交易系统，在交易平台提供的资源查询及挂牌中锁定交易，采用交易系统自动成交。例如，贵阳大数据交易所把数据分为金融、医疗、能源等30个品种，对每一个数据品种设计自动计价公式，数据买方可以通过交易系统查询每一类数据的实时价格。当数据买方应约价等于或高于卖方挂牌价时，按照买方价格在交易所系统自动成交。对于不能自动成交的应约，卖方可能选择能接受的应约(反要约)与其成交，成交价为买方应约价。这是前一种模型的线上运作，不同的是，最初的卖方要约价做基准成交价一般与卖方预期相差不大，当然，数据价格的合理性更依赖于卖方。

#### 3. 动态应用效果定价模式

大数据有两类基础应用，一类是给人看的洞察全局或局部统计，用于支持宏观决策；另一类是给机器看的微观业务实施。基于数据价值转化为金钱的市场意图，后者更便于分析数据终端应用对数据价格的影响。以最典型的自动化定向广告为例，一个广告位，流量价值1万元，投的是飞利浦剃须刀的广告，通常用户中的一半为女性，她们对剃须刀购买的潜在可能性比较小，如果把流量区分开，把飞利浦剃须刀的广告投给男性用户，广告主只要付出5 000元，有效用户基本没有损失。剩下一半流量，女性的流量，我们可以再投另一个化妆品广告。假设剃须刀盈利是2 000元，化妆品盈利是2 000元，那么第一种做法，全流量只投剃须刀，盈利为2 000元；同样流量成本，分流量投剃须刀和化妆品，盈利为4 000元，多盈利的2 000元就是数据价值了。为什么多盈利的2 000元是数据价值？因为是大数据让你知道每一个用户是男是女，使你多赚了这2 000元。根据数据赚钱的效益，也可以反向对数据交易定价提供有效的参照和测算。当然，数据需求方包括数据分析服务商和行业用户，涉及公共服务、影视娱乐、医疗健康、金融、人力资源、农业、能源

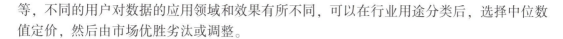

等，不同的用户对数据的应用领域和效果有所不同，可以在行业用途分类后，选择中位数值定价，然后由市场优胜劣汰或调整。

### 二、大数据定价的思维

依据科学的定价程序，利用大数据工具解决价格问题。定价需要将价格与价值联系在一起，及管理不同的竞争关系以维护产品的价值。这种大数据定价的思维实质上是一种独特的战略思维，而基于战略性思维的大数据定价，要求公司的整体营销战略以顾客为中心。

### 三、大数据定价目标与决策约束

企业的定价目标服从于营销目标但不完全等同于营销目标。产品或服务的价格决策出于企业生存的动机，也可能是为了追求销量和市场占有率，定价高低在一定程度上反映了企业或品牌的形象。企业的定价目标受两类因素制约：一是环境因素和市场状态；二是企业的成本水平和财务状况。由于企业的成本水平有完全成本、变动成本、直接成本和间接成本等多种类别，短期的价格决策受制于变动成本或直接成本，中长期的价格方针必须基于完全成本或中长期平均成本。

在营销活动和市场竞争中，价格虽然是企业的可控手段，但在不同的市场模式中，企业的市场地位不同，对价格手段的运用余地有大有小。在自由竞争条件下，大部分企业只能随行就市。在垄断竞争条件下，大企业成为价格领袖，中小企业只能尾随大企业的价格决定。在高度垄断的环境中，垄断企业对价格的决策调控力很大，但垄断又受法律的限制，垄断企业的价格决策也并非随心所欲。

从另一角度看，企业运用价格手段之所以有种种限制，主要是因为价格与需求及由需求决定的销售规模呈反比。提高价格可以增加单位产品的利润，但提高价格限制了销售量，企业的利润总额不一定增长，降价也有类似的不确定关系。因此，企业应当高度重视并研究价格与需求，降价、提价与销售量、销售利润之间的关系。

### 四、定价方法

通常来说，企业的定价方法主要有三类：成本定价、需求定价和竞争定价。

#### （一）成本定价

以产品或服务的总成本或某一成本形式为基本依据，在成本的基础上考虑一定的利润，利用这种方法形成的价格即成本定价。在定价实践中，可供选择的成本形式有完全成本、变动成本、直接加工成本以及边际成本等。在某种成本的基础上加期望的利润率或利润额，或在收支平衡关系的基础上确定目标利润，均能得出营销主体期望的价格。成本定价简便易行，但它忽视了需求和竞争的关系。如果企业的成本水平在行业中没有代表性，成本定价法就缺乏实用意义。

#### （二）需求定价

以目标市场消费者愿意接受的水平为基本的定价依据，根据进货方可能的售价和必要的进销毛利水平决定供应价格，这就是需求定价。此时，针对不同目标市场的不同产品有不同的价格。在需求定价条件下，成本形态虽无决定意义，但在需求价格确定后，不同成本直接关系产品和企业的利润水平。

### (三)竞争定价

以参与或避免竞争为目的，以某一竞争者价格为参照依据确定本企业产品售价的做法，称竞争定价。如果被比较的竞争者价格为 100 元，企业以 95 元的价格销售产品，体现了企业参与竞争、争夺市场份额的动机；企业以 105 元销售产品，则为了避免直接的价格竞争。在营销实践中，最具代表性的竞争定价是参与招投标方案中的报价的决定。在投标价格决定的过程中，投标企业既要分析招标方愿接受的价格，又要依据本企业的直接成本，提出有竞争力的报价，因而是竞争导向下多种定价方法的结合。

## 五、定价策略与技巧

### (一)新产品价格策略

在新产品的市场推广中，由于新产品的成本较高，缺乏代表性，同类可比较产品少，消费者不熟悉产品，难以形成准确的可接受价格，因此，新产品定价一般有两种选择：一是高价撇脂，待其他企业介入竞争行列时及时调整并撤出市场；二是低价渗透，提高竞争者介入的门槛，在达到销售规模后获取利润。

对于仿制性新产品，价格策略基于质量价格比关系。如被仿制品是优质高价，仿制品可采取优质中价、中质低价或低质低价等不同策略。即便是低质低价策略，由于部分消费者支付能力有限，仍可能接受质量价格比并不能带来附加利益的产品。诸多国际品牌在我国国内生产，大都采取优质中价策略。

### (二)替代性产品的价格策略

不少企业同时生产和供应具有某种替代关系的产品项目和类型，如窗式、分体式、柜式和吸顶式家用空调。按成本加相同的毛利率，由于各类型空调的成本和批量不同，价格关系可能扭曲。需求和竞争定价虽有用武之地，但难以体现企业的市场目的。在这种情况下，对产销规模大或市场潜力大，批量与成本关系密切的机型，企业应当按较低的利润定价，将其他机型利润定得相对高一些，以凸现该机型的价格优势，吸引更多的消费者。

### (三)连带性产品的价格策略

某些消费需求要求若干产品、服务结合起来才能实现，如汽车与零件及维修服务，饮水机和桶装净水。近年来，我国城市居民饮用净水成风，仔细观察不难发现，饮水机价格很便宜，净水价格不低，水桶价格(押金)奇高。当然，消费连带品的定价策略一般适用于规模大、多样化生产经营的企业。

### (四)折扣价格策略

在产品的基本价格确定以后，企业对不同对象和不同情况实施某种折扣策略。常见的折扣策略有现金折扣，即对即期付款的购买者给予一定折扣；批量或累计量折扣，对于批量大或全年进货量大的购买者，企业给予一定的折扣；功能折扣，即给予批发、零售分销和一般零售商不同的折扣；季节折扣，即在淡销季节，企业给予购买方更大的折扣；折让策略，即回购用户的老产品，折价冲抵一部分新的产品价格；促销折扣，即在促销期内对购买者给予较大的折扣。

### （五）差别价格策略

差别价格策略是一种常用的定价策略。形成差别价格的主要原因，是企业营销目标的差别和不同销售区域、不同购买对象的差别。同一种产品或服务，为巩固老顾客宜采用优惠卡价格，争取新顾客应采用促销优惠价格。儿童节、暑假对儿童和青年学生实行价格优惠，或针对 70 岁以上的老人实行价格优惠。同一产品在不同的销售区域形成不等的物流成本，企业采取统一的价格即向距离远的消费者提供了价格优惠。对新拓展的区域市场，可不加物流成本，甚至售价低于近距离区域市场。在同一城市或地区，免收或收取送货费实质上也是一种差别价格。

### （六）定价技巧

一般在基本价格的基础上，根据消费心理和购买动机，在最终价格的确定时辅以某种做法，称为定价技巧。高档产品、著名品牌或艺术性产品，把实际价格定得更高一些不乏可取之处。顾客习惯上愿意接受某一价格，在基本价格的基础上去掉或添一个小数值，如 10 元改为 9.99 元，市场接受度可能提高。对时尚性产品，在不同流行周期如 3 个月、6 个月后实行五折、三折甚至更大的折扣，以原价与现价的比较吸引顾客。

# 第二节　个性化定价策略

## 一、个性化定价内涵

个性化定价是一种以市场和用户需求为导向的定价策略，不仅能为不同用户提供不同的产品或服务定价策略，还可以帮助企业提高销售额和市场竞争力。其核心内涵包括以下四个方面：

### 1. 基于用户需求和偏好

个性化定价基于用户的需求和偏好来确定不同的定价策略。通过对用户的行为和偏好的分析，企业可以了解用户的消费习惯和心理预期，从而为不同类型的用户提供不同的产品或服务定价。这种定价策略可以满足不同用户的消费需求，提高用户满意度和忠诚度。

### 2. 基于市场竞争

个性化定价还考虑了市场竞争的因素。企业可以根据竞争对手的定价策略、市场份额以及市场供需情况等因素，制订适合自己的个性化定价策略。通过动态调整价格，企业可以在市场竞争中保持竞争力，吸引更多用户购买。

### 3. 基于产品或服务特性

个性化定价还考虑了产品或服务的特性。对于不同类型的产品或服务，企业可以根据其特性、成本、价值等因素，制订不同的定价策略。例如，对高端产品或服务，企业可以采取高价策略，以体现品牌溢价和品质保证；而对大众市场产品或服务，企业可以采取低价策略，以吸引更多消费者购买。

### 4. 基于数据分析

个性化定价还依赖于数据分析来制订定价策略。企业可以通过分析销售数据、用户行为数据和市场竞争对手的定价情况等因素，制订最优的定价策略。通过数据分析和预测模型，企业可以更好地了解市场需求和用户偏好，从而调整价格以提高销售额和市场份额。

## 二、个性化定价方法

在实现个性化定价时，可以根据实际情况选择合适的方法进行，以提高用户满意度和忠诚度。具体说来有以下九种常用的个性化定价方法。

### 1. 动态定价

根据市场需求和竞争情况等因素，实时调整产品或服务的价格，以保持竞争力。例如，在旺季或需求较高时，适度提高价格，而在淡季或需求较低时，适度降低价格。

### 2. 价格优化

通过对产品或服务的历史销售数据、用户行为数据和市场竞争对手的定价情况进行数据分析，制订最优的定价策略，以提高销售额和市场份额。

### 3. 价格歧视

根据不同用户的行为和偏好等因素，提供不同的产品或服务，并为不同产品或服务设置不同的价格。例如，对那些对价格敏感的用户，提供更优惠的价格，而对那些更注重品质和品牌溢价的用户，提供更高价格的产品或服务。

### 4. 基于价值的定价

根据用户对产品或服务的认知价值和需求程度等因素，为不同用户提供不同的定价策略。例如，对那些对产品或服务有较高认知价值和需求程度的用户，提供更高的价格，而对那些对产品或服务认知价值较低和需求程度较低的用户，提供更低的价格。

### 5. 基于位置的定价

根据产品或服务所在位置和周围环境等因素，提供不同的产品或服务，并为不同产品或服务设置不同的价格。例如，对于那些位于商业中心或交通便利区域的产品或服务，可以提供更优惠的价格，以吸引更多用户购买。

### 6. 基于竞争对手的定价

根据竞争对手的定价策略和市场份额等因素，为不同用户提供不同的产品或服务。例如，对于竞争对手定价较低的市场，可以提供更优惠的价格，以吸引用户购买。

### 7. 基于需求的定价

根据用户的需求和偏好，提供不同的产品或服务，并为不同产品或服务设置不同的价格。例如，对那些对价格敏感的用户，提供价格更低的产品或服务；而对那些更注重品质和品牌溢价的用户，提供更高价格的产品或服务。

### 8. 基于时间的定价

根据不同的时间段和季节等因素，提供不同的产品或服务，并为不同产品或服务设置不同的价格。例如，在节假日或促销期间，可以提供更优惠的价格，以吸引用户购买。

### 9. 组合定价

根据用户的需求和偏好，提供不同产品或服务的组合，并为组合设置不同的价格。例如，对那些对某个领域有较高需求的用户，可以提供相关的多款产品或服务的组合，以吸引用户购买。

以上的个性化定价方法可以根据企业的实际情况和市场特点进行灵活选择和组合使用。

### 三、个性化定价应注意的问题

不同的个性化定价方法在使用时需要注意法律法规、数据隐私保护、用户感受以及持续优化等方面的问题。具体说来，个性化定价方法在实施时需要注意以下四个方面内容。

#### 1. 遵守法律法规

个性化定价需要遵守相关法律法规和公平竞争原则。例如，需要遵循《中华人民共和国反不正当竞争法》和《中华人民共和国消费者权益保护法》等相关法律法规的规定，避免利用个性化定价进行不公平竞争，损害消费者利益。

#### 2. 数据准确性和隐私保护

个性化定价需要依赖用户数据和销售数据进行决策，因此需要确保数据的准确性和隐私保护。需要遵守相关隐私保护法规的规定，确保数据的合法性和安全性。

#### 3. 考虑用户感受

个性化定价需要考虑用户的感受和反馈。如果用户认为个性化定价是不公平或不合理的，可能会产生负面情绪，甚至投诉。因此，需要关注用户的反馈和意见，及时进行调整和优化。

#### 4. 持续优化和改进

个性化定价需要根据市场和用户需求的变化进行持续优化和改进。需要定期评估个性化定价的效果和效益，及时调整策略和优化模型，以保持市场竞争力和用户满意度。

总之，个性化定价是一种有效的定价策略，可以帮助企业根据市场和用户需求灵活地调整价格，提高销售额和市场竞争力。然而，在实施个性化定价时需要注意法律法规、隐私保护、用户感受以及持续优化等方面的问题。

### 四、个性化定价策略

企业想要有效地促进产品在网上销售，就必须针对网上市场制订有效的价格策略。由于网上信息的公开性和消费者易于搜索的特点，网上的价格信息对消费者是否购买起着重要的作用。消费者选择网上购物，一方面是由于网上购物比较方便，另一方面是因为从网上可以获取大量的产品信息，从而可以择优选购。网络定价的策略很多，根据网络营销的特点，可分为低位定价策略、个性化定制生产定价策略、使用定价策略、折扣定价策略、拍卖定价策略和声誉定价策略。

#### 1. 低位定价策略

借助互联网进行销售，比传统销售渠道的费用低廉，因此网上销售价格一般来说比线下市场的价格要低。采用低位定价策略就是在公开价格时比同类产品的价格低。采取这种策略一方面是由于通过互联网，企业可以节省大量的成本费用；另一方面也是为了扩大宣传、提高市场占有率，并占领网络市场这一新型的市场。

在采用这一策略时，应注意三点：第一，在网上不宜销售那些顾客对价格敏感而企业又难以降价的产品；第二，在网上公布价格时要注意区分消费对象，要针对不同的消费对象提供不同的价格信息发布渠道;第三,因为消费者可以在网上很容易地搜索到价格最低的同类产品,所以网上发布价格要注意比较同类站点公布的价格,否则,价格信息的公布会起到反作用。

### 2. 个性化定制生产定价策略

个性化定制生产定价策略,是在企业能实行定制生产的基础上,利用网络技术和辅助设计软件,帮助消费者选择配置或者自行设计能满足自己需求的个性化产品,同时承担自己愿意付出的价格成本。这种策略是利用网络互动性的特征,根据消费者的具体要求,来确定商品价格的一种策略。网络的互动性使个性化营销成为可能,也使个性化定价策略成为网络营销的一个重要策略。

### 3. 使用定价策略

所谓使用定价,就是顾客通过互联网注册后可以直接使用某公司产品,顾客只需要根据使用次数付费,而不需要将产品完全购买。这不仅减少了企业为完全出售产品进行大量不必要的生产和包装的浪费,还可以吸引过去那些有顾虑的顾客使用产品,扩大市场份额。采用这种定价策略,一般要考虑产品是否适合通过互联网传输,是否可以实现远程调用。比较适合的产品有软件、音乐、电影等产品。

### 4. 折扣定价策略

为鼓励消费者多购买本企业商品,可采用数量折扣策略;为鼓励消费者按期或提前付款,可采用现金折扣策略;为鼓励中间商淡季进货或消费者淡季购买,可采用季节折扣策略等。

### 5. 拍卖定价策略

网上拍卖是目前发展较快的领域,是一种最市场化、最合理的方式。随着互联网市场的拓展,将有越来越多的产品通过互联网拍卖竞价。由于个体消费者是拍卖市场的主体,因此,这种策略并不是企业首选的定价方法,因为它可能会破坏企业原有的营销渠道和价格策略。比较适合网上拍卖竞价的是企业的一些原有积压产品,也可以是企业欲推出市场的新产品。

### 6. 声誉定价策略

在网络营销的发展初期,消费者对网上购物和订货还有很多疑虑,例如,网上所订商品的质量能否保证、货物能否及时送到等。所以,对于声誉较好的企业来说,在进行网络营销时,价格可定得高一些;反之,价格则定得低一些。

总之,企业可以根据自己所生产产品的特性和网上市场的发展状况来选择合适的价格策略。但无论采用什么策略,企业的定价策略都应与其他策略相配合,以保证企业总体营销策略的实施。此外,由于网上信息产品的免费性已深入人心,所以,免费价格策略是市场营销中常用的营销策略,虽然这种策略一般是短期的和临时的,但这种策略对促销和推广产品有很大的促进作用。企业在网络营销中采用免费策略的目的,一是先让用户免费使用,等习惯后再开始收费;二是想发掘后续商业价值,是从战略发展的需要制订定价策略,主要目的是先占领市场,然后在市场中获取收益。

## 五、个性化定价行为的反垄断规制

个性化定价行为的反垄断规制需要准确识别涉案行为,综合判断竞争效果,慎重选择福利标准。对于同时降低消费者剩余和社会总福利的个性化定价行为，可认定其具有限制竞争效果且不具备正当理由，从而构成违法价格歧视；对于降低消费者剩余却提高社会总福利的个性化定价行为，如果选择消费者福利标准则可认定其构成违法价格歧视，选择社会总福利标准则可认定其具备正当理由；对于同时提高消费者剩余与社会总福利的个性化定价行为，因涉及消费者之间的剩余转移，对其竞争效果的评价仍待反垄断实施予以明确。

### （一）个性化定价——大数据杀熟指向的价格歧视行为

随着人工智能技术的不断发展和运算能力的不断提升，市场的交易模式以及经营者的竞争方式等均受到影响，消费者个人信息成为互联网领域通行的生产资料、策略资产与流通商品，经营者一方面积极存储记录客户的访问、咨询、搜索历史或通过网页缓存（Cookies）进行追踪，另一方面从第三方进行大量的数据采买。同时，算法已经具备处理海量数据的能力，可针对每位用户进行精准画像，帮助经营者对消费者各种特征及行为进行归档分析，了解每位消费者的消费能力和价格敏感度，预测消费者购买偏好，进而引导消费者作出购买决策。由此便产生了"大数据杀熟"。"大数据杀熟"指的是互联网厂商利用自己所拥有的用户数据，对老用户实行价格歧视的行为。也就是同一件商品或者同一项服务，互联网厂商显示给老用户的价格要高于新用户，并以此获得利润最大化。

无论媒体怎么批判"大数据杀熟"，实际上关键问题在于：企业是否利用信息不对称，或者说秘密定价，如果是在信息公开且具有正当理由的前提下，价格歧视其实是增加利润的有效定价方法。根据价格歧视的经济学理论，其价格歧视是商家通过设置各类栅栏来制订差别定价（对价格敏感的顾客最容易越过栅栏），如图6-1所示。典型案例如航空公司机票的定价法则，并且在已经完备的机票定价法则之外，廉价航空也能从缝隙中找到被传统航空公司放弃、对价格高度敏感的用户群，再以其差异化的服务增加付费。

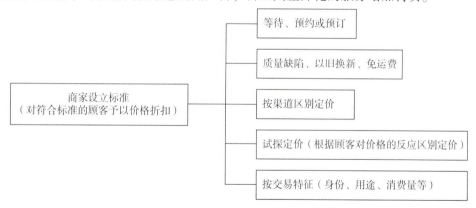

**图6-1 设置栅栏（标准）**

价格歧视（Price Discrimination）实质上是一种价格差异，通常指商品或服务的提供者在向不同的接受者提供相同等级、相同质量的商品或服务时，在接受者之间实行不同的销售价格或收费标准。经营者没有正当理由，就同一种商品或者服务，对若干买主实行不同的售价，则构成价格歧视行为。价格歧视是一种重要的垄断定价行为，是垄断企业通过差别价格来获取超额利润的一种定价策略。价格歧视分为三级，如图6-2所示。

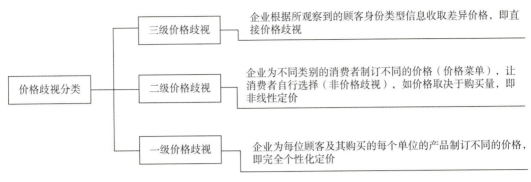

图 6-2  价格歧视分类

三级价格歧视在现实中普遍存在，如电影院或景点针对学生、老年人或未成年人收取不同的价格。个性化定价具有两个方面的特殊性：一方面，个性化定价的歧视基础是单个或一组消费者的特征和行为所代表的购买意愿和支付能力，随着甄别能力的提高，个性化定价逐渐从三级价格歧视向一级价格歧视靠拢；另一方面，个性化定价侧重于经营者与终端消费者之间的关系，而非经营者与经营者(如生产商与零售商)之间的关系。个性化定价是价格歧视的特例，在现实当中，它会产生多种效应，其对社会福利的影响是不确定的。因此，在评估价格歧视的影响时，应该考虑多种因素，综合分析多种效应。"大数据杀熟"对策与启示如图 6-3 所示。

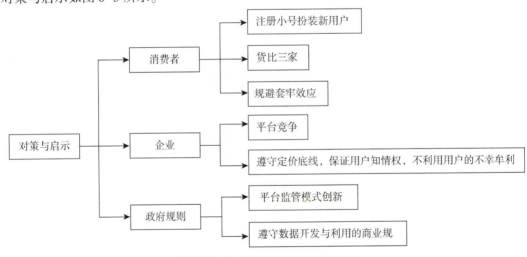

图 6-3  "大数据杀熟"对策与启示

### (二) 反垄断法上的反价格歧视条款规定

价格歧视是常见的支配地位滥用行为类型之一，传统反垄断法往往对此持严厉的态度。《中华人民共和国反垄断法》(以下简称《反垄断法》)第二十二条规定："禁止具有市场支配地位的经营者从事下列滥用市场支配地位的行为：……没有正当理由，对条件相同的交易相对人在交易价格等交易条件上实行差别待遇。"

#### 1. 价格歧视行为的基本分析

美国反托拉斯法与欧盟竞争法是各国反垄断法借鉴的主要对象，其对价格歧视的规定具有充分的代表性。美国的相关立法主要是《罗宾逊-帕特曼法》，按第 1 条 (a) 项第 1 款

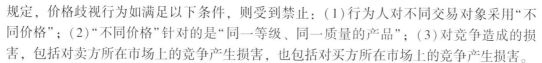

规定，价格歧视行为如满足以下条件，则受到禁止：（1）行为人对不同交易对象采用"不同价格"；（2）"不同价格"针对的是"同一等级、同一质量的产品"；（3）对竞争造成的损害，包括对卖方所在市场上的竞争产生损害，也包括对买方所在市场上的竞争产生损害。

《欧盟条约》第102条（c）规定："一个或多个企业滥用其在共同市场上，或在其重大部分中的支配地位，如果有可能影响成员国间的贸易，则被视为与共同市场不相容而被禁止。这类滥用主要有：……（c）对同等交易的其他交易伙伴适用不同的条件，从而使其处于不利的竞争地位……"这与美国的规定大致相同，其中"不同条件"包括价格条件，"同等交易"则大致对应美国的"同一等级、同一质量的产品"。但欧盟只反对"支配企业"的价格歧视行为，美国则没有这一限定。

从规定的表象上看，价格歧视行为只要对竞争产生限制，就该受到禁止。但欧盟与美国的判例法均突破了条文的束缚，而增加了效率的考察。实际上，它们对支配地位滥用行为（包括价格歧视行为）的分析一般有三个步骤：第一，判明该行为属于哪一种滥用行为，作为分析的起点；第二，分析该行为对竞争所产生的损害如何；第三，考察该行为能否产生足够的效率，从而抵偿其所产生的损害。后两步即对该行为所产生的正负效果进行比较权衡。

### 2. 价格歧视行为的构成要件

（1）不同价格。

对价格歧视行为的构成，传统反垄断法强调的是价格差异，即对两笔同等交易采用"不同价格"。《罗宾逊–帕特曼法》的适用上尤其如此：如果两笔交易的价格不同，即受该法禁止，然后由被告证明其价格差异具有成本上的合理性，但"这种抗辩往往被解释得很狭窄"，因而"被告援引这一抗辩没有多少成功的"。此外，如果两笔交易的价格相同，则不属该法管辖，哪怕二者的成本有很大差异。欧盟注意到了这种不合理性，在判例法上进行了扩展，"对不同交易适用同样的交易条件"也属于价格歧视。

在反垄断法中引入经济学分析后，人们认识到应当把"价格歧视"与"价格差异"区别开来。美国联邦上诉法院法官，美国芝加哥大学法学院高级讲师理查德·艾伦·波斯纳指出："经济学家采用价格歧视这一术语，指的是……各笔交易中，销售价格与边际成本的比率互不相同。"其关注的核心问题不再是价格之间的差异，而是价格与成本的关系：价格歧视是指卖方从不同买方那里所得到的回报率不同，也就是说，这两笔交易的价格之间的差异大于其成本之间的差异，因而卖方从这两笔交易中所获得的利润率不同。以现代眼光来看，《罗宾逊–帕特曼法》的基本理念存在偏差，它关注的是价格差异，而不是价格歧视，当前的相关研究人员普遍认为该法对竞争来说弊大于利，美国"司法部自1997年后就不再执行该法，而联邦贸易委员会也基本上把它忽略不计了"。

《反垄断法》第二十二条第六项则注意到了上述问题，描述的是"没有正当理由"的价格差异。如果两笔交易的成本不同，则可以构成价格差异的"正当理由"，"正当理由"则包括了各种效率理由。

（2）同等交易。

价格歧视所针对的须是两笔具有相同成本的交易。《罗宾逊–帕特曼法》采用的措辞是"针对相同等级和质量的产品"，这种表达不足以突出成本的重要性。同一卖方所生产的"相同等级和质量的产品"一般具有相同的生产成本，但这一措辞无法明确涵盖交易成本：即使两笔交易涉及的是相同等级和质量的产品，如果其销售成本（包括广告成本、运输成本等)不同，则价格也应当有差异，只要卖方从两个买方所得的回报相同，则不视为价格歧视。《欧盟条约》第102条(c)采用的"同等交易"一词则灵活得多。

《反垄断法》第二十二条采用的措辞是"对条件相同的交易相对人在交易价格等交易条件上实行差别待遇"，其中两处出现"条件"一词，这是应当避免的，至少应澄清其间的差异。"条件相同"一词显然应当是"同等交易"的意思，而"交易条件"则是指交易中的价格条件以及价格以外的其他条件，例如运输条件、交易地点、交货方式、付款方式等，这些条件上的差异通常最终会产生价格歧视的效果，比如卖方向一家买方提供运输服务，对另一家买方则不提供，则其效果等同于对前者降低价格，但如果前一买方需全额支付运输费用，则卖方从两笔交易所得的回报率并无不同，就不是价格歧视。

(3)行为人须是支配企业。

由于产品差异、信息不完全透明等原因，企业往往有一定市场力量，能够对某些买方提高一点价格，对另一些买方降低一些价格。由于市场价格处于不断波动状态，这种零散的价格歧视十分常见，但其目的一般是增加利润，而不是排斥竞争者。真正损害竞争的是系统的、持久的价格歧视，其行为人必须具有市场支配地位，才能将受到不利待遇的买方束缚住，使其无法转向购买其他卖方的产品。因此，反垄断法只应禁止支配企业的价格歧视行为，《欧盟条约》第102条即如此规定，而《罗宾逊-帕特曼法》则并不要求行为人具有支配地位，这是其广受批评的原因之一。《反垄断法》第二十二条与欧盟一样只禁止支配企业的价格歧视行为，可以避免《罗宾逊-帕特曼法》的缺陷。

关于支配地位的认定方法，《反垄断法》第三章有比较详细的规定，但在价格歧视案件中则往往不需要经过这么复杂的考察。一个卖方能够系统地、长期地从事价格歧视行为，这本身就说明它具有支配地位。

### 3. 价格歧视行为的反垄断分析方法

(1)竞争损害。

价格歧视行为有可能产生两种不利后果：一是对竞争产生损害，主要是指对竞争者产生排斥效果；二是对消费者构成剥削，因为部分消费者必须支付较高的价格。从欧盟、美国以及中国的立法可以看出，反垄断法并不直接关注消费者的利益，而是通过保护竞争来维护消费者的利益。

《罗宾逊-帕特曼法》的表述可分为两个部分：第一，"这种价格歧视的结果有可能大大减弱竞争，或有可能在任何种类的商业中造成垄断"；第二，"或损害、毁灭、阻碍与那些给予这种歧视利益的人之间的竞争，或与那些故意接受这种歧视利益的人之间的竞争，或与这二者的客户之间的竞争"。这两个部分以"或"相连，但其实质含义并不是选择性的并列关系，后者只是前者的实现方式，即价格歧视对第二部分所说的各种主体间的竞争产生损害，从而"有可能大大减弱竞争，或有可能在任何种类的商业中造成垄断"。而从第二部分的措辞可以看出，价格歧视可能会在两个层面上对竞争产生负面影响：它会损害与给予这种歧视利益的人之间的竞争，也会损害与那些故意接受这种歧视利益的人之间的竞争，或与他们的客户之间的竞争。"给予这种歧视利益"的是卖方，而"故意接受这种利益"的则是得到其优惠价格的买方。也就是说，价格歧视有可能在上游市场损害卖方与其竞争者之间的竞争，也可能在下游市场损害买方相互间的竞争。前者往往被称为"第一类价格歧视"，所排斥的是卖方的竞争者；后者则称为"第二类价格歧视"，受排斥的是卖方的部分客户，受益的则是其另一部分客户。

与此相比，《欧盟条约》第102条(c)所禁止的是支配企业"对同等交易的其他交易伙伴适用不同的条件，从而使其处于不利的竞争地位……"，即仅限于第二类价格歧视。其判例法上并没有受此限制，对第一类价格歧视案件也经常适用第102条(c)，因而实质上与美国法的理解是一致的。

《反垄断法》第二十二条所禁止的价格歧视指支配企业"没有正当理由，对条件相同的交易相对人在交易价格等交易条件上实行差别待遇"，这一规定对两类价格歧视均直接适用，不像欧盟那样需要司法活动作出背离。

（2）效率。

价格歧视也有可能反竞争，损害效率。竞争法则要将两者区分开来，其区分的主要标准是该行为是否能增加社会总产出。

市场上如果存在不同的客户群体，每个群体愿意为该产品付出的最高价格（称为保留价格）不同，则采用单一定价必定无法充分满足消费者的全部需求，因为这个单一定价必定会高于保留价格最低的客户所能支付的水平，因而他们只好放弃购买，社会总产出即无法实现最大化。此时如果允许行为人采用差别定价，则有可能增加社会总产出。经济学上将价格歧视分为三种类型。

①一级价格歧视是指卖方对每个消费者都按其保留价格进行销售，这可以使社会总产出达到最大值。但现实中卖方不可能了解到每个消费者的保留价格，因而一级价格歧视不会实际发生，只用作分析模型。

②二级价格歧视是指买量大的买方可以得到返点，因而其支付的平均价格低于其他买方，这可以促进买方增加购买量，从而增加社会总产出。再如电信企业的收费由两部分构成（称为"二部定价"）：所有的用户均要缴纳固定的月租，同时又按用户的实际使用时间收费（称为"从量费"），客户实际支付的价格即为"月租费+从量费"，使用的时间越长，每分钟分摊的月租费越低，因而平均价格就越低。卖方根据客户的"购买量"进行了歧视，但这使生产者与消费者的福利同时增加，如果禁止这种歧视，则对消费者反而是有害的。

③三级价格歧视是指对消费者进行分类，对不同类型的消费者，根据其需求弹性来确定不同的价格。在固定成本较高的产业，这种价格歧视往往是收回沉没投资的基本手段，因而其效率尤其突出。以软件产业为例，开发商有时会就同一种软件提供两种版本，分别按两类客户的保留价格来销售：家庭版按照边际成本定价，而企业版的价格高得多。这在外观上符合价格歧视的要件，但这对于维持软件企业的创新却是十分必要的：对企业客户定价较高，可以较快地回收沉没性的前期研发成本；对家庭用户按边际成本定价可以扩大销售量，从而降低平均固定成本。如果禁止价格歧视，则只能对两类客户采用相同的定价：这一价格必定会高于家庭版的价格，而一般又会低于企业版的价格。这会使一部分家庭用户放弃购买，从而导致产出减少，其他家庭用户则必须支付更高的价格；只有企业用户节约了购买成本，但这一节约对软件产业的发展并无意义，还使软件企业的研发能力削弱，最终仍然会损害消费者的利益。

### 4. 对价格歧视行为的其他考察因素

市场上的垄断行为有很多类型，这些类型间往往存在相生相克的关系。一般说来，价格歧视对于垄断协议具有某种破坏作用：一方面，在价格相对透明的市场上比较容易达成垄断协议，而价格歧视则会降低价格透明度；另一方面，即便在垄断协议成立后，由于垄断协议的整体利益与其成员的利益并不一致，成员们大多希望能够在一般性地遵守协议价格的同时，对某些大客户秘密地降低价格，从而既能享受协议价格所带来的垄断利润，又能从其他成员那里挖来一些客户。如果这种行为比较普遍，垄断协议将会崩溃。如果法律对价格歧视一律禁止，则会间接强化垄断协议的稳定性。特别是在寡头垄断的市场上，价格歧视是摧毁寡头之间的协调默契的重要手段，因而美国的反垄断法学者赫伯特·霍温坎普在《联邦反托拉斯政策——竞争法律及其实践》中指出："在寡头垄断市场上，任何禁止价格歧视的一般政策都会是对社会有害的。"所以，在对价格歧视行为进行评判时，有必要考察市场的综合情况，而不能仅仅专注于该行为本身。

### (三) 个性化定价行为的反垄断规制

#### 1. 事实进行认定

在反垄断的框架下，个性化定价和"杀熟"通常是被作为一种滥用市场支配地位行为来处理的。在我国的反垄断法中，它主要适用《反垄断法》第二十二条的第(六)款："没有正当理由，对条件相同的交易相对人在交易价格等交易条件上实行差别待遇。"即所谓的价格歧视条款。个性化定价是价格歧视行为的特殊形式，个性化定价行为究竟是否可以归入《反垄断法》中所规定的滥用行为，需要对个性化定价中价格差异的来源，以及持续时间等进行明确，要证明涉案企业对条件相同的交易相对人索取了不同的价格。具体需要三点证明。

(1)涉案企业的交易相对人。在欧盟和美国的竞争法体系中，只处理针对交易伙伴的价格歧视问题，而在《反垄断法》中，处理的范围显然要比这些国家都广。不仅是针对交易伙伴的价格歧视，而且针对一般消费者的价格歧视也适用《反垄断法》的规制。事实上，在个性化定价问题中，更多的是针对消费者的价格歧视。在处理这些案件时，首先要说明的就是这些消费者确实和涉案企业有交易，确实构成了涉案企业的交易相对人。

(2)针对不同消费者的差别定价是在条件相同情况下发生的。国家市场监督管理总局2023年发布的《禁止滥用市场支配地位行为规定》中，对"条件相同"作过解释："条件相同是指交易相对人之间在交易安全、交易成本、规模和能力、信用状况、所处交易环节、交易持续时间等方面不存在实质性影响交易的差别。"从经济学的角度来讲，如果满足了以上的"条件相同"，那么针对不同交易相对人的成本将不会有显著的差别。这时，如果出现了对不同交易相对人的定价差别，就可以排除这些定价差别是由成本因素导致的。

(3)针对不同的消费者确实索取了不同的价格。关于"不同的价格"的理解：一方面，所谓的价格，并不只是局限于直接产生于交易环节的价格，它还可以体现在各种返现、让利、赠品上。事实上，现实中的不少个性化定价案件，都是以这些形式出现的。在计算价格的差别时，应当将这些因素都考虑在内。另一方面，所谓"不同的价格"，更为确切地说应该是不同的价格成本比。现实中，不同消费者在购买量上往往存在不同，因此在比较他们之间是否遭遇了差别的定价时，直接比较交易价格是没有意义的，只有比较价格和成本之间的比例才有意义。

#### 2."正当理由"

个性化定价是由具有市场支配地位的企业实施的，且确实造成了对竞争或对消费者福

利的损害。根据《禁止滥用市场支配地位行为规定》，下列行为具有"正当理由"。

（1）根据交易相对人实际需求且符合正当的交易习惯和行业惯例，实行不同交易条件；

（2）针对新用户的首次交易在合理期限内开展的优惠活动；

（3）能够证明行为具有正当性的其他理由。

当下有很多和"杀熟"相关的案件，都可以通过新用户优惠得到解释，因此并不能构成真正意义上的滥用市场支配地位。如果涉案企业给出的抗辩理由比较充分，那么违法的推定就不成立，个性化定价行为应被认为合法；而如果抗辩理由并不充分，则可以认定为个性化定价行为非法，并结合行为造成的损害、持续时间、影响大小等因素，给出相应的处罚。

## 第三节　动态化定价策略

20 世纪 90 年代，航空公司会根据一架航班的空余座位数和竞争对手的票价不停地改变机票的价格。酒店很快跟进，推出了它们的"收益管理"系统，随时改变客房价格。现在，网络零售商也在使用具有类似功能的软件，目的之一就是要维持最低的价格——哪怕只低一分钱，这样当买家在进行价格比较时，它们的商品会出现在搜索结果最前面的位置。

### 一、动态化定价内涵

动态化定价是指根据市场和用户需求变化等因素，对产品或服务进行实时调整价格。其核心在于以动态的方式响应市场和用户需求的变化，以提高企业的市场竞争力。其核心内涵包括以下四个方面。

#### 1. 市场敏感性

动态化定价策略强调对市场需求的快速响应和适应。企业应该密切关注市场变化和竞争对手的定价策略，根据市场需求程度和竞争状况，敏锐地实时动态调整产品或服务的价格，以保持市场竞争力。

#### 2. 用户差异性

动态化定价策略考虑到用户需求的多样性和差异性。企业可以根据不同用户群体的需求和偏好，提供不同的产品或服务，并为这些产品或服务设置不同的价格，以满足不同用户的需求。

#### 3. 价格灵活性

动态化定价策略强调价格的实时调整和灵活性。企业可以根据市场变化和用户需求，灵活调整产品或服务的价格，以适应市场需求和用户购买力。这种灵活性可以使企业更好地应对市场波动和竞争压力。

#### 4. 数据分析支持

动态化定价策略依赖于对市场和用户数据的收集和分析。企业应该利用数据分析技术，对市场和用户行为进行深入洞察，了解市场需求和用户偏好，从而制订更精准的定价策略。

动态化定价是一种基于市场和用户需求变化的灵活定价策略，可以提高企业的市场竞争力。然而，实施动态性定价需要企业具备高效的市场调研能力、数据分析能力和价格管理能力。

## 二、动态化定价方法

动态化定价方法是指根据市场和用户需求变化等因素，对产品或服务进行实时调整价格，以达到最优化收益的定价方法。常用的动态化定价方法包括以下五种。

### 1. 基于需求的动态化定价方法

根据市场需求程度和用户需求程度等因素，实时调整产品或服务的价格。常用的方法包括基于需求的收益管理（Revenue Management）和动态定价（Dynamic Pricing）。

### 2. 基于时间的动态化定价方法

根据时间因素对产品或服务的需求程度进行调整。常用的方法包括基于时间的需求预测（Demand Forecasting）和时基定价（Time-Based Pricing）。

### 3. 基于渠道的动态化定价方法

根据销售渠道和销售方式等因素，实时调整产品或服务的价格。常用的方法包括基于渠道的收益管理（Channel-Based Revenue Management）和多渠道定价（Multi-Channel Pricing）。

### 4. 基于产品的动态化定价方法

根据产品或服务的特点和属性等因素，实时调整价格。常用的方法包括基于产品的收益管理（Product-Based Revenue Management）和产品差异化定价（Product Differentiation Pricing）。

### 5. 基于市场的动态化定价方法

根据市场供求状况和竞争情况等因素，实时调整产品或服务的价格。常用的方法包括基于市场的收益管理（Market-Based Revenue Management）和竞争定价（Competitive Pricing）。

动态化定价方法可以根据企业的实际情况和市场特点进行灵活选择和组合使用。企业应该根据市场和用户需求变化，结合数据分析技术，制订更精准的定价策略，同时还需要遵守相关法律法规和公平竞争原则，确保定价方法的合法性和公平性。

## 三、动态化定价策略

动态化定价策略是一种基于市场和用户需求变化的定价策略，其核心在于根据不同的因素和条件，为产品或服务提供实时调整价格。常用的动态化定价策略包括以下六种。

### 1. 需求动态定价策略

根据市场需求程度和用户需求程度等因素，实时动态调整产品或服务的价格。在需求较高时，可以适度提高价格，而在需求较低时，可以适度降低价格，以保持市场稳定和销售额。

### 2. 季节性动态定价策略

根据产品或服务的季节性需求和销售情况等因素，实时动态调整价格。例如，在旺季

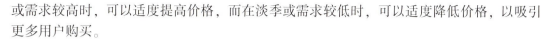

或需求较高时，可以适度提高价格，而在淡季或需求较低时，可以适度降低价格，以吸引更多用户购买。

### 3. 促销动态定价策略

根据促销计划和市场策略等因素，实时动态调整产品或服务的价格，以吸引更多用户购买。例如，在促销期间可以提供更优惠的价格、折扣或赠品等，以吸引用户购买。

### 4. 竞争动态定价策略

根据竞争对手的定价策略和市场供需情况等因素，实时动态调整产品或服务的价格。例如，在竞争对手定价较低时，可以提供更优惠的价格以保持竞争力，而在竞争对手定价较高时，可以提高价格以保持品牌溢价和保证品质。

### 5. 成本动态定价策略

根据产品或服务的成本和利润等因素，实时动态调整价格。例如，在成本上升时，可以适度提高价格以保持利润稳定，而在成本下降时，可以适度降低价格以吸引更多用户购买。

### 6. 智能动态定价策略

根据用户行为、偏好和市场需求等因素，结合人工智能和大数据分析技术，实时动态调整产品或服务的价格。例如，通过分析用户购买历史、地理位置和行为偏好等因素，为不同类型的用户提供不同的产品或服务定价策略。

以上动态化定价策略可以根据企业的实际情况和市场特点进行灵活选择和组合使用。需要注意的是，动态化定价需要遵守相关法律法规和公平竞争原则，同时还需要考虑用户感受和隐私保护等方面的问题。在实施动态化定价策略时，企业需要结合市场调研和分析，了解市场需求和竞争情况，同时还需要对用户的行为和偏好进行分析，以制订更精准的定价策略。

## 四、动态定价优势

大数据背景下的动态定价具有许多优势，主要包含以下三点。

### 1. 提高库存管理效率

动态定价有助于提高库存管理效率，解决库存管理瓶颈。必要时，调整价格还有助于卖出多余的产品。获得的市场趋势数据使企业可以预见需求高峰，并提前准备好所需的产品。

### 2. 清晰洞察消费者行为

拥有相关消费者行为的海量数据可以使企业了解它们的客户。例如，数据分析师可以提取竞争对手的信息，计算出客户将为产品或服务支付的最低和最高价格，利用该信息调整价格能带来更多的销售额。

### 3. 提高企业收益

与只有一个价格点相比，引入多个动态价格点会带来更多的销量或利润。收益增加是动态定价的主要好处之一。

## 五、动态定价的问题

大数据背景下的动态定价也面临许多问题，主要有以下三种。

### 1. 动态定价易演变成价格歧视

动态定价为市场带来了良性竞争。但是，现实生活中的例子表明，有些企业可能采取的策略过于严格，甚至损害了其品牌声誉。高峰时段的价格上涨可能会适得其反。例如在纽约市的暴风雪期间，人们最需要打车的时候，优步进行了涨价，结果被指控为了利益不惜利用客户。因此企业在解决同类问题时，动态定价不应变成价格歧视。健康的竞争可能会给企业及其客户带来好处，但是在不可抗力的情况下尝试价格歧视以此获利可能会对品牌声誉产生负面影响。

### 2. 易降低消费者满意度

引入动态化定价策略有时被视为有争议的业务决策。客户可能会发现它不公平，并选择其他品牌。因此企业在解决同类问题时，保持动态定价透明是最明智的方法。客户欣赏诚信的商家，更希望有自由选择的权力。

### 3. 数据采集易陷入商业纠纷

为了实施动态增定价，企业需要不断地实时跟踪竞争对手的价格。数据采集，尤其是大规模数据采集，是主要的动态定价挑战之一。因此企业在解决同类问题时，应以合法合规的方式或工具从竞争对手或消费者那里采集实时的大规模数据。例如，基于性别、种族、宗教或国籍的价格歧视是非法的。此外，为了不损害消费者权益，企业应在采用动态定价方面保持透明。

动态定价策略正变得越来越流行。航空企业、零售商、电子商务企业和运输服务商都在使用它们。动态定价的主要好处包括增强对定价策略的控制，做到更好的库存管理并带来更多的收益。但是，在没有适当工具的情况下实施动态定价策略需要大量资源。例如，大规模数据采集只能通过强大的数据采集方案才能完成。为了解决此问题，很多企业选择了合法、可靠而又便捷的数据收集工具。

## 六、动态化定价案例

航空公司的机票价格通常会受到需求和供应的影响。航空公司通过收集和分析数据，实时动态调整机票价格，以实现最优化的收益。春秋航空公司是一家以低成本运营为主的航空公司，2023年5月15日澎湃新闻记者从春秋航空方面获悉，目前春秋航空执飞国际、区域航线共31条，包括28条国际航线、3条区域航线，6月飞往东南亚预计每周304班，飞往日本预计每周50班，飞往韩国预计每周36班。

国内航线方面，票价有所上涨。澎湃新闻记者获悉，2023年6月上旬国内航线大多最低折扣在一点七折至二折之间，从6月10日开始，部分城市的机票价格将陆续回升，普遍上涨15%左右，而国际航线的最低机票价格相对稳定，波动范围在10%左右。值得注意的是，2023年6月端午节假期的国内航线票价有小幅上升，6月下旬起，学生放假、暑期旅游需求增加，机票价格也都有一定程度的反弹。目前，春秋航空公司动态化定价策略主要体现在以下四个方面。

### 1. 基于时间的定价

春秋航空公司根据季节性变化和市场需求程度，实施了不同的机票价格。在旅游旺季和节假日期间，机票价格会相应提高；而在淡季和需求较低的时段，机票价格会相应降低，以吸引更多的旅客。

### 2. 基于位置的定价

春秋航空公司根据不同航线、不同城市的供需情况，实施了不同的机票价格。对需求较旺盛的航线，机票价格会相应提高；而对需求较低的航线，机票价格会相应降低。

### 3. 基于竞争的定价

春秋航空公司根据竞争对手的定价情况，实施了不同的机票价格。对与竞争对手价格差异较大的航线，春秋航空公司会相应调整自己的价格，以保持竞争力。

### 4. 基于信用的定价

春秋航空公司根据旅客的信用记录和消费习惯，实施了不同的机票价格。对信用较好、消费记录稳定的旅客，春秋航空公司会提供相应的优惠和折扣；而对信用较差或消费记录不稳定的旅客，机票价格可能会相应提高。

春秋航空公司采用了基于需求的动态化定价方法。具体步骤如下。

### 1. 数据收集和分析

春秋航空公司收集了历史销售数据、竞争对手的定价信息、季节性变化等数据，并利用数据分析工具对市场需求进行预测和分析。

### 2. 制订定价策略

基于数据分析结果，春秋航空公司制订了一系列定价策略。例如，对需求较稳定的航线，可以采用固定价格；对需求波动较大的航线，可以采用时基定价，根据季节性变化和需求程度实时调整价格；对竞争对手较多的航线，可以采用竞争定价，根据竞争对手的定价情况实时调整自己的价格。

### 3. 实施动态化定价

春秋航空公司通过自主研发或采用第三方软件，实现了对定价策略的自动化管理。当市场需求发生变化时，系统会自动调整机票价格，同时向销售渠道和旅客提供实时价格信息。

### 4. 监控和优化

春秋航空公司通过对定价策略的实时监控和数据分析，及时发现潜在问题，并根据市场反馈和旅客需求对定价策略进行调整和优化。

通过实施动态化定价策略，春秋航空公司实现了以下成果。

### 1. 提高了收益管理水平

通过实时监控和市场反馈，春秋航空公司可以更准确地预测市场需求，调整机票价格，从而提高收益管理水平。

### 2. 提高了市场竞争力

春秋航空公司根据市场需求和竞争对手的定价情况，灵活地调整机票价格，保持了市场竞争力，吸引了更多的旅客。

### 3. 提高了客户满意度

春秋航空公司通过动态化定价策略，为不同需求的旅客提供不同的价格选择，提高了客户满意度。

需要注意的是，企业需要根据自身情况和市场特点进行动态化定价策略的制订和实施。同时，企业需要遵守相关法律法规和公平竞争原则，确保定价策略的合法性和公平性。

（资料来源：澎湃新闻. 春秋航空：六月国际航线票价保持相对稳定，国内航线价格将持续回升［EB/OL］.（2023-5-15）［2023-7-21］. https://baijiahao.baidu.com/s？id=1765933676912805957&wfr=spider&for=pc.）

讨论：本案例的动态化定价策略的实施主要依托哪些支撑？

## 案例分析讨论

**淘宝双十一促销价格造假事件**

在"双十一"促销中，商家往往打出低于"原价"的宣传语，吸引消费者下单购买。根据规定，原价是指经营者在本次促销活动前7日内在本交易场所成交，有交易票据的最低交易价格，如果前7日内没有交易，以本次促销活动前最后一次交易价格作为原价。但公开的判例显示，部分商家在"双十一"期间虚构原价，再打出促销价诱导消费者交易，施行价格欺诈。

2018年11月11日，田吉花费949元在天猫商城上的柒牌官方旗舰店购买了"（超值幸运福袋）柒牌男装福袋（款式随机）"，福袋页面标注"2399"元字样，销售方称福袋内部货品价格均高于2399元，但实际福袋中的大衣同时期在商铺内的售价为799元。

一审法院审理后认为，柒牌公司诱导消费者与其进行交易的行为，构成价格欺诈，柒牌公司被判"退一赔三"。

值得注意的是，在这些"虚构原价"的判例中，并非所有消费者要求"退一赔三"的诉请都得到法院支持。

被称为"中国职业打假第一人"的王海在2016、2017年间将多个"虚构原价"，搞"假促销"的商家告上法庭。10个案例中，多数法院支持了其"退一赔三"的诉请。但也有法院认为，商家的行为未对王海产生欺骗和诱导，驳回其要求商家承担三倍货款的惩罚性赔偿金的诉请。

2015年11月10日，王海在淘宝网上的思诺芙德旗舰店花费399元购买了一件"思诺芙德秋冬新款100%纯山羊绒衫"，一天后的"双十一"，该商家打出"双十一五折"的宣传语，王海以279元的价格购买了20件同款衣服。

一审法院认为，王海前一日花费399元购买商品，"双十一"当天商家标出"五折"后以279元出售，该行为已构成价格欺诈，判商家"退一赔三"。

二审法院审理后认为，商家构成欺诈，但王海第二日再次购买相同产品时，对于价格标示和上一日的产品价格应当明知，商家的标价行为难以对王海再次购买相同产品的行为产生欺骗和诱导，驳回了王海的三倍赔偿诉请。

实际上，2015年的"双十一"前，国家发改委曾向各网络零售企业"喊话"，提醒防止出现"虚构原价""虚假优惠折扣"的违法行为。2016年、2017年中消协连续两年发布的"双十一"网络购物价格调查报告显示，在"双十一"，先涨价后降价、虚构原价、随意标注价格的情况较为突出。

对于这一难以根治的"牛皮癣"，市场监管总局等十四部门下发的"网剑行动"方案显示，将严厉打击网上哄抬价格、价格欺诈等价格违法行为。行动于2020年10—12月联合开展，"双十一"的购物周期涵盖在内。

商家历时多年打造"促销节"，线上线下市场笼罩在"巨惠特卖""全年最低""限时抢购""爆款秒杀"的宣传迷雾当中，给消费者形成"买到就是赚到"的心理预期。但实际上，消协组织多年的价格监测和消费者投诉显示，一些商家"双十一"促销价格未必真实惠，有的商家使用的是"先涨后降"的套路，有的商家设置各种花式"买赠"，实际到手价格与平时并无差别，甚至还可能是全年最贵。对此，中消协提醒消费者不可迷信"双十一"的"价格优势"，购买前最好能提前了解价格走势，做到心中有数，除非是长期跟踪考察的商品，否则千万不要单纯相信低价宣传，盲目跟风下单。

讨论：在本案例中，违规使用了哪些定价策略？

## 本章小结

影响定价的因素主要有成本、需求、竞争三个方面。而企业的定价方法主要有三类：成本定价、需求定价和竞争定价。

个性化定价是一种基于市场和用户需求为导向的定价策略，其不仅能为不同用户提供不同的产品或服务定价策略，还可以帮助企业提高销售额和市场竞争力。个性化定价是在认识到每个顾客均具有个性化需求的前提下，企业以顾客的个体信息为基础，针对顾客的特定需求调整企业行为，它是在顾客需求的差异化日益显著的背景下产生和发展起来的。个性化定价综合考虑了用户需求和偏好、市场竞争、产品或服务特性和数据分析等多个因素，旨在提高企业的销售额和市场竞争力。个性化定价方法主要有动态定价、价格优化、价格歧视、基于价值的定价、基于位置的定价、基于竞争对手的定价、基于需求的定价、基于时间的定价与组合定价。个性化定价策略主要有低位定价策略、个性化定制生产定价策略、使用定价策略、折扣定价策略、拍卖定价策略、声誉定价策略。

动态化定价策略强调对市场需求的快速响应和适应。企业应该密切关注市场变化和竞争对手的定价策略，根据市场需求程度和竞争状况，实时调整产品或服务的价格，以保持市场竞争力。动态化定价是一种基于市场和用户需求变化的灵活定价策略，可以提高企业的市场竞争力。然而，实施动态化定价需要企业具备高效的市场调研能力、数据分析能力和价格管理能力。动态化定价方法主要有基于需求的动态化定价方法、基于时间的动态化定价方法、基于渠道的动态化定价方法、基于产品的动态化定价方法、基于市场的动态化定价方法。动态化定价策略主要有需求动态定价策略、季节性动态定价策略、促销动态定价策略、竞争动态定价策略、成本动态定价策略与智能动态定价策略。

## 本章习题

### 一、选择题

1. 在注重公平的基础上，企业可以通过以下(　　)步骤实现个性化定价。

A. 确定目标顾客—了解顾客支付意愿—制订差别化定价策略—实施个性化定价策略

B. 了解顾客支付意愿—确定目标顾客—实施个性化定价策略—制订差别化定价策略

C. 确定目标顾客—制订差别化定价策略—了解顾客支付意愿—实施个性化定价策略

D. 了解顾客支付意愿—确定目标顾客—制订差别化定价策略—实施个性化定价策略

2. 个性化定价营销方案的核心是(　　)。

A. 一对一营销　　　B. 一对多营销　　　C. 多对一营销　　　D. 多对多营销

3. 下列选项中，(　　)属于大数据驱动的定价策略。

A. 成本加成定价法　B. 动态定价　　　C. 价格歧视定价法　D. 撇脂定价法

4. 动态定价最先被(　　)启用。

A. 酒店企业　　　　B. 餐饮企业　　　　C. 旅游企业　　　　D. 航空企业

5. 下列选项中，不属于个性化定价特点的是(　　)。

A. 对个体数据精确分析　　　　　　　　B. 与同行业竞争者形成差异

C. 提高在线顾客的忠诚满意度　　　　　D. 为电商企业挖掘"隐藏利润"

### 二、判断题

企业实施个性化定价，无须遵循任何原则，因为个性化定价能在很大程度上增加企业利润，所以企业可以随心所欲地定价。　　　　　　　　　　　　　　　　　　(　　)

### 三、思考题

1. 网络购物正进入个性化时代，以客户为中心的个性化定价是未来的发展趋势，但采用个性化的价格，也可能引起消费者的不满，如果你是一家网络店铺的店主，你如何实施个性化定价？

2. 在大数据的背景下，企业实施动态化定价的频率越来越高。请你以酒店决策者的视角来分析酒店应如何实施动态化定价？

## 本章实践

任务：运用本章所学知识，结合实例分析携程公司有无大数据杀熟行为。

目的：考察对大数据定价的掌握情况。

要求：个人完成。

考核点：对以用户需求为基础的产品定价的理解。

# 第七章 渠道选择与创新

📖 学习目标

识记：大数据背景下渠道选择影响因素，大数据渠道优化与变革，大数据背景下消费者渠道选择的影响，线上和线下渠道冲突。

掌握：大数据背景下消费者渠道选择的影响，线上和线下渠道冲突。

形成：大数据营销从业者的平台思维与职业意识。

## 导学案例

### 我为什么看好格力？

格力电器的渠道呈现多样化发展的态势。截至 2018 年年底，公司在全国拥有 26 家区域性销售公司，4 万多家网点，与阿里、京东、苏宁和国美等电商及 KA（Key Account，关键客户）均保持良好合作伙伴关系。公司销售主要依赖于专卖店模式，专卖店销量占总销量的 80% 左右。格力线下专卖店分为销售公司直营专卖店、代理商直营专卖店及经销商专卖店三种。公司销售由区域性销售公司负责，区域性销售公司负责区域内代理商及经销商的对接与管理。从销售层级来看，经销商门店层级最长，需要经过"格力电器—区域性销售公司—代理商—经销商"多个层级，而电商渠道相对较短，只需经过"格力电器—电商"或者"格力电器—区域性销售公司—电商"，层级明显缩减。

区域性销售公司优势明显。区域性销售公司首创于 1997 年，集中了区域内优质经销商资源，进一步增强了公司对渠道的把控力。在区域性销售公司成立前，区域内多家经销商各自为政。1996 年格力在湖北的 4 家空调经销商为抢占市场份额竞相降价、窜货、恶性竞争，使得格力空调的市场价格混乱，公司利益受损。基于此，格力第一家区域性销售公司由此诞生，当时格力和湖北经销商联合，成立以资产为纽带、以格力品牌为旗帜、互利双赢的经济联合体——湖北格力空调销售公司。区域性销售公司联合了每个区域的大型经销商，共同出资参股组建销售公司，格力输出品牌和管理，统一了渠道、网络、市场和服务，产权清晰，激励机制明确，有助于将制造商与经销商组成利益共同体。与传统经销商的模式相比，股份制区域性销售公司优势明显：一是集中区域内优质经销商资源，形成利益共同体，统一网络，统一渠道和服务，有利于优质资源共享；二是增强渠道把控力，有效平衡经销商的竞合关系，避免区域内经销商因为自身利益而使得公司利益受损；三是绑定经销商利益，实现公司与经销商的共赢。

1. 股权结构引入经销商，深度绑定利益

格力电器的线下渠道依赖于区域性销售公司，全国 26 家区域性销售公司由北京盛世恒兴格力国际贸易有限公司控制，而北京盛世恒兴的实际控制人也是河北京海担保的实际控制人。2007 年为深度绑定经销商利益，公司第一大股东格力集团将其持有的 10% 的公司股权转让给由公司 10 家重要经销商组建而成的河北京海担保投资有限公司，作为公司战略合作伙伴引入。受让 10% 股权后，河北京海担保成为当时公司的第二大股东。截至 2019 年第一季度，河北京海担保仍持有公司 8.91% 的股权，为公司第三大股东。京海担保的实际控制人与公司线下渠道的实际控制人一致，深度绑定公司与经销商的利益，提高了公司对渠道的把控权，有助于两者协同发展。

2. 返利拉动销售积极性，筑就富余利润池

返利政策是格力渠道布局的重要举措。1995 年格力自创"淡季返利"的销售政策，鼓励客户在淡季投入资金，依据经销商淡季投入资金数量，给予相应价格优惠或补偿等，既解决了公司淡季生产资金短缺，又缓解了旺季供货压力。淡季返利在一定程度上能够平滑公司生产和销售的季节性波动，根据产业在线数据显示，2008—2018 年格力家用空调每月产销的波动性明显小于美的。产销季节性的平滑有利于公司充分利用生产资源，提高公司整体的产能利用率。

公司而后推出销售返利政策，销售返利指经销商一定时期内累计购买货物达到一定数量，或者由于市场价格下降等原因，公司给予经销商相应的价格优惠或补偿等。销售返利以返还部分利益的方式拉动经销商销售积极性，在一定程度上能够助力公司营收增长。

销售返利筑就公司富余的利润蓄水池。销售返利在拉动经销商积极性的同时也形成了富余的利润蓄水池。长期以来，格力对销售返利采用"无纸化操作"，根据公司公告等公开资料可知，格力的销售返利以非现金支付，销售返利的计提和兑现主要影响"销售费用"和"其他流动负债"两个科目，返利的计提和兑现力度变动会影响利润，因此其他流动负债项目一直被视为公司重要的利润蓄水池。2018 年年底，公司其他流动负债为 633.62 亿元，其中销售返利为 618.78 亿元，占比 97.66%。

对应公司营收规模与销售返利规模、销售毛利率和销售费用率发现，公司销售返利增速多数时候超过营收增速，推测公司存在超额计提销售返利的情况。2009—2011 年，销售返利增速放缓，公司较此前减少了返利的计提力度或加大了返利兑现的力度，对应的公司毛利率下降，净利率有所抬升，但叠加该时期原材料成本回升，公司的净利率也出现小幅下降；2011—2013 年，销售返利同比增速逐年增长，公司返利计提力度远超兑现力度，兑现力度可能有所下滑，公司毛利率提升，净利率应略有下滑，但叠加该时期原材料成本下滑，公司毛利率和净利率同步攀升，且毛利率提升幅度超净利率；2015 年公司营收负增长，且销售返利同比增速大幅下滑，返利的计提力度不及兑现力度，对应公司的毛利率下降，净利率提升，公司财务指标表现符合预期；2015—2017 年，公司销售返利计提同比增速持续走低，但营收增速有所回升，返利的计提力度不及兑现力度，对应的销售毛利率下降，净利率应提升，财务指标表现符合预期。

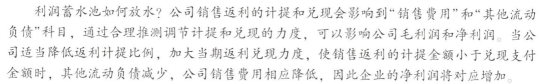

利润蓄水池如何放水？公司销售返利的计提和兑现会影响到"销售费用"和"其他流动负债"科目，通过合理推测调节计提和兑现的力度，可以影响公司毛利润和净利润。当公司适当降低返利计提比例，加大当期返利兑现力度，使销售返利的计提金额小于兑现支付全额时，其他流动负债减少，公司销售费用相应降低，因此企业的净利润将对应增加。

3. 流量红利消退，私域有待充分挖掘

互联网逐步从流量进入存量阶段，获客成本不断攀升，私域流量概念兴起。公域与私域概念相对，公域如同流动的河水，在公共范围内每个企业都可以触达；而私域如同蓄水池，相对私密，私域内的用户可反复触达，相较之下私域具备稳定、成本低且可重复利用等多重优势。在整体流量红利消退，买量成本攀升的情况下，私域运营正逐步成为互联网新趋势。从公域与私域的角度来看待现在家电的渠道：KA 和第三方电商平台（京东、天猫等）类比于公域流量的概念，平台销售的家电品牌众多，而家电公司自有的专卖店渠道类似于私域流量的概念，品牌家电专卖店只能销售自身品牌的产品，具有明显的排他性。在线上流量红利消退的情况下，互联网运营愈发重视线下市场，并且开始充分挖掘私域流量的可利用性。

《2018 年中国家电行业年度报告》显示，2018 年线下市场渠道中除苏宁、国美、五星以外其他渠道占比高达 71.5%，这部分中家电企业的自有渠道贡献了较大比例。家电企业探索自建渠道与当年 KA 的强势不无关系。2004 年成都国美对空调品类大幅促销，格力被动卷入价格战交涉无果后选择退出国美，加速自建渠道的进程。2005 年众多家电制造企业为增强自身对渠道的控制力，摆脱对 KA 的高度依赖，纷纷加入自建渠道的热潮中。

国内三大白电龙头中，美的取消二级经销商，线上对天猫和京东等第三方电商平台的依赖性相对较高，自有渠道销售占比相对低；海尔智家此前改革经销体系，将原有体系内的工贸公司变革为小微公司，划分至体系外，由小微公司自负盈亏，2018 年年底自有渠道涵盖 8 000 多家县级专卖店、3 万余家乡镇网络；格力电器通过区域性销售公司、返利政策及将经销商引入股权结构等深度绑定了公司与经销商的利益，具备对渠道的高度话语权，2018 年年底公司在国内拥有 26 家区域性销售公司和 4 万多家网点。

格力通过区域性销售公司和返利政策筑就了强大的线下渠道体系，线上渠道布局相对较少。格力已意识到自身在线上渠道的弱势，正在逐步布局发力。2019 年 3 月格力与天猫签署了物联网的合作协议，双方将从技术、售货渠道等层面展开深度合作；4 月，为进一步完善销售渠道，促进线上销售，公司在经营范围中增加电子商务业务，日益优化渠道模式。

（资料来源：我为什么看好格力？浅谈渠道力的三大支柱［EB/OL］.（2019-08-29）［2023-6-1］. https://www.sohu.com/a/337216601_100034414.）

# 第一节　大数据背景下渠道选择概述

渠道是商品的流通路线，让厂家的商品通过中间商卖向不同的区域，以达到销售的目的。大数据时代的到来为厂商的渠道优化与变革提供了新的思路。

随着大数据的不断深入，大数据已影响到许多消费者，甚至是消费者的各个方面。只要消费者参与消费，该消费行为就会成为大数据的一部分。随着信息技术的发展，大数据的研究和应用成为当前信息科技领域的新热点，以数据驱动为导向的金融、市场、战略、营销和运作管理成为未来商学发展的核心领域。企业的多渠道零售策略会提升服务的质量，进而提高消费者满意度和忠诚度，企业决策还要着重考虑消费者的实际需求。因此，影响消费者的渠道选择和使用的五个因素包括：消费者的经济目的，即消费者追求效率与效用对渠道选择的影响；消费者的自我肯定，如渠道选择精明正确；与产品和购物过程相关的象征意义，如顾客对购买所付出的努力获得的满意度；社交和经验目标，如融入社会环境的一部分；日常常规和习惯购买，如为了维持日常生活需要购买。另外，渠道选择会受到消费者的心理价格预期、所购买产品的类型、感知转换成本的大小和效率，以及风险规避和人口统计学特征等因素的影响。消费者的多渠道购买行为模型如图7-1所示。

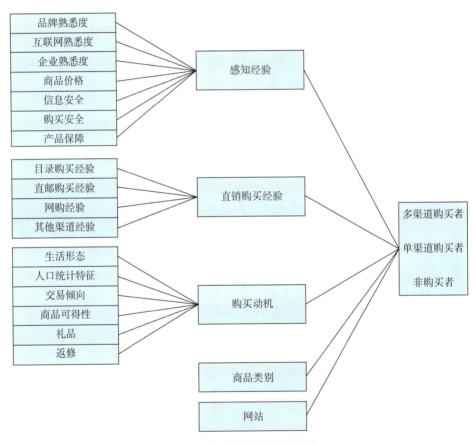

**图7-1　多渠道购买行为模型**

影响消费者选择不同渠道的因素还包括金融产品特征因素（如产品的价格、复杂度等）、渠道因素（如渠道的便利性和安全性等）、组织因素（如商家的规模和历史）和消费者因素（如消费者自身的消费习惯和消费心理）等方面。

另外，影响消费者渠道选择的因素还有消费者自身的渠道使用经验，例如，电话服务，消费者之前愉快的使用经历会影响其后来对电话服务使用的满意程度。消费者使用网站的熟练程度、个人所掌握的技能以及使用的经历等都对消费者选择某种渠道产生影响，如果个人使用熟练、技能增强、经历愉快，那么消费者对该渠道就态度友好，在某个渠道

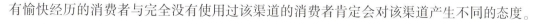

有愉快经历的消费者与完全没有使用过该渠道的消费者肯定会对该渠道产生不同的态度。

### （一）消费者个人因素

消费者个人因素是影响其选择不同渠道的最基本因素，不同的个体具有独有的特征，所以不同的消费者愿意选择购物的渠道会有所不同。消费者个人因素包括消费者个人特征、消费者感知渠道价格、感知渠道服务质量、价值和风险渠道交互性和顾客满意度。

从消费者个人因素或者从人口统计学的角度，消费者渠道选择行为受性别、年龄、收入、教育、文化等影响。从消费者个人特征的角度，消费者渠道选择行为受消费者的生活方式、购买经验和接受新事物的能力等消费者个人特征方面的影响。所以消费者风险厌恶、价格期望、享乐价值因素和功利价值，消费者的内在（主要指心理方面）和外在特征（主要是行为方面）都会对消费者购物渠道选择产生一定的影响，其中享乐价值因素和功利价值因素对消费者渠道利用行为有显著影响。

### （二）渠道因素

在多渠道环境下，消费者可以选择的渠道很多，一般消费者都会根据自己以往的各种经验对不同渠道作出自己的判断，再锁定选择某个渠道，就渠道自身的属性而言，消费者对渠道属性的感知和反应会影响渠道效用，进而影响其渠道选择。关于渠道属性这一影响因素主要包括渠道的服务质量、渠道内产品的价格、渠道成本和收益、渠道的便利性和风险等。不同的渠道属性对消费者渠道选择的重要性也根据购买的不同阶段有所不同，主要看在不同的阶段的消费者的追求目标，在购买阶段，消费者目标是选择最低价的产品。渠道服务质量感知会正向影响消费者的渠道选择，是渠道满足消费者需求和期望的能力。由于消费者在信息搜索阶段是追求学习目标，所以在搜索阶段，感知渠道提供相关信息质量很关键，在这一阶段，感知渠道服务质量是渠道属性里最重要的因素。

感知价格也会影响消费者的渠道选择。感知价格越高的渠道，消费者就越不可能选择，消费者在购买阶段需要付款，他们的目标是通过最小化购买成本使消费效用最大化。因此渠道感知价格在购买阶段是最重要的渠道属性。

感知便利性指的是感知到搜集信息、购买产品和交易的方便快捷，对消费者渠道选择有正向的影响，这一渠道属性对消费者选择售后渠道影响最大，由于消费者在售后阶段追求以尽可能低的成本消费产品。所以感知渠道便利性是售后阶段最重要的渠道属性。感知风险是阻碍消费者选择某一渠道的影响因素，可能会使消费者感觉到选择某一渠道会产生不确定和不愉快。感知风险可能产生于使用某一渠道购买了质量差的产品，也可能源于消费者感知金钱损失。损失其实真正发生在消费者已经购买完毕的时候，所以风险对购买产品和售后阶段的影响要比信息搜索阶段要大，当出现渠道风险时，很多消费者出现渠道搭便车行为，即在网上寻找产品的相关信息后，去实体店完成购买。

渠道使用意向直接受到消费者感知渠道价值的影响，受感知渠道质量和价格的间接影响。根据渠道属性，渠道使用经历和溢出效应都会影响消费者的渠道选择。所以渠道属性的测量指标主要有四个，即渠道服务质量、便利性、风险和价格。

### （三）情境因素

情境因素是指那些"具体的时间和地点因素，不是来自个人知识（消费者个人因素）或其他激励因素(选择替代)",可以理解为购物时的外部环境因素,包括物理条件和时间条件等,如天气、交通、地理位置、节假日、时间段和消费者的时间紧迫程度等。消费者在购物过程中,不同的情境因素会导致不同的行为,从消费者的角度来看,购物情境就是特定的行为发生在特定的时间和地点。学者桑德尔曾做过影响消费行为的情境因素的调查,结果表明高达40%的消费行为的变化可以归因于情境因素,而个人因素对行为影响的贡献率仅占28%。

根据个体购物发生的环境不同,情境因素分为:

(1)物理环境因素,如与实体店的距离、交通拥堵程度、天气情况、实体店环境因素(背景音乐、整洁程度)等;

(2)时间因素,如时间段、购买的紧急程度、产品可选择性和时间压力;

(3)跟社会环境有关的因素,如决定时他人在场、社交的机会等;

(4)跟购买前的状态有关的因素,如短暂的生理和心理状态、情绪、疲劳等;

(5)跟购买任务相关的因素,包括购物时的认知和动机等,如购买产品是送礼还是自用等。

以上五个情境因素可能影响消费者的信息搜索、偏好、产品种类和选择、价格敏感度。情境因素对消费者渠道选择决定具有直接的影响,消费者的渠道选择是不稳定、不规律的过程,更容易受到情境因素的影响而不是消费者认知。情境因素也会影响消费者的选择决策,在不同情境下消费者对不同渠道的价值感知不同,通过情境因素的特征相关性和融合个人购物风格来影响消费者渠道选择。不同类别的产品可以作为情境因素影响渠道选择的调节变量,产品种类被当作情境因素的一种。

### (四)产品因素

产品类型是影响消费者选择不同渠道的关键因素,由于消费者想要的就是产品本身,最有使用体验的也是产品本身,这种直观的可感知的真切体验让消费者对产品有所了解并选择购买渠道,因此产品因素是消费者感知的首要因素。消费者在进行成本收益比较时,产品类型会影响消费者评价和选择某一个特定渠道,不同的产品会影响消费者网上购买意愿。根据消费者选购产品之前对该产品的涉入程度,如了解程度或亲身体验程度等,可将产品划分为高涉入和低涉入类的两种产品。按产品的特征和属性划分,产品可以分为信息搜索型和体验型两种。后者的划分形式是基于消费者在购买前发现商品质量的能力,该划分形式被市场营销领域广泛接受。

### (五)商家因素

商家因素包括企业自身因素和外部因素,企业自身因素指企业的自身的沟通能力和信誉等。外部因素主要是企业的促销手段和营销策略等。

商家的规模、形象和渠道范围对消费者的多渠道选择有很大影响。商家的服务和特征、商家的声誉、沟通的渠道、商家信息共享以及商家的价格与促销战略等都可以作为企业选择与消费者沟通的渠道。例如,目录购物渠道和电子邮件等都对消费者渠道选择产生影响,不同的营销策略可以使消费者选择特定的渠道。在网络经济时代,企业采取线上线下等多种营销渠道来满足消费者的不同需求和渠道偏好,消费者会根据企业采取的营销策略改变渠道选择。企业采取不同的渠道组合可以激发消费者的购买行为，比如允许消费者在线下订单，之后到店内自取，可以激发消费者更多的购买行为。可见，企业主要通过自身的信誉和沟通能力以及各种促销手段和营销策略来赢得消费者的信赖，消费者对商家的信任才是影响其渠道选择的关键因素。

## 二、大数据时代的市场营销机遇

### （一）为客户提供更加精准的营销方式

在大数据时代，企业可以通过消费者的购买记录对消费者的消费需求进行分析，把握不同消费者的消费需要，与消费者建立联系，并通过和消费者之间的交流与沟通，建立良性沟通，更加深入地了解消费者的需求，对产品起到一定的推广作用。同时，这种针对性较强的营销方式，可以将顾客、成本以及沟通进行一体化处理，将以消费者为导向的原则进一步发挥出来，使营销渠道进一步缩短，进一步节省企业的成本，从而为消费者提供更加物美价廉的购物体验。

### （二）实现产品交叉营销

交叉营销是一种发现顾客多种需求，并满足其多种需求，从横向角度开发产品市场的营销方式。交叉营销的核心是向一位顾客销售多种相关的服务或产品。这一位顾客必须是企业能够追踪并了解的单位顾客，而这里的相关因素可以有多种参数，例如，因为销售场地相关，因为品牌相关，因为服务提供商相关等。简单来说，就是向拥有本公司 A 产品的客户推销本公司 B 产品。在大数据背景下消费者短期内的购买记录可以进行调取分析，并对消费习惯进行整合，然后商家就可以针对消费者的购买喜好发送一些适宜的推送信息，增强消费者的购买欲望，挖掘消费潜力。

### （三）便于建立良好的客户关系

客户关系是管理的核心，也是企业竞争力提升的关键，通过大数据可以实现顾客和商家之间的关系管理，在营销上进行交互处理，进一步拓展营销方式，为顾客提供更加具有针对性的服务；同时，在营销和服务方式上实现交互处理，完善顾客管理方式，为顾客提供更加个性化的服务，更好地维护客户关系，提升客户忠实度。在大数据时代，产品的同质化较为严重，企业需要进一步满足客户的需要才能创造更高的价值。

## 三、大数据驱动的渠道优化

在渠道管理与规划中，可以通过大数据分析有针对性地进行整体布局和优化，以达到提升企业销售业绩的目的。

### 1. 渠道管理理念

渠道的管理由功能性管理向过程性管理转变，加强对商品全生命周期的管理，形成商品销售流程的闭环管理；由利润性管理向营利性管理转变，不断挖掘社交电商渠道目标的潜在价值，不单纯以经济指标评判价值；由交易型管理向关系型管理转变，充分发挥社交电商在提高客户留存率方面的优势；渠道成员关系由交易型向伙伴型转化，提高渠道成员黏性；由产品管理向顾客管理转变，从客户需求角度考虑问题，与客户共创平台；由经验管理向信息管理转变，不断利用新兴信息化技术，赋能电商平台，提高管理和决策水平。

### 2. 渠道结构优化

要严格实行扁平化的短渠道，规避法律风险；对于多渠道，要进行控制与重新设计，向分销渠道一体化转型，提升平台对渠道的管理能力，减弱不同渠道间的竞争关系，削弱因渠道竞争对平台信誉的影响；传播渠道需要拓展信息发布阵地，加速短视频、直播平台的布局；要联通服务渠道，减少信息传递节点，提高服务质量；供应链方面，在加强与物流商合作的同时，逐步拓展物流体系。

### 3. 数据驱动管理

一方面是建立数字渠道成员评价体系，积极利用大数据技术，对供应商进行信誉评分，对相关库存产品价值进行分级；对分销商的绩效进行评估，挖掘头部分销商进行培养；对目标客户的价值进行评价，挖掘用户潜在价值。另一方面是建立数字渠道关系管理体系，对渠道成员关系进行存储与分析，研究渠道中各个节点的权重，优化会员分级与资源分配；提前发现可能造成渠道冲突的关系节点，对成员间关系进行预处理；挖掘潜在渠道关系，寻找现象级的产品、社群和渠道路径，进一步降低营销成本，提高渠道投资回报率。

## 四、大数据驱动的渠道变革

数字经济的本质在于信息化，信息通信技术（ICT）的快速发展促进了网络基础设施与智能机等信息工具的不断更新换代，互联网、云计算、区块链以及物联网等信息技术的发展和普及，推动了人类经济形态由工业经济向数字经济形态转化。在经济形态的转化过程中，移动互联网发挥了极其重要的作用。在以数据为主要生产要素的数据经济产业化时代，传统的营销渠道已经不能满足企业发展需要。依靠互联网技术，数据可为企业带来很多新的营销方式，特别是大数据等数字技术应用，可以系统地整理客户信息，更好地分析客户的消费行为，为精准营销创造条件。客户在付出更少的时间的基础上，更便利地完成消费，企业也因此提高了产品竞争力。

营销渠道观念应该在基本的市场营销理念支持下，以顾客为中心，以实现最终消费者和商品生产者综合利益最大化为目的，不断进行变革和更新。基于数据资源的赋能，传统企业营销在渠道策略上的变革模式如下。

### 1. 建设网络销售渠道，提升渠道效率

基于各类互联网服务以及电商平台的兴起，厂商应建设自己的网络营销渠道。将商品的信息描述搬上互联网，用户通过浏览网站，了解商品信息包括图片视频、参数规格、销售价格、物流方式、促销活动等。同时开通用户互动栏目，用户可以直接在企业网站上咨询、下单、支付、留言、提出建议。用户的购买反馈信息作为评价也可以形成口碑。可以利用电商平台开设企业自己的旗舰店，直接在平台销售商品，省去中间的代理批发等环节，提升渠道效率。在用户线上支付以后，商家利用专业的物流渠道直接寄送商品到消费者手中。用户购买行为产生的数据记录，也能更好地帮助生产者及时收集最终消费者的反馈信息和需求建议。

### 2. 建设自有零售终端渠道，缩短企业与消费者距离

生产商开设线下终端旗舰店的营销方式，提高用户体验对产品实物的主观感受。例如

国内手机生产商华为、小米等，在全国各大中小城市的豪华商业中心都开设了自己的终端销售旗舰店，提供样机体验服务，让用户在亲手操作使用真实手机的基础上，感受手机的功能和特点，直接咨询店内工作人员，使用户获得完整的用户体验。体验过后用户可以直接到店购买消费，也可以在店内线下体验后线上下单购买，为了鼓励线上消费，商家通常会提供一定的线上下单奖励或者折扣。厂家直营旗舰店模式对自身品牌形象的建设有很大的促进作用，整齐划一的店铺装潢，辅以现代化的商品陈列，有利于提升消费者对品牌的信心。线下的体验让用户获得了真实的产品感受，线上销售服务让用户获得了更多的购买渠道便利性。这种方式也常应用于服装产品，顾客可以到实体店试穿，基于个体消费者身材和审美，试穿满意之后再到网上下单，免去了客户收到衣服试穿之后不满意又退货的麻烦。这种生产者自建终端体验店的渠道方式拉近了消费者和生产者之间的距离，特别有利于新产品的营销推广。

### 3. 打破固有规则，整合全渠道营销

企业营销渠道是随着外部环境改变而改变的，不存在固有的设计规则，即可在保留传统渠道的同时，充分利用互联网信息技术的优势，打造网络销售渠道。在大数据时代，消费者不断追求更便利的、可以节省更多时间成本及金钱成本的商品获取渠道。互联网（特别是移动互联网）的发展让消费者的这种追求变得很容易实现。消费者在购物、娱乐以及社交各方面对渠道的需求是不同的，这就要求生产者采取尽可能多的渠道类型进行组合，以满足消费者的需求。对于线上渠道，从电子商务的角度来看生产者可以使用传统的企业门户网站，也可以使用各个电商平台的旗舰店，还可以使用各种搜索引擎进行营销推广。在商业模式发展的过程中，顾客体验发挥了重要的作用，在充分利用好线上渠道模式的同时还需要开拓实体店体验模式。全渠道营销模式其实是一种包含线下营销以及线上营销的各种营销渠道的组合。消费者的行为模型一般包括市场环境、心理过程、购买决策、购买行为四大部分，在移动互联网的加持下，消费者的购买行为不再局限于实体店铺，各个生产者的产品的信息在市场上变得完全透明。利用移动通信设备，消费者可以随时随地方便地搜索到商品的规格、价格、渠道、质量及评价等信息。通过比对，消费者能够作出更理性的选择，用更低的成本购买到更称心如意的商品。但网络毕竟有它的局限性，有的产品在网上看到的图片或视频并不能为消费者带来真实的使用体验和感受。商品生产者在构建营销渠道的同时更要注重消费者的体验。采取全渠道模式可以充分发挥线上和线下特长，通过各种渠道的紧密结合，发挥各个渠道不同的职能，形成一套独具特色的渠道系统。通过全渠道的模式，发挥生产、促销、物流、售后服务等配套资源的综合效用，实现渠道效率的提高和费用的节约。特别是新产品的推出，利用实体体验加线上下单的方式能够快速地获取消费者市场，节省时间，获取最大化渠道效应。

## 第二节　大数据营销渠道分析

营销渠道有时也被称为分销渠道。美国市场学者爱德华·肯迪夫和理查德·斯蒂尔认为，分销渠道是指当产品从生产者向最后消费者或产业用户移动时，直接或间接转移所有权所经过的途径。

但"现代营销学之父"菲利普·科特勒认为，严格来讲，市场营销渠道和分销渠道是不同的两个概念。一条分销渠道是指某种货物或劳务从生产者向消费者移动时取得这种货物或劳务的所有权或帮助转移其所有权的所有企业和个人。因此，一条分销渠道主要包括商人中间商(因为他们取得所有权)和代理中间商(因为他们帮助转移所有权)。此外，它还包括作为分销渠道的起点和终点的生产者和消费者，但是，它不包括供应商、辅助商等。而一条市场营销渠道是指那些配合起来生产、分销和消费某一生产者的某些货物或劳务的一整套企业和个人，如制造商、批发商、分销商、代理商、零售商和最后的消费者或用户等。但在实际的社会生活中，营销渠道和分销渠道这两个概念大多时候都被混用了。

营销渠道又可分为传统营销渠道和与之相对应的现代营销渠道。其中，传统营销渠道是指以传统传播与交易工具为基础的一类营销渠道。而现代营销渠道，是指包括以电子商务为主要模式的网络营销渠道、电视购物营销渠道等。

传统营销渠道具有以下特点。

(1)营销渠道的起点是生产者，终点是消费者(生活消费)和用户(生产消费)。

(2)营销渠道主要参与者是商品流通过程中的各种类型的机构(中间商)。

(3)商品在从起点(生产者)流向终点(最终消费者或用户)的流通过程中，至少要经过一次商品所有权的转移。

现代营销渠道具有以下特点。

(1)鲜明的理论性。

(2)市场的全球性。

(3)资源的整合性。

(4)显著的经济性。

(5)市场的冲击性。

(6)极强的实践性。

不论是传统营销渠道还是现代营销渠道，都是市场营销渠道的一种模式。那么，市场营销渠道的主要职能又是什么呢？

从经济理论的观点来看，市场营销渠道的主要职能，在于将自然界中的各种原材料根据人的需求转换成有意义的产品，使人们通过各种方法认识这些产品并加以利用。一个产品从生产到使用，涉及两个独立的群体，即生产者和消费者。而市场营销渠道对产品从生产者转移到消费者必须完成的工作加以组织，目的就是消除二者之间的差距。

市场营销渠道的主要职能有如下七个。

(1)调研，即收集在制订计划和进行交换时所需要的信息。

(2)接洽，即寻找具有购买意愿的客户，并和他们进行有效沟通。

(3)配合，即通过制造、分装、包装等活动，使所供应的产品符合购买者的需要。

(4)洽谈，即为了转移所供应产品的所有权，售出产品，而就产品价格和其他有关条件达成最后协议。

(5)分销，即对商品进行运输和存储。

(6)融资，即为了取得进行渠道工作的成本费用而对资金加以取得与支用。

(7)承担，即承担市场营销渠道中可能出现的全部风险。

## 一、大数据背景下营销渠道结构的影响

营销渠道结构是指营销渠道中所有渠道成员所组成的体系，也被称为"营销渠道模式"。其本质是企业或个人将其转移的货物或劳务进行任务分派，渠道功能在渠道参与者之间的剖析。营销渠道的布局策略如表7-1所示。

表7-1 营销渠道的布局策略

| 序号 | 渠道项目 | 目标 |
|---|---|---|
| 1 | 以销售贡献为主的渠道 | 1. 为企业贡献业绩和利润<br>2. 布局销售渠道，以利益共同体经营为主，确保渠道的利益和动销支持 |
| 2 | 以品牌传播为主的渠道 | 1. 传播品牌，增强影响力与竞争能力<br>2. 不以赚钱为主，以展示、推广、宣传、互动为主，扩大品牌知名度 |
| 3 | 行业必须做的渠道 | 1. 品类或者行业必做渠道，同行都在做，必争的战场和渠道<br>2. 做好渠道和客情的管理 |
| 4 | 空白市场渠道 | 制订开发进度和开发方案，成立专门的渠道开发小组，匹配预算 |
| 5 | 线上渠道布局策略 | 1. 线上直营渠道和门店布局，比如京东、天猫、拼多多旗舰店<br>2. 线上代理渠道布局，比如小红书等一些渠道给代理商做<br>3. 布局社交电商，制订私域流量策略 |
| 6 | 线下渠道布局策略 | 1. 线上代理商、批发商、零售商客户分类管理策略<br>2. 区域市场布局，大区、省区、城市不同级别的市场布局<br>3. 根据企业产品特性，设置特区、项目等部门 |
| 7 | 直营门店布局开发 | 1. 有零售业态的，开发线下直营门店、旗舰店、样板门店<br>2. 有连锁特性的，开发加盟门店辅助 |

通过巨量数据的收集、分析和以消费者为导向，实现渠道结构扁平化。渠道结构扁平化是主体对象为营销渠道结构所采取的一种策略，是指基于个体消费者或企业，建立一种简捷而畅通的渠道。这种渠道策略被人们接受的原因有以下三点。

（1）可避免因中间商层级过多而引发的众多问题；

（2）可达到缩短消费者与企业的距离的目的；

（3）可尽可能节省中间环节的相关（运营）成本。

## 二、大数据背景下对营销渠道控制的影响

### 1. 渠道控制力水平的关键——渠道的忠诚度

渠道控制力主要是指两个方面：一是渠道供应链条的整体控制水平；二是渠道客户忠诚度的掌握能力。一方面，巨量数据直接影响到期望，这种期望来自渠道链中各个客户通过合作获得的利益，还来自对未来合作前景的期望。另一方面，大数据的应用带来精确营销，使不同层次渠道的客户能及时获取产品和服务的相关信息，从消费者心理角度有重要的积极作用，通过为顾客提供针对性的增值服务，使产品获得有效差异，从而提高用户的

满意度和忠诚度，使企业从根本上摆脱因产品同质化而引起的过度无序竞争的销售困境；同时通过增值服务的提供，使营销链价值创造大大改善，各环节利益增加，还能增强营销链的稳定性和协同性。如某饲料企业在培育原有经销商的养殖服务功能的同时，充分利用渠道的服务功能，为广大养殖户提供防疫、收购、饲喂、品改等养殖综合服务，改善其养殖效益，从而提升了产品的市场份额和用户的忠诚度。

### 2. 产品的核心竞争——分销渠道控制管理

分销渠道控制管理是与产品在区域市场终端上的活跃度息息相关的大事，也是区域市场网络稳定、有序、健康发展的技术保证。分销渠道的控制管理不仅是经销商资料库的建立和管理，同时也是品牌与分销渠道互动的一个过程。分销渠道的控制管理是产品的核心竞争力之一。

分销渠道费用通常要占一个行业商品和服务价格的 15%~40%。这个数字也反映了企业通过改善分销渠道提高企业竞争力和利润率的潜力，科学设计、高效合理的分销渠道管理往往可以为企业带来更高的回报。

### 3. 渠道控制力效率的关键——渠道规划

充分考虑今后管理流程中的商流、信息流、物流、资金流等的顺畅性和运营维护成本。规划区域市场的渠道结构时，除考虑容量、需求、产品特性和地理等一般性影响因素外，还应该考虑到区域商流的习惯性，合理地设计渠道层次关系，减少不合理的物流和价格环节，实现渠道效率基础上的扁平化。如在考虑区域传统商业集散地设立总代理，利用企业已存在的商流联系，直接覆盖地、县等二、三级市场，改变以往由中心城市代理覆盖地级代理，再由地级覆盖县级的一般性渠道构建思路。但在集中的专业市场内，由特约经销商设立库存，覆盖其他多个一般分销商（无须增加库存），既实现了物流集中和库存集约，又保证了稳定的渠道占有，使渠道的整体效率最大化；同时减少渠道冲突，调动各级渠道成员的积极性，稳定区域市场秩序，有效降低维护费用。

### 4. 渠道控制力有效性的关键——分工协同

渠道的有效原则体现在以下两个方面。

(1)企业在对目标市场进行有效细分的前提下，要进一步对可能的销售渠道的分销效能、服务能力、维护成本和影响力等方面进行综合分析，从而明确各渠道的优势和劣势。再通盘考虑和合理规划，保证进入的渠道和细分市场的特点对应匹配，这样才能从结构上保证企业构建的营销链的有效性，奠定有效出货的基础，实现对区域市场的有效覆盖。例如，在装饰材料行业中，对于商业用户细分市场的覆盖，必须嫁接和进入建材批发渠道和五金店等具有组货配套和建筑装饰功能的工程渠道，薄利多销，服务于大批量的工程商用经销商；对一般家庭用户，必须利用各地的建材专业市场等以零售为主、批零兼营的分销渠道；而对家庭装饰用户中的高端经销商，则越来越多地采用综合建材连锁超市等大型零售渠道。因此，其中任何一种渠道都不可能有效交叉覆盖另一个细分市场。

(2)强调整合各细分渠道中素质、规模、实力、服务和管理等方面有特长的终端、大批发商和新兴大型零售商等优秀渠道资源，注重渠道质量，这样构建起来的企业营销链才具有强大分销力，对目标区域市场产生关键性影响和对竞争对手产生冲击力。

协同分工是为了达到提高渠道控制效率的目的。所以，在使用不同类型渠道覆盖相应细分市场外，更要强调营销链各环节成员间的优势互补和资源共享，这样才能通过企业对营销链的管理，有效地获得系统协同效率，即提高分销效能，降低渠道运营费用。如企业利用管理经验、市场能力、技术服务等营销资源优势，承担品牌运作、促销策划、助销支持和市场维护等管理职能；核心经销商利用网络、地缘优势、资金、配送等资源优势，承担物流、结算、配合促销实施、前期推广等分销职能；各零售终端利用地理优势、影响力、服务特色等优势，承担现场展示、用户沟通、经销商服务和信息反馈等销售职能。

## 三、大数据背景下消费者渠道选择的影响

### (一)产品因素对消费者渠道选择的影响

#### 1. 产品特性

网络购物具有一定的虚拟性，不能如实体店般直观准确地对产品作出判断。产品的质量、功能、安全、耐用性及感知性等特性，在很大程度上影响着消费者渠道的选择，例如手机这类产品，消费者只有通过触摸和体验才能判断其性能的优劣。对于搜索性的产品，例如移动硬盘，消费者只需要在网络上搜索内存和品牌等信息后即可购买。针对产品的特性，可将消费者购买决策分为分五个方面，即个人需求、收集信息与整理、产品评价方案、购买决策和购买评价。在这五个方面中，对于信息收集与整理，在购买决策购物前期，感知性越强的产品，消费者越倾向于线上获取产品信息并选择线上渠道，购买评价等购物后期，产品特性对消费者渠道选择影响不明显。

#### 2. 产品差异化程度

随着产品日益丰富，人们对产品的需求也不断提高，同一类的产品有多个品牌可供选择，在同一个品牌下价格也有高低之分。差异化程度较高的产品，消费者感知的产品风险较高，更希望接触后再进行购买。其原因是这类产品在网络上提供的仅是产品图片和基本信息，不足以让消费者判断该产品是否适合自己，消费者感知网上渠道易用性和有用性均较低。而相对差异化程度低的产品，不同零售商之间的价格、样式、功能等区别不大，消费者花费的精力少，这类产品价格偏低，使消费者的网络购物感知风险较低，更倾向于网络购买。例如 A4 打印纸，不同品牌和销售商的纸张价格、薄厚、样式区别不大，消费者在网上购买的感知风险相对较低。

#### 3. 产品价格

产品的价格是影响消费者购买决策重要的因素。产品的价格越高，消费者越希望亲自感触产品，对其质量进行现场确认后才购买，此时线下渠道优于线上渠道。产品价格低，消费者认为网络购物感知风险较低，则倾向于线上渠道购买。

### (二)消费者因素对购买渠道选择的影响

消费者购买渠道的选择受个人购物动机、感知风险、购买涉入度和渠道忠诚度等个人消费特性的影响。在消费者产生需求动机时，就会在购买前期收集相关的信息，如价格、个人隐私泄露、质量、购物后的评价、商家的优惠力度等，然后进行综合考虑和对比，对于感知风险较大的，倾向于线下渠道购买，反之则倾向于线上渠道购买。当消费者通过某渠道购买到心仪的产品时，如顾问式服务、质量、价格等超出个人的期望值，就会忠于渠道的购买。另外，选择购买渠道时还受消费者的年龄、文化程度、收入状况等因素的影响，例如，年龄较大的消费者倾向于线下渠道购买，年轻消费者倾向于线下、线上全渠道

购物，高收入高消费的消费群体倾向于品牌店、大型商场等线下渠道购买。

## 四、营销渠道的创新思维

### (一)全渠道深度融合创新

在大数据营销背景下，营销渠道呈现复杂化、多元化的特点，尤其是时尚品牌，多采用线上线下有机融合的全渠道布局捕捉市场需求。所谓全渠道，是一种以顾客为中心，使用户能够在购买产品的过程中享受到所有渠道之间无缝有效链接的战略。例如，优衣库营销渠道包括门店(或体验店)、电商、APP、微信、微博等，并与顺丰合作，实现了同城顺丰急送服务，真正将线上线下深度融合，全渠道实现了与消费者随时随地的有效连接。

在全渠道布局方面，除了开设必要的门店外，还应致力于打入各大社交平台，将传统的垂直型营销向扁平化、网络化转型，实现线上线下深度融合的全渠道创新。例如，在线零售商 SHEIN(南京希音电子商务有限公司)，始终坚持"网上发传单"，以按需生产的模式赋能供应商共同打造敏捷柔性供应链，于 2023 年面向全球市场推出平台模式，使更多各个市场的本地品牌、商家以及全球第三方卖家入驻平台，与自营品牌一起，满足消费者日益增长的在线消费需求。因此，利用大数据技术联通各个渠道间的数据联系，才能实现全渠道深度融合创新，最大限度提高营销效率。

### (二)精准化数字营销创新

数字营销是指使用互联网数字技术通过手机应用程序，展示广告和任何其他数字媒体对产品或服务进行的营销。数字营销渠道是一种基于 Internet 的系统，可以通过数字网络创建，加速将产品价值从生产者传递到消费者终端。利用时尚消费终端，紧跟数字化机遇，通过数字技术与实践相融合的方式，加速渠道铺成与下沉，实现精准化数字营销。企业可构建全链路数字化系统，主要通过线上数据收集，根据各类产品不同时间段的购买和试用次数、转化率等数据精准定位用户画像，并将数据及时反馈，从而确定营销策略。除此之外，跟踪生产环节的每一道工序并收集相关数据，通过数据分析精准把握市场，实现大数据带来的精准化数字营销。"往复式"闭环反馈营销模式，即设计师和买手在掌握数据的基础上，对行业信息快速反应，精准捕捉消费端的价值变化，并将消费端的数据再次反馈给设计端，从而实现精准营销。

### (三)依托大数据进行供应链管理优化

大数据时代对电商供应链管理主要依托于智能云计算，即信息数据处理能力的相关应用所带来的人员的行为、思想变革及社会生产要素变化。社会生产资料要适应社会生产力的发展，即在巨量数据的分析收集背景下，电商供应链管理模式通过更好的供给侧结构性改革实现电商企业竞争力的整体提升，以满足市场经济中的多层次消费需求。利用大数据技术开展数据收集、分析、挖掘和应用，使电商企业重视供应链管理的价值重塑，不断进行供应链管理的创新与变革，提升企业的竞争力。企业要提升供应链体系的整体运转效率，就要坚持以消费者的实际需求为目标，开展产品的研发、制造与生产并融入 AI 技术。在供应链价值重塑中，企业要不断反思和改进，提升数据营销的精准化程度，通过对消费者数据的收集及时、快速地反馈消费者的问题，以满足消费者的需求。通过消费者数据模型的建立，完成供应链管理价值的有效重塑。

# 第三节　解决线上线下渠道相冲突的问题

## 一、线上和线下渠道冲突概述

企业为了更好地满足消费者需求，在现有传统线下渠道的基础上，增设了网络线上渠道。但是，随着两种渠道的发展，渠道冲突不断涌现，表现在价格、窜货等方面。要处理好线上、线下的冲突，关键是以"消费者便利购物"为依据进行有效整合。只有建立在线上、线下互动互通的零售渠道的基础上的电子商务模式，才是真正具有实效的。而要真正做到这些，就需要企业把线上和线下渠道建设放到战略高度进行定位。只有战略定位清晰、明确才能够充分利用、整合所有的可利用资源。所以关于线上和线下渠道建设的战略定位，企业必须明确线上渠道在企业的整个渠道体系究竟应该占有什么样的位置，发挥什么样的作用。当前，做电子商务的企业主要把线上渠道定位为线下渠道的补充，但是未来的发展趋势绝对是线上与线下的融合。无论是作为补充还是相辅相成，都需要在战略上进行清晰定位。企业只有在确定线上和线下渠道两者的定位关系之后，才能相应地采取合适的策略。

## 二、线上和线下的渠道冲突

### （一）渠道冲突的成因

#### 1. 目标不一致

线上电商与线下实体店属于渠道双方相互独立的个体，两者在经济利益以及目标上必然会产生偏差，这是产生渠道冲突的重要原因。

即使在零售企业同时发展电商和实体店的情况下，线上与线下仍是两个独立的部门，也就是说，线上电商渠道的低价策略对寻求低价的消费者来说具有很大的吸引力，由此线下渠道的消费者便开始转向线上，这直接导致线下传统渠道的消费者大量、急剧流失。而没有发展线上渠道的零售企业，情况更加糟糕。实体店因店面租金等费用，成本比电商平台高，商品价格就居高不下，在面对电商的低价策略时根本无力反击，由此，线下实体店更像是"体验店"，最终因盈利下降而引发线下实体店商的不满。线上和线下渠道都希望吸引消费者，两者都想方设法让自己获利，冲突因此而起。

#### 2. 业务范围不一样

传统线下实体店的业务范围有限，其配送半径、商品种类、服务能力和优惠信息传送能力等，都受到相应的地域限制。电商则不然，线上渠道不受地域、空间和时间的限制，可与全国消费者在任何时间、地点进行交易。即使线下实体店没有售卖的，消费者足不出户也可以拿到自己购买的商品，在缺货的情况下也不用辗转多个地方购买。所以，线上渠道在一定程度上抢走了线下渠道的消费群体，导致了两个渠道间的冲突。

#### 3. 消费者的购买行为

在电商与实体店共存的环境下，消费者习惯在有购买动机后，先寻找合适的商品。由于线上渠道产品虚拟化的限制，消费者要买后才能拿到实物。因此，大多数消费者是先去实体店对商品进行外观、性能等的现场体验后，再通过价格比较，在线上电商渠道下订单完成购买。消费者的这种行为无形中会给线下实体店带来"伤害"。在实体店为顾客提供产品展示、人员操作演示和产品信息解说等服务后，顾客却在网络电商渠道上寻找到同款价格更低的产品后完成购买行为。这种行为打击了线下渠道的销售积极性，也引起了线下渠道与线上电商渠道的冲突。

### （二）渠道冲突的影响

#### 1. 完善渠道建设，提高竞争力

由于渠道之间的差异，渠道之间产生冲突，在线上渠道和线下渠道致力于吸引消费者、提升销售额的过程中，渠道自身的缺点开始显现。因此要在完善渠道建设的同时，提高销售渠道的适应能力。在渠道内部，也要提升协作能力，加强各部门成员之间的合作，从而不断提升渠道整体的竞争能力。

#### 2. 渠道冲突导致效率下降，损害企业形象

渠道冲突日益激烈，线上与线下渠道双方都只注重自身的利益，吸引消费者，提升销售额。双方的精力、资源和时间消耗在与对方的市场争夺上，为了完成最初制定的销售目标，互相限制和打压。在这种情况下，线上和线下渠道的效率都会大大下降。而线上渠道的优势在于投入成本比线下渠道低，所以，线下实体店始终处于劣势。而看似占尽绝对优势的线上渠道，既无法完全取代线下渠道，也无法提供更多的服务给消费者，使消费者消费行为虽依赖线上渠道，但更多的需求无法被满足。长此以往，企业势必会失去消费者，甚至在经营渠道上失败。

线上渠道与线下渠道的冲突虽然能够提升竞争力，但这种此消彼长的关系只会不断消耗资源和消费者的利益，它违背了企业部署向线上发展的初衷，对经济、企业和消费者都没有益处。所以，各大零售企业应重视这个问题，化解冲突，使线上和线下渠道成为销售额上涨和为顾客提供更好的服务的途径。只有这样，才能完全发挥两条渠道的各自优势。

## 三、线上和线下融合的模式

根据国家统计局数据，2023 年 1—5 月，全国网上零售额为 56 906 亿元，同比增长 13.8%。其中，实物商品网上零售额为 48 055 亿元，增长 11.8%，占社会消费品零售总额的比重为 25.6%；在实物商品网上零售额中，吃类、穿类、用类商品分别增长 8.4%、14.6%、11.5%。这组数据表明，不仅线下实体店要向"实体店+互联网"模式发展，线上电商也要向线下发展。最重要的是，电商和实体店本身就是互补的，实体店不可能彻底消失，且实体店具备电商所有没有的"顾客体验"的优势，如把二者结合起来，将会形成共赢的局面。

O2O 模式是实体店与电商深度融合的最佳模式。O2O 即 Online to Offline（线上到线下）或 Offline to Online（线下到线上）。这一商业模式源于美国，是指将线下商机与互联网相结合，让互联网（包括移动互联网）成为线下交易台。

移动互联网时代，线下渠道逐渐"社区化"，更加贴近消费者，满足人们便捷购物的诉求；线上渠道"移动化"，推动了线上线下的连接与融合，为 O2O 的搭建提供了有力支持，加深了电商与实体店的融合，形成无缝消费模式。例如，苏宁易购从用户的需求出发，对

用户体验不断优化，采用"互联网+零售"模式，具备了协同销售、服务、体验和本地化营销四大功能，不只为用户提供产品，还为用户提供各种娱乐体验和生活服务。

只说O2O模式过于笼统，线上渠道与线下渠道如果只是单纯融合起来就可以构建利益共同体或实现企业利益最大化的话，线上渠道与线下渠道也不会产生如此激烈的冲突。O2O模式的概念对企业起到指引作用，而以何种形式融合，却要根据企业自身的现实情况来决定。

### （一）联合营销模式

联合营销也叫合作营销或联动营销，是指两个以上的企业或品牌拥有不同的关键资源，而且彼此的市场有某种程度的区分，为了彼此的利益，进行战略联盟，交换或联合彼此的资源，合作开展营销活动，以创造竞争优势。这种模式是很多零售巨头选择的转型模式之一。线上零售电商和线下零售巨头强强联合，把自身的优势和对市场的影响力、号召力发挥到极致。

例如，2016年，沃尔玛进驻京东开设了旗舰店，宣布京东商城与沃尔玛的合作达成。2016年，京东集团市场交易额达到9 392亿元，成为中国收入规模最大的互联网企业；2017年，其在《财富》全球500强位列261位。沃尔玛2016年第三季度财务报告也取得佳绩，表示与京东合作促进了业绩增长；京东在供应链端的发展，丰富了进口产品的种类。这两大零售企业在电商和实体店两条渠道分别是领军企业，双方共同努力整合优质资源，能最大限度发挥合体势能。

### （二）交易流程化接力模式

在线上与线下融合的诸多模式中，采用线上采购商品线下提货，或者将线下作为体验中心、线上购买的情况相当普遍。交易流程化接力是同时拥有电商和实体店两种销售渠道的企业最常采用的模式。它以顾客体验为出发点，既能让顾客体验到产品，又能让消费者自行选择消费的方式、时间和地点等，还满足了各种消费者不同的消费习惯。这种模式在电子产品和服装产品销售中比较常见。

例如，苹果手机称线下实体店为苹果体验店，在体验店中展有最近热销的苹果数字产品，如iPhone、iPad等。体验店的工作人员鼓励进店的顾客体验产品，工作人员也会为顾客演示和讲解新功能。苹果还开设课程，教授如何使用苹果的各种电子产品。当顾客了解了产品的性能后，如需购买，可在店内购买，也可在官方网站购买，可自提也可送货上门。采用同种模式的还有服装品牌优衣库。可见，网店和实体店的结合为消费者提供了更多的选择。

### （三）流程优化模式

很多商家对于流程的优化通常是在支付环节进行。随着科技的发展，手机在线支付已经成为日常消费者付款方式中使用率最高的，很多商家开始与线上支付平台合作，比如，很多酒店与阿里旅行合作，顾客入住酒店时不用立即付款，而是通过支付宝等在线付款或分期付款，线下的门店可以用支付宝或微信支付。

有些服装品牌和饰品品牌也会采取这一模式，具体流程是把设计环节开放在网络和实体店，消费者在网上或实体店设计自己喜欢的款式，然后商家通过互联网反馈给生产部门进行定制化生产。这种模式主要针对的是顾客的个性化服务，因为现在消费者的需求越来越多，市场上产品的款式已经很难满足消费者日益增长的需求。例如，知名腕表品牌 Swatch 于 2017 年推出了 DIY 系列产品，顾客在实体店或互联网上只需五步便可以定制属于自己的腕表。

### （四）产品差异化模式

一些企业在布局线上和线下渠道时，没有采取同款同价这一策略，而是针对不同客户的需求，对线上、线下渠道产品进行差异化重组。产品的供应节奏是不同的，品类也是不同的。在提供产品时，首页产品信息有重点地向消费者推荐。比如，耐克运动鞋在线上渠道提供的产品均是销售过季、打折产品等，而线下实体店的产品是在线上无法买到的最新一季的单品，二者是互补的关系。企业这样做可以降低用户对价格的敏感度，促成当场交易，让线上和线下渠道形成互补、共生的良好关系。

## 四、线上和线下渠道融合的影响

### （一）商家以客户为中心，体现服务的本质

近年来，商家不再以"商品"为主导，而是以"顾客服务"为主导，在经营的过程中开始利用大数据来判断客户的喜好，通过产品和服务来获得消费者的认可，投消费者所好，提高顾客的黏性。线上线下全渠道融通后，顾客的消费行为、商品的流通轨迹、库存变动等数据在统一的通道里实时流转，继而被采集和分析，大数据才能更完整，企业的营销才能更精准、管理更精细，整个供应链才能更优化，最终使生产制造从 B2C 向没有库存的 C2B 转变，实现供给侧结构性改革。

### （二）打造完美体验

商家对先进技术的应用十分广泛，并着重为消费者打造极致体验。实体店通过高科技技术实现线上和线下的协同运营，通过高科技打造场景化体验，与消费者进行现场互动，提升消费者的体验。消费者通过身临其境的体验方式，对产品的性能、各种品类组合的可能，了解更加深入。同时这种方式让消费者在购买商品时有明确的导向性，能够帮助用户买到自己真正想要的产品。对企业来说，为消费者展示产品，把产品带入真实环境中，让消费者看到的、买到的和在使用中的是一致的。这种场景化体验可以让消费者对购买的产品更加满意，减少退换货、投诉等的频次。

### （三）服务范围扩大

线上渠道的服务范围比线下渠道大得多，但在互联网不发达的地区，线上渠道还是有极大的限制。随着线上和线下渠道的融合，线下渠道自然就弥补了这一短板。不论两种渠道的融合模式是何种，渠道间的合作都能扩大商家为消费者提供服务的覆盖面。例如，在线上和线下渠道融合后，线上渠道可以把仓库建在靠近居民或写字楼的地方，在用户下单后的 2 小时内送货上门，连点成面，服务更多的消费者。

### （四）企业内部更加高效

随着线上和线下渠道的整合，企业内部各个部门的协作精神将胜过从前。线下渠道的库存与线上渠道一致，同款同价政策让企业不再进行内部价格战。各渠道协作向更高销售额前进，企业回归最初的目的，实现最初的目标。同时，线上和线下渠道的整合可以帮助

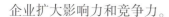

企业扩大影响力和竞争力。

## 五、解决线上和线下渠道融合问题

在大数据营销背景下，一个企业必须要适应新的市场环境，采取新的竞争手段和经营策略，才能在新的市场竞争中立于不败之地。大数据营销与传统营销不同，传统营销以大众消费为主流，以全体消费者为对象，而在大数据营销背景下，互联网使企业与顾客之间联系更加紧密，企业必须了解消费者的选择偏好，进而有针对性地选择目标消费群体，为其提供有针对性的产品和服务。企业希望其产品和服务能够通过多种渠道顺利送达消费者、通过合理的多渠道营销来争得市场份额并取得竞争优势。企业想要找到合理的渠道，就要了解消费者的渠道选择特点，以及消费者渠道选择受哪些关键因素的影响，只有了解了这些，企业才能以其目标消费者为中心来选择自己的营销渠道和制订渠道战略。

### （一）充分利用和发挥实体店的优势，采用现代化的技术手段实现与消费者的充分互动

大数据营销背景下，消费者的消费渠道在悄悄发生变化，依托信息技术的新商业模式崛起，但是实体店这一传统渠道不会被网络电子商务渠道和移动商务渠道取代，消费者对实体店渠道还是有一定的依赖性。但实体店也不能忽视电子商务和移动商务的高速发展，实体店需要转变经营思路，跟上网络经济时代的步伐，参与到新时代的网络商业竞争之中。实体店可以利用新的网络技术，并结合自身的特点，采用一些现代化的技术手段。例如，实体店内可以在安装触摸屏式的联网设备，方便进店客户搜索同类相关产品信息，以及进行价格对比等；可以让顾客通过商品二维码的扫描获取一些本店优惠信息以及参与礼品赠送等活动，与顾客通过手机移动端进行互动，避免顾客"搭便车"。

### （二）开展 O2O 线下线上互补的商业模式

实体店有电子商务经营者和移动商务经营者所不具备的特色，实体店可以充分利用自己的优势，提升销售额。企业除了把实体店利用好之外，还可以通过自建网络旗舰店或者进驻第三方平台推动网上销售，让线下和线上渠道互补，互相促进。通过线下线上互补的方式把线下实体店与网络销售结合起来，让互联网参与到企业的发展中，这种 O2O 线上线下互补的商业模式从 2013 年开始进入了高速发展的阶段。例如，苏宁、国美等销售商，已经有成熟的销售模式，发展了自己独特的 O2O 模式，把实体店渠道作为线下体验店，给顾客提供良好的体验。首先，通过线上线下的互补，实现线上线下同款同价同质量，通过线上营销吸引消费者到最近的实体门店，丰富消费者的线下体验；其次，加强与消费者的互动体验，实现顾客统一管理，线下线上的积分统一累计和兑换，线上积分在线下也可以使用，消费者在实体门店可以实现个性化服务和定制；最后，实现线下实体门店和售后服务与线上店铺的对接，为消费者提供增值服务，使其线上购买后可以通过实体门店收取货物以及获得优质的售后服务等。

### （三）利用先进的科技手段开展多渠道组合的渠道战略

对于连锁经营企业来讲，之前的策略一直都是通过建立更多的连锁加盟店来扩张，现在人口红利消失，土地水电等资源价格不断上涨，店面租金、劳动力成本不断上升，企业的盈利能力因此受到影响。企业应该考虑怎样控制各项成本，开源节流，更有效率地利用企业现有资源，并发掘新的市场机会，根据自身经营特点，结合网络经济时代的先进技

术，思考如何转变经营思路，利用先进的科技手段开展多渠道组合与整合的战略。根据企业的产品类型和消费者的渠道选择特点，选择适合自己的渠道融合战略，不仅为消费者提供多样化的产品，还为其提供多样化的渠道，走上多渠道发展之路。

### (四)开展网络加盟或移动商务加盟的新商业模式

特许经营企业可以把自己的部分实体加盟商转变为网络加盟商或移动加盟商，根据加盟商的背景和资历区别对待，采取不同的加盟模式。在网络经济背景下，激烈的商业竞争包括电子商务人才的竞争，特许经营企业可以通过招募加盟商的方式来寻找合格的网络加盟商的人选。这样，一方面可以控制实体加盟店的数量，进而控制实体店的开店成本；另一方面，通过发展网络加盟商的方式可以以较低成本继续扩张自己的势力，与网络零售商相抗衡，这样才能在竞争中克敌制胜。

### (五)将加盟连锁店转变成服务站点，为多渠道战略提供服务保障

在现代传统企业的微利时代，传统的连锁企业根据成本上涨的程度，关闭一些连锁实体店，这是企业的一种商业策略。在网络经济时代，传统的连锁企业可以考虑把不盈利的或者盈利难的加盟店变成服务商，也就是说，改变这个实体连锁店的性质，将原来的一家实体店铺变成一个站点，提供物流配送服务、送货上门、售后服务、维护维修、咨询服务等。这些服务的提供是一家企业开展多渠道销售的强有力的后盾，把连锁加盟店变成服务站点正是企业多渠道之路的保障。

### (六)充分发挥多种渠道的比较优势和协调作用，满足消费者需求

多渠道消费者成为当前消费者的主流，在充分了解他们的渠道选择特点之后，企业要抓住这部分消费者的特点，有的放矢，充分利用各种渠道的比较优势和组合优势，提高这部分主流消费者的渠道满意度和信任度等，以提高企业竞争力。

## 📖 案例分析讨论

#### EVISU跨境代购品商标侵权案起源

EVISU是一个源于日本的高端牛仔品牌，有"日本牛王"的美誉，该商标由捷尔普国际有限公司注册取得，并授权上海乾玺贸易公司在国内独占经营并使用。2019年3月12日，上海乾玺贸易公司发现，沈阳超级兔兔公司利用网络销售平台，以代购的方式，销售EVISU产品。上海乾玺贸易公司认为，"EVISU"商标经过在中国大陆范围内长期、广泛的使用，具有较高知名度。沈阳超级兔兔公司在网上店铺内销售自称从韩国进口的"EVISU"品牌的服装，具有混淆的可能，易使相关公众对商品来源产生误认或认为服务来源存在特定联系。且沈阳超级兔兔公司并没有取得合法授权，其行为已经构成商标侵权。由此，上海乾玺贸易公司将沈阳超级兔兔公司诉至法院。

经法院判决结果如下。

(1)被告沈阳超级兔兔商贸有限公司于本判决生效之日起10日内赔偿原告乾玺贸易(上海)有限公司经济损失(含合理费用)15万元。

(2)驳回原告乾玺贸易(上海)有限公司其他的诉讼请求。

案件受理费人民币8 800元，由原告乾玺贸易(上海)有限公司负担3 000元、被告沈阳超级兔兔商贸有限公司负担5 800元。

## 本章小结

营销渠道的概念可以从生产企业、中间商、消费者和营销研究者四个视角来观察和理解。在生产企业看来，它需要集中不同的中间商，将自己生产的产品送到消费者手中，因而通常以产品在不同的渠道成员之间的流转来理解营销渠道。一般来说，生产企业总是希望批发商和零售商能够承担更多的库存和经营风险，因而在其理解中，营销渠道基本等同于产品或商品的产权变动和形态流动，因而它往往被认为是产品从生产企业到消费者或其他最终用户的一条通路。但是消费者并不这样理解营销渠道。消费者在更多的时候把营销渠道理解为介于他们与产品生产企业之间的大量中间商，因而渠道有时是通过各种不同的代理商的名义来定义的。而中间商作为营销渠道的主要成员，它们也是基于自身的经济收益来认识营销渠道的，因此有时渠道又被认为是以贸易为目的而联合在一起的松散企业联盟。这种在概念理解上的不一致，使人们不能准确地把握营销渠道的实质内容。营销研究工作者则独立于上述三者之外，能够比较客观地从全方位角度出发，观察经济和管理体系中营销渠道的结构和效率。

大数据线上线下渠道冲突的成因主要有三方面：一是线上电商与线下实体店分别属于渠道双方相互独立的个体，其在经济利益以及目标上必然会产生偏差，其目标不一致；二是传统线下实体店渠道的业务范围有限，其配送半径、商品种类、服务能力和优惠信息传送能力等，都受到相应的地域限制；三是在电商与实体店共存的环境下，消费者习惯在有购买动机后，先寻找合适的商品。

解决线上线下渠道融合主要有六种方案：一是充分利用和发挥实体店的优势，采用现代化的技术手段实现与消费者的充分互动；二是线下实体店与线上网络和移动网络销售相结合，开展O2O线下线上互补的商业模式；三是转变经营思路，结合产品特点，利用先进的科技手段开展多渠道组合的渠道战略；四是迎合网络经济时代新特色，开展网络加盟或移动商务加盟的新商业模式；五是将加盟连锁店变成其服务站点，为多渠道战略提供服务保障；六是深入了解多渠道消费者的渠道选择特点，充分发挥多种渠道的比较优势和协调作用，满足消费者需求。

## 本章习题

### 一、选择题

1. 生产消费品中的便利品的企业通常采取（　　）的策略。
A. 密集分销　　　　B. 独家分销　　　　C. 选择分销　　　　D. 直销
2. 既不持有存货，又不参与融资或承担风险的商业单位是（　　）。
A. 制造商代理　　　B. 销售商代理　　　C. 产品经纪人　　　D. 佣金商
3. 为了使所供应的物品符合购买者需要，进行分类、分等、装配、包装等活动，属于分销渠道职能中的（　　）。
A. 促销职能　　　　B. 配合职能　　　　C. 接洽职能　　　　D. 物流职能
4. 任何一个物流系统都必须考虑（　　）。
A. 服务水平　　　　B. 成本　　　　　　C. 利润　　　　　　D. A和B

5. 影响分销渠道设计的因素有(　　)。

A. 顾客特性　　　　　B. 产品特性　　　　　C. 竞争特性　　　　　D. 企业特性

E. 环境特性

6. 分销渠道包括(　　)。

A. 生产者　　　　　B. 商人中间商　　　　　C. 代理商　　　　　D. 供应商

E. 消费者

**二、判断题**

1. 确定企业所要达到的目标市场是渠道有效设计的起点。　　　　　　　　(　　)

2. 判断一个渠道交替方案好坏的标准是其能否达到较高的销售额和较低的成本。

(　　)

3. 生产者为赢得中间商的合作，往往避免使用胁迫力。　　　　　　　　(　　)

**三、思考题**

1. 你认为营销渠道是什么？

2. 渠道冲突与渠道竞争的区别是什么？

3. 渠道冲突的类型有哪些？

## 本章实践

任务：运用本章所学知识，自行选择任一店铺或企业进行大数据营销渠道的分析或者提供建议对策。

目的：考察对大数据营销渠道应用的掌握情况。

要求：个人完成。

考核点：以用户需求为基础，对企业大数据营销渠道进行分析。

# 第八章 促销与销售管理

## 学习目标

识记：大数据促销组合设计，大数据新媒体促销，大数据程序化购买流程、特征等内容。

掌握：大数据促销组合设计，大数据程序化购买流程。

形成：大数据营销从业者的促销思维与职业意识。

## 导学案例

### 故宫文创产品的促销策略

2005 年的《故宫》纪录片从建筑文物到故宫博物院，全方位展示了故宫的辉煌瑰丽。2012 年《故宫 100——看见看不见的紫禁城》以短片的形式讲述了紫禁城一百座建筑的过去、现在和将来，上线后好评如潮。2016 年的高分纪录片《我在故宫修文物》，详细介绍了文物修复师如何将已经被岁月侵蚀的文物重新修复，使其焕发出新的生机。2017 年上映的《故宫新事》将故宫的新旧故事串联起来，成为新的话题。2020 年的《我在故宫 600 年》更是通过摄像机拍摄了故宫不为人知的隐秘角落，其中细腻的局部细节、大气的整体布局形成了刷屏级别的热度现象。在当今竞争日益激烈的市场中，制订有利于故宫博物院文创产品销售的公共关系策略，对产品本身的销量推动、故宫的知名度扩大，尤其是对年轻一代的教化引领有非常好的帮助。这些精心制作的电视宣传片既是了解历史的科普窗口，又是故宫文化的宣传片，而对那些独具创意的文创产品来说，也是最好的隐性推广方式。

促销策略分析。

故宫文创产品推广促销策略多种多样，包括四个方面。

（1）利用新媒体微信、微博、官方 APP 进行文案营销推广。如"故宫淘宝"为配合淘宝店铺营销推广开通了对应的认证新浪微博账号和微信公众号，取得了非常好的效果。新浪微博账号现有粉丝 106 万，和粉丝互动频繁，每条微博转发评论数量以万计；微信公众号以卖萌逗趣形式为主的反差营销及软文营销来进行产品宣传，使故宫文创产品变成了"网红产品"，在网友心中形成了"故宫出品，必属精品"的良好印象，公众号更是通过有赞平台支持直接开通了购买渠道，利于营销转化变现。

（2）通过纪录片、宣传片等传统媒体方式开展促销活动。如2016年中央电视台播出的《我在故宫修文物》，引起了大批年轻粉丝对传统文化的浓厚兴趣，提升了故宫文化IP的品牌影响力，推动了相关文创产品大量销售。

（3）和其他知名品牌、文化IP强强联合，共同推出文创产品，传播传统文化。如2018年故宫和知名美食博主李子柒在中秋节联合开发的三款月饼，无论是从产品包装还是口感上都蕴含着中国传统文化的魅力，深受网友好评，一开售就受到网络消费者疯抢，很快售罄。

（4）利用节日、热点事件进行促销活动。2016年，动画电影《大鱼海棠》受到市场热捧，故宫联合推出了"大鱼海棠主题布鞋"，不但借助热门电影推广了自身的文创产品，而且塑造了自身紧跟时代潮流、极具创意、精致美观的文创品牌形象。

# 第一节　大数据背景下促销策略概述

**视频：大数据公关与促销**

在经营过程中，企业不可避免地要充当传播者和促销者的角色。对大多数企业来说，其面临的传播问题不在于是不是要传播，而在于传播给谁、传播什么、怎么传播，以及传播效果如何。

## 一、传统营销中的促销组合设计

传统营销中的促销组合主要由广告、公共关系、人员销售、销售促进等工具构成。不同促销工具的组合使用，形成了不同的促销组合。

促销的本质是信息沟通。实施促销组合的主要目的在于向消费者传递相应的信息，并通过信息的传递，使消费者了解企业产品的特性、分销渠道、优惠等信息，刺激消费者购买。

每种促销工具都有其特点和不足，表8-1中列举了四种促销组合工具的特点和局限性。

**表8-1　促销组合工具的特点和局限性**

| 促销工具 | | 具体工具特点、局限性 |
|---|---|---|
| 广告 | 具体工具 | 电视、广播、印刷品、户外广告、互联网及其他形式 |
| | 特点 | 广告是一种能够大范围地向消费者传递信息的信息传达工具，根据广告目的可以分为告知性广告、说服性广告、提醒性广告 |
| | 局限性 | 广告只能与受众进行单向沟通；电视广告等费用非常昂贵 |

续表

| 促销工具 | | 具体工具特点、局限性 |
|---|---|---|
| 销售促进 | 具体工具 | 折扣、优惠券、销售竞争、卖点展示及现场演示等 |
| | 特点 | 吸引顾客注意，强烈刺激购买，增强产品吸引力以扭转下滑的销售趋势 |
| | 局限性 | 效果通常是短期的，建立长期品牌偏好和顾客联系的效果不如广告或人员销售 |
| 公共关系 | 具体工具 | 新闻发布会、赞助、特殊事件及网页宣传等 |
| | 特点 | 高度可信（新闻故事比广告更真实可信）；覆盖许多避开销售人员和广告的目标受众，让信息以"新闻"而非销售导向的传播形式传达给消费者 |
| | 局限性 | 营销人员通常不能充分利用公共关系或者只是将它作为事后选择 |
| 人员销售 | 具体工具 | 销售展示、交易会及促销项目 |
| | 特点 | 人员销售是购买过程后期最有效的工具，尤其是在树立购买者偏好、信念和促进行动上；与消费者面对面接触，培养关系；使消费者感觉有义务进行反应 |
| | 局限性 | 单位成本高，以销售人员为媒介的关系不稳定 |

　　企业通过不同促销组合的使用，向顾客传递企业形象、产品信息、渠道信息、优惠信息等，通过良好的形象、优质的产品、便利的渠道及相关的信息吸引消费者。

## 二、大数据背景下促销组合实施的流程

　　传统促销策略的局限性体现在：传统促销方式对企业营销活动的展示不足，企业公共关系难以有效展开，所耗成本巨大，但收效甚微。大数据可以帮助企业有效地搜集、筛选信息，并将之具体化，为促销决策的制订提供依据。大数据以数据信息为核心点给予媒体和企业一定的决策支撑，将促销决策的制订过程从经验决策转变为科学决策，最终实现促销效果的最大化。

　　大数据背景下促销组合流程如图8-1所示。

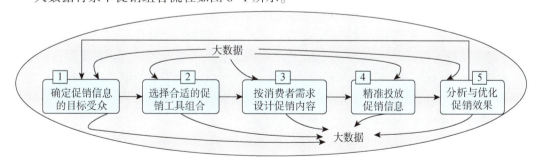

**图8-1　大数据背景下促销组合流程**

### （一）确定促销信息的目标受众

　　传统促销组合在实施过程中往往不具有明显的针对性，对于目标受众的选择只是大概给出形象的文字性描述，并不会确定到具体的消费者。例如，电视广告投放是无差别的，

不会考虑企业的这则广告给哪些人看，所有看电视的消费者都有可能接收到这则广告信息。然而这些观众里面存在一部分明显不属于企业目标消费者的群体，在进行广告成本分析时，这部分人也会消耗一部分广告投放成本。

大数据从互联网、智能终端、各个场所获得数据，使企业可以掌握消费者的信息，并通过消费者画像分析，得到用户标签和消费者画像，了解消费者性别、年龄、学历、收入、生活习惯、居住的城市、日常的饮食、购物习惯等。企业通过消费者画像分析，便可以精准定位消费群体。

### (二)选择合适的促销工具组合

企业确定目标消费群体以后就要选择合适的促销工具组合。在传统营销中，广告、销售促进以及人员推销的使用频率比公共关系高很多，这是因为公共关系本身不具有直接促进销售的作用，而传统分析促销工具效果的往往是可以直接量化的销售量。在大数据背景下，依托互联网技术，将公共关系大范围使用是可行的。

例如，企业的微博平台和微信公众号经常借由一些事件进行相关营销活动，俗称"蹭热点"。这种"蹭热点"行为往往只能增加企业产品在消费者心中的认知度，并不能增加太多的销量，并且即使增加了销量也很难量化统计。在大数据背景下，这种"蹭热点"的行为可以依据微博、微信信息的转发量、点赞量、点击量、转化率等数据量化其活动效果。使用大数据分析、数据挖掘等工具和方法，也可以进行企业形象调查，从而获取这些活动对企业认知度和美誉度的影响。

### (三)按消费者需求设计促销内容

随着消费者认知的增长，一些销售意图明显的常规促销工具开始不符合消费者的"口味"，达不到企业促销的目的。现代促销手段要隐藏其销售意图，同时要具有美感，那么企业就需要对促销信息和内容进行系统的优化设计。大数据为此提供了充足的需求分析和预测模型。企业可利用大数据对定位精准的消费群体在信息渠道、交易行为、情感与态度、购买偏好等方面进行分析，总结和预测企业目标消费群体的喜好，以便对促销内容进行个性化的设计。

通过消费者画像和用户标签分析，确定消费者欣赏的故事类型、喜欢的生活方式等，由此企业可以通过大数据预测消费者心中企业形象的最佳代言人，设计目标消费群体喜欢的广告情节和场景，提供目标消费者满意的优惠措施。此外，企业还可以根据用户的个性化信息，为其配备特定类型的销售人员。例如，若根据用户终端信息、网络使用行为及消费行为判断出某一证券行业的客户积极、健谈、好奇心重，证券企业就可以根据其个性化的特点选择与之匹配的销售人员，这样更有利于关系的建立和最终销售。

### (四)精准投放促销信息

在传统促销组合的实施过程中，企业往往可以在一定程度上定位其目标消费群体。但是没有大数据和互联网及移动终端技术的支撑，企业很难找到目标消费者最合适的接触点，往往不得不进行大范围的广告和促销信息覆盖，这使目标受众分析变得毫无意义。在大数据背景下，企业可以依托高速发展的互联网及移动终端技术，精准地分析、找到目标消费者最合适的接触点。

通过消费者网络使用行为分析、手机使用行为分析，企业可以轻松地获得消费者浏览过的网页、经常使用的 APP，以及其对推送广告的反应等信息，并利用这些途径进行促销信息的传播。例如，大多数购物中心已实现 WiFi 全覆盖，购物中心可以通过 API 接口和网络爬虫获取消费者的个人信息、APP 使用信息以及网页浏览信息等，然后可以通过这些途径直接向这批消费者传递相应的个性化促销信息。除了手机短信、手机 APP，企业还可以利用多种渠道向消费者传递促销信息，如电子邮件、微博、微信等社交平台。当然，传统促销信息传播渠道如路牌、海报、背投等依然有效，而且在大数据背景下更为有效。

基于互联网和移动终端技术的大数据促销组合打破了传统营销的地理位置和区域的限制，可以在任何时间、任何地点，24 小时全天候进行，使全球逐步成为一体，这种空间和时间的变化要求企业随时调整自己的促销策略。消费者的手机可以在任何时间和地点接收企业的优惠信息，APP 推送的广告也可以在任何时间和地点直达消费者终端。例如，手机短信中各个淘宝店铺的优惠信息、各类 APP 中的推送广告，尤其是后者，每个人的 APP 收到的广告都是具有针对性的。

此外，大数据还可以分析、预测、得出促销信息投放的频率，以及单一促销信息的使用寿命。

### （五）分析与优化促销效果

以往企业在分析促销组合实施效果时存在明显的滞后性，并且有一些促销效果是不能用量化的数据统计分析的。在大数据背景下，企业可以通过促销信息投放数据及目标消费者的实时反馈数据持续跟踪、分析促销信息的投放效果，并据此不断优化促销信息的投放程序。

例如，企业在给目标消费群体的手机 APP 投放促销信息以后，分析这些消费者对促销信息的反应，主要数据包括是否点击信息、信息页面停留时间、是否转化为实际消费者、是否转发他人等。由此，企业可以在后期投放促销信息时，剔除那些从不点击促销信息以及页面停留时间过短的消费者，而对转化为实际消费者及转发他人的目标消费者进行多次投放。

从以上论述可以发现，大数据背景下的促销组合设计是一个系统的过程，它从定位目标受众开始，经过选择促销工具，设计促销内容，再到多时空、多渠道地投放促销信息，到最后分析和优化投放效果，这还是一个不断循环的过程，随着获取的消费者信息越来越多，企业需要不断重新定位其目标受众，不断重复上述步骤。

## 第二节　大数据背景下促销组合设计

### 一、恰当的企业公关形象塑造

企业形象是指人们通过企业的各种标志，建立起来的对企业的总体印象。它是企业文化建设的核心，是社会公众在与企业接触交往过程中所感受到的总体印象。良好的企业形象往往是企业产品质量的调节器，好的企业形象能够增加消费者对企业的接受度，使消费者更容易接受企业的促销信息，并给予反馈。因此，塑造一个良好的企业形象对企业宣传和促销起到至关重要的作用。

传统营销认为，企业形象识别系统（Corporate Identity System，CIS）包括理念识别（Mind Identity，MI）、行为识别（Behaviour Identity，BI）、视觉识别（Visual Identity，VI）。所以 CIS 的设计包括了 MI、BI 和 VI 的设计。企业在进行 CIS 设计时往往需要大量信息，但是在以往的调研条件下，企业能够获得的信息是有限的，根据有限的信息进行的 CIS 设计不可避免地带入了经营者和设计师的主观判断。企业在设定 CIS 并对外宣传以后，消费者和公众能否理解这一形象，或消费者和公众心目中的形象与企业设定的形象之间的差异很难有准确的定量依据。此外，在发现企业形象认知度低，消费者和公众对企业形象认知错误的情况下，如何提升企业形象也是传统营销中企业经常面临的问题之一。

在大数据背景下，企业在进行 CIS 设计时能够充分利用各类信息进行综合设计。例如，设计企业 Logo 时，可以根据用户画像和具体标签进行匹配，选择那些比较容易记忆，能引起目标消费群体共鸣的 Logo 设计。大数据还可以从大量数据中归纳、总结出竞争对手在消费者心目中的实际形象而非其对外宣传的形象，企业可以据此设计出明显区别于竞争对手的差异化形象。在企业确定其形象并对外宣传以后，企业可以利用大数据对企业形象的认知度及消费者心中的企业形象进行实时调研，从而判断消费者是否准确地理解了企业想要传递的形象信息。如果没有准确理解，就要提取出消费者对其形象的相关评论，据此判断在企业形象传播过程中哪个环节出了问题，然后根据大量历史数据和消费者对企业形象的理解，对形象信息内容进行调整，对传播渠道进行改进。例如，企业在选择形象代言人的时候不应该仅看代言明星的流量效应，还应该更多地利用大数据的众多分析决策模型判断出最贴合企业的形象，同时经数据分析，发现消费者喜欢的代言人。

### 📁 实例

#### 大数据在旅游地形象设计中的应用

旅游地形象能够帮助旅游地以直观的方式向消费者展现自己。这种展现，应该突出旅游地最具特色的一面。这种特色不但体现在旅游地独特的地理特征、自然风光上，还体现在当地别具特色的风土人情、地域文化上。正是这些与其他地方有着明显区别的特征，使旅游地在游客眼中具有独特的魅力，让游客无论是在感官还是心灵上都受到极大的震撼，从而增强游客对旅游地新鲜而强烈的体验感。无论消费者是否到过旅游地，通过旅游地品牌形象就能对旅游地产生强烈的形象感知，进而对旅游地产生深刻印象，这主要得益于旅游地品牌形象的定位和设计。

旅游地形象系统包括品牌名称、标志、象征符号、形象口号等。在进行旅游地形象系统设计时，每个方面的设计元素都要突出当地旅游特色，加强消费者对旅游地的直观感知，建立一套旅游地形象体系的视觉语言。例如，大海、蓝天、阳光、椰子等都是海南的象征符号。

基于旅游地形象设计的相关理论，大数据在旅游地形象定位和设计过程中，可以帮助设计者准确进行形象定位，达到更好的设计效果。

1. 收集数据，分析游客喜好

旅游地可通过旅游网站、微信、微博等网络渠道，收集游客对当地旅游资源的点击、讨论数据，分析消费者的喜好偏向，从而根据消费者的喜好，结合当地优势旅游资源和特色元素，进行形象设计。

2.通过网络评选增强互动

在完成了旅游地的形象设计后，可以将其投放至网上，让消费者进行投票选择，使消费者有机会直接参与旅游地的品牌形象设计，拉近消费者与旅游地的距离。例如，2014年海南省三亚市就将由多个设计团队设计出的20个旅游吉祥物放在网上，让游客通过网上投票的方式，选出自己喜欢的吉祥物，通过收集游客网上投票的数据，分析游客的喜好，并最终决定出三亚的旅游吉祥物。这个过程不但增加了游客与旅游地在感知和视觉上的互动，也提升了游客对旅游地的印象。

（资料来源：王润.大数据在旅游地品牌形象管理中的应用[D].海口：海南师范大学，2017.）

**思考：**大数据是如何帮助海南旅游地进行形象设计的？

## 二、精准的广告设计和投放

广告是企业以付费的形式，通过一定的媒介，向广大目标消费者传递信息的方式。在制订广告项目方案时，企业需要先确定目标消费群体及其购买动机，然后作出五个重要决策，即广告设计中著名的"5M"。"5M"指任务（Mission）、预算（Money）、信息（Message）、媒体（Media）、测量（Measurement），具体如图8-2所示。这五项决策分别解决了以下几个问题：广告的目标是什么，需要花费多少资金，传送什么信息，使用什么媒体，如何测量广告效果。

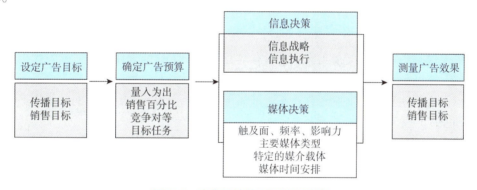

**图8-2　广告设计的五项重要决策**

在大数据背景下，企业可以利用更多的信息和分析模型，更准确地制订这几方面的决策，尤其在信息决策、媒体决策及效果评价方面，大数据的使用能够极大地提升企业广告的效率。

通过对用户画像的进一步分析，企业可以找出其目标消费群体的广告偏好，如平面广告的配色偏好、构图偏好，视频广告的情节偏好、配乐偏好、人物偏好等。企业可以根据这些偏好设计出符合目标消费群体审美的广告创意，选择消费者喜欢的广告代言人，制作出能在目标消费群体中迅速传播的广告。

在媒体决策方面，大数据先天地能依托高速发展的互联网及移动终端技术，这些新兴媒体途径有着以往媒体无法比拟的优势。当然，这并不是说传统媒体不重要，而是企业在进行媒体选择时，应综合考虑其广告目的、目标受众覆盖率、广告信息传播要求、购买决策的时间和地点、媒体成本等因素后，有侧重地采用媒体工具。事实上，企业可以在确定前述影响变量后,通过大数据的决策模型,确定相对最优的媒体组合。

在广告投放后,企业需要跟踪评估广告的效果,大数据在这方面有着先天的优势。大数据本身具有监测功能,可以实时发现并抓取、储存有关目标市场的各种类型信息。企业抓取、储存的可以是消费者的评论、论坛帖子、图片、视频等多种信息,通过提取关键字来分析消费者对广告的反应;也可以是用户终端对投放广告的操作行为,如曝光、点击、注册、互动等。图8-3是大数据平台跟踪品牌广告效果的模拟图。

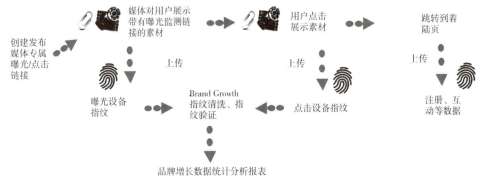

曝光设备指纹——通过媒体曝光链接获取的用户信息,包括设备号、IP、时间、设备类型、系统版本等。
点击设备指纹——通过媒体点击链接获取的用户信息,包括设备号、IP、时间、设备类型、系统版本等。
指纹清洗——验证之前,所有指纹都会进行三轮清洗,过滤掉错误、重复、失效的指纹。
指纹验证——将清洗后的激活设备指纹通过验证算法,实时判断媒体来源,打上媒体标签。

**图8-3　大数据平台跟踪品牌广告效果的模拟图**

## 三、合理的销售促进手段及信息传达

销售促进是一种短期促销工具,它只有与其他促销工具结合使用,才能发挥更好的作用。广告、企业形象等为消费者喜欢某产品提供了原因,而销售促进则是为消费者的购买行为提供了必要的激励。消费者喜欢某一产品但未必会立刻购买,而短期的销售促进手段则会使消费者产生冲动型购买。

销售促进的具体手段有很多,常见的主要有样品、折价券、现金返还、买赠、满减、抽奖等。这些手段往往能给消费者带来附加价值,从而激励消费者的购买行为。然而,附加价值对消费者的激励作用是边际递减的。当附加价值达到某一水平后,每增加一个单位的附加价值能够带来的销售利润开始为负。因此,企业需要确定附加价值的大小,如分发样品的数量、折价券的具体折扣、满减时的标准设定等。在传统营销中,销售促进的工具往往是根据企业以往经验以及竞争对手水平来确定的,即使有些企业会对消费者对不同促销手段的反应进行调研,但是也只是事后才能获得结果,仅能为以后的销售促进活动提供参考。在大数据背景下,企业可以通过对比消费者以往的购买行为数据和企业相应的优惠措施及优惠程度,预先测试出消费者对不同优惠程度的反应,然后通过建模判断企业提供的附加价值的边际临界值,以最小的成本获得相对最优的消费激励效果。

另外需要关心的问题是,销售促进的信息应该发给谁,哪些目标客户会对企业的优惠信息作出反应,这些问题用大数据分析也可以轻松解决。首先,企业需要对获得的数据进行清洗,清除掉一些明显异常的数据,还有那些经常浏览却从不购买的用户,这很可能是网络爬虫爬取数据留下的痕迹。其次,提取特征变量,特征变量会进入不同的预测模型中进行行为预测。例如,对某一女装上衣提取出的特征变量有三个:性别(男性为0,女性为 1）、前一年购买女装的次数和 7 天以内点击同类女装的次数，分别记为 $X$、$Y$ 和 $Z$。最后，假设预测器通过某种回归学习得到加权公式：$T=0.03X+0.01Y+0.002Z^2+0.005$，当 $T$ 大于 1 时，记为 $T=1$。每个消费者都有对应的 $X$、$Y$ 和 $Z$，这个简单的预测器就相当于输入一个人，输出一个概率值，也就能预测这个人会购买相应女装的概率。当然，这仅仅是一个简化的例子，真实的大数据预测分析是非常复杂的。

有了这样的数据分析能力，企业在制订销售促进计划的时候就更有参考性，发放优惠信息时就能做到有的放矢。例如，本次发放的优惠规模有多大，发放给哪些消费者，总的销售量预计有多少等，这些信息在实施销售促进计划之前就能够确定下来。

此外，企业还可以通过大数据发现不同的目标消费群体对不同销售促进手段的反应，有些消费者喜欢直接的折扣，有些消费者喜欢满减，还有些消费者喜欢样品。因此，企业可以通过大数据分析设计出最适合其产品的销售促进工具组合，以最小的成本让消费者在购物经历中体验到最大的满足感。例如，通过数据，企业了解到消费的主力人群是青年，其中接受高端水平消费的又以 26～35 岁年龄段为主，这部分人在服装消费上更容易接受 500～3 000 元价位区间的商品。此时，企业就可以在营销活动策划时确定明确的目标顾客，针对此类人群组合出最为恰当的销售促进工具，如拼图、寻宝、定期折扣等。这种高度精准的个性化营销的销售转化率非常高。

随着竞争的逐渐加剧，企业用以满足消费者需求的销售促进手段越来越多。事实上，企业能够为消费者在购买时提供的一切便利都可以视为销售促进手段。这些手段不再局限于以往的样品、折扣等，如餐厅给消费者提供的信用卡支付折扣、健身房给消费者提供的旅游优惠等跨界销售促进手段屡见不鲜。在大数据背景下，企业可以充分获得消费者的信息，能够发现特定消费者的不同需求，由此提供的销售促进手段更是千差万别。尤其是传统实体零售业，在电商迅猛发展的情况下，只有利用大数据进行转型，才能更好地服务于消费者，获得新的发展。

# 第三节　大数据新媒体促销

## 一、利用大数据进行新媒体营销的基础

### （一）网络媒体对大数据的重视

2018 年以来，大数据技术快速发展，以及大数据与人工智能、VR、5G、区块链、边缘智能等一批新技术的融合，持续加速技术创新。与此同时，伴随新型智慧城市和数字城市建设热潮，各地与大数据和数字经济相关的园区加速落地，大数据产业持续增长。2020年中国大数据产业规模达 7 486.2 亿元，同比增长 16.1%。

从具体行业应用来看，互联网、政府、金融和电信引领大数融合产业发展，合计规模占比为 78.5%。互联网、金融和电信三行业由于信息化水平高，研发力量雄厚，在业务数字化转型方面处于领先地位；政府大数据成为近年来政府信息化建设的关键环节，与政府数据整合和开放共享、民生服务、社会治理、市场监管相关的应用需求持续火热。此外，工业大数据和健康医疗大数据作为新兴领域，数据量大、产业链延展性高，未来市场增长

潜力大。

### （二）移动终端日益多元化

笔记本电脑、平板电脑、手机、车载电脑等各种移动终端不断涌现，用户可以通过各种终端在不同位置进入互联网，会产生更多的数据。同时，各种 APP 不断刺激受众生成和发布信息，这些信息成为新的数据。图片和视频由于使用和发布的便捷性、趣味性、刺激性而成为受众发布信息的主要形式，这种新的数据形式使网络媒体成为最大的数据生成场所。

### （三）受众基础——用户行为的丰富

社交网络的丰富、移动宽带的提升、物联网及云技术的兴起使受众在新媒体大环境下的行为变得更加丰富。有文章提出"5W1M"的用户行为模式，"5W1M"指行为主体（Who）、行为动机（Why）、行为形态（What）、行为时间（When）、行为空间（Where）、行为媒介（Media）。不同的行为主体、行为时间、行为媒介、行为形态都会产生不同的数据，我们可以通过这些数据分析用户的喜好和习惯。

此外，自媒体的发展使每个人都处于多重的互联网关系网中，新媒体营销可以通过人与人之间的关系进行商业品牌推广及口碑营销，这为新媒体营销提供了更大的发展空间。

## 二、利用大数据进行社会化营销的策略

在大数据生态系统下，每一个环节的发展和改进都会推动市场向更大的空间发展。

### （一）促进用户数据生成并加大对用户数据的分析和利用

通过用户喜闻乐见并能够受益的形式获得用户数据，并为用户提供个性化界面设置或适合用户使用习惯的服务，已成为各大主流媒体网站的新趋势。互联网对用户数据的搜集基本围绕个人基本数据、行为数据和关系数据进行。个人基本数据是指与用户个人信息等相关的社会属性信息；行为数据指用户浏览、发布信息等在使用互联网过程中留下痕迹而形成的数据；关系数据是用户在网络平台互动中所形成的互联网关系。

互联网后台可以通过搜集并分析用户的数据来推测用户的个性、偏好和行为习惯，以此进行精准营销，提高用户黏性。微信在朋友圈推送广告也逐渐采用通过用户行为定位用户个人属性的方式推送能引起用户好奇心的广告。一些视频网站同样依据用户的视频搜索记录来推荐视频和广告，这样不仅定位精准，还充分利用了视频播放间隙的碎片化时间，使自己利益最大化。

### （二）与导航软件合作

随着导航地图的兴盛，以百度地图、高德地图为首的导航 APP 不断开发新的便民功能，一大亮点就是通过定位用户的地理位置向用户推荐附近的服务项目。企业进行营销时可以充分利用导航 APP 的这一功能，细致地展现自身的特点和优势，尽可能地增加出现在用户视野中的次数和时长，并通过多次链接的方式全方位进行自我营销。

同时开拓线下商业模式，利用 O2O 将线下的机会与互联网营销相结合。O2O 可以理解为线下商家通过在线上吸引用户并进行交易结算。例如，线下用户通过用手机扫描二维码来进行社交活动、比对商品价格并进行商品的购买。

### （三）注重移动营销中与用户的直接沟通

现在有一个流行词叫"秒回"，在这样一个消费者可以通过各种移动终端参与到整个购物全过程的时代，营销者需要通过积极追踪用户、对用户的回复进行快速反应来与用户进行沟通，提升用户的使用体验。企业应延长在线时间，采取良好的沟通态度和低成本的个性化服务。移动终端平台的发展使营销者可以锁定目标消费群体，将他们聚集起来，形成巨大的客户资源网。移动营销沟通了网络世界与消费者的现实生活，从而实现了线上线下的紧密结合。

### （四）利用热门事件进行创意营销

利用热门事件进行营销是一种低成本高收益的举措。在热点事件发生后第一时间利用热点在新媒体上借势营销，是短时间内迅速吸引受众眼球的低成本营销方式。

## 三、大数据背景下的新媒体的传播环境

随着新媒体的崛起与大数据的应用，传播环境发生了翻天覆地的变化，整合营销传播呈现出新的形态与趋势。这意味着传播主体在新媒体大数据背景下需要面临新的挑战与机遇，这对传播主体提出了更高的要求。

### （一）新媒体大数据背景下的传播环境

不同于以往的传统媒体环境，新媒体大数据背景下的传播环境更为复杂和多变。传播主体、传播内容、传播渠道以及受众角度都与以往不同。

#### 1. 传播主体

新媒体大数据背景下，随着传播门槛的降低，传播主体的数量激增，它们本身所扮演的角色也日趋多样化，主要有政府机构、媒体机构、网络服务商和广大网民。"人人都有麦克风，人人都有发言权"的时代已到来，广大网民更是获得了极大的自由，能够随时随地通过各种渠道发出自己个性化的声音。

#### 2. 传播内容

传播主体数量的激增直接导致信息量的暴涨，但过量的信息在很大程度上分散了受众的注意力，这对受众有效地获取信息产生了不良的影响。在这种情况下，大数据的广泛运用可以十分有效地对信息进行过滤与筛选，从而对特定受众进行内容的精准投放。

#### 3. 传播渠道

政府机构主要通过政府门户网站、政府官方微博和微信公众平台等来传播信息。媒体机构包括报社、杂志社、广播电台、电视台等，它们将传播业务扩展至网络，通过网络报道新闻、引导舆论、提供服务等，成为当下重要的传播主体。网络服务商包括百度、新浪、搜狐、网易等，成为众多网民获取资讯、使用网络的重要平台。而日益活跃的网民凭借微信、微博、短视频网站等自媒体平台来为自己发言。

#### 4. 受众

在新媒体大数据背景下，受众已经不是传统意义上的受众，不只是被动的信息接收者，而转变为行为更主动、需求更多样、表达更大胆的消费者、信息搜集者，他们能够借助各种平台和途径，与传播主体进行互动与沟通。在当下，人们生活在遍布媒介和信息的

环境中，在同一时间，受众可能一边在看电视，一边在网络上即时分享自己的感受、与他人进行互动，受众因而成为集观众、用户、听众等多重角色于一体的存在，他们与各种媒介进行着不同深度的交流，与媒介相互依存、相互影响。

### (二) 整合营销传播的含义

在 20 世纪 80 年代，一些学者首先提出了传播协同效应 ( Communication Synergy ) 的概念，整合营销传播理论正是起源于此。但直到 1992 年，全球第一本整合营销传播 ( Integrated Marketing Communications，IMC ) 专著——唐·舒尔茨等人的《整合营销传播》在美国诞生，整合营销传播理论体系才正式形成。

将消费者作为中心，通过多种传播手段和方式，把通过全面整合的有关企业的各种信息和资源系统地传递给消费者，建立消费者与品牌之间紧密、稳固且持久的关系，从而达到树立企业和品牌形象、有效实现营销目标的目的，是整合营销传播的核心内容。

基于企业营销，IMC 主要强调两个核心价值。

第一，传递同一个声音。IMC 是一个传播的过程，也是企业营销的过程，它将传播与营销结合在一起，也就是将传播目标和企业所要达到的目的合二为一。这个过程强调沟通的重要性，通过持续性、深层次的沟通，企业不断探索与消费者所共同追求的利益，最终满足消费者在各方面的诉求，成为消费者可信赖的亲密伙伴。企业在这个传播过程中必须坚持传递同一个声音，将这个声音持续且有效地传达给消费者，只有这样，企业和品牌形象才能在消费者心目中保持一致，并能不断被强化。

第二，全面整合信息资源。IMC 强调企业在整合资源时兼顾内部和外部，即不仅要全面整合企业内部的管理信息，还要全面整合在企业外部的信息和传播渠道。为了实现营销传播的最佳效果，IMC 要求企业充分动用消费者可接触到的所有渠道，全面整合并灵活运用包括公关、广告、活动、促销等在内的多种营销手段，试图全面覆盖报纸、杂志、电视、网络等多种媒介，从而深刻影响目标消费者的思想，并进一步影响他们的购买行为。

### (三) 整合营销传播面临的挑战与机遇

#### 1. 整合营销传播面临的挑战

在新媒体环境中，由于传播主体的无限增多和传播内容的激增消费者的注意力高度分散。根据有关调查，在我国的一、二线城市中，人们每天有意或无意地要面对超过一千条广告信息。可想而知，在如此纷繁复杂的广告世界里，在如此海量的广告信息面前，消费者的注意力是很难集中的，而要使消费者去主动记忆并进一步采取购买行动就更难实现了。

在整合营销传播的过程中，企业面临的风险逐渐增大，不可控因素逐渐增多，导致这种情况的很大原因是消费者需求多样化、复杂化和选择主导性的强化。在新媒体环境中，消费者能够更积极、更主动地获取信息，尤其随着体验经济的盛行，消费者能够为了全新的体验，为了某个产品和服务背后的文化价值而进行媒介选择和购买，而不再单单为了产品的某个功能属性。

新媒体所具备的突出特点，如小众化、个性化等，极大地迎合了受众的喜好，因此，新媒体的替代效应逐渐增强，这也意味着企业在整合营销传播时面临着转型失败的风险。新媒体独特的信息传播方式在潜移默化中对受众的接触习惯和接触行为产生了很大的影响，新媒体将逐步替代大众媒体传统的营销传播模式，将企业与品牌形象更好地传递给目标消费者，这一点是不可否认的。

### 2. 整合营销传播面临的机遇

新媒体的出现与不断发展使企业在整合营销传播过程中可使用的手段变得更加多样化。公众传播、数据库营销、精准营销、口碑营销和形象营销等营销手段不是相互孤立的，在 IMC 过程中，为了营销传播效果最大化，企业可通过探寻这些营销手段之间的联系，并在此基础上将各种营销手段巧妙地整合起来，产生相比于之前只使用单一的营销手段更好的效果。同时，新媒体是一种集多种传播形式于一体的媒体，在新媒体环境中，由于网络技术和数字技术迅猛发展，所有的传播内容既能以文字形式在各媒体进行传播，也能以视频和音频的形式进行传播。因此，在新媒体平台上，整合营销传播更加复杂化，要实现传播效果最大化可使用的手段也更加多样化。

新媒体的出现增强了企业与消费者之间的互动性，使得传播效果在一定程度上得到了优化。新媒体营销强调个性、体验和参与，迎合了现代营销观念，更贴近消费者的真正所需，这也意味着企业与消费者之间的关系能够被更好地建构并不断得到巩固，二者之间的沟通更加便捷、有效，企业在进行营销与推广时也会变得更加容易，加之大数据的日趋成熟，数据库营销和精准营销成为可能。通过大量数据的处理和分析，企业能够准确分析消费者所想、所需和所求，为消费者制订个性化的产品和服务，从而达到营销传播效果最大化的目的。

新媒体与大数据的运用使营销体系发生变革并重构，为互动式整合营销传播提供了新的动力。以数据为核心进行媒体、渠道、终端的整合，更注重与消费者的互动性，能够依据大数据进行用户行为与心理分析的监测与反馈，这将使整合营销传播在互动性方面具备更好的数据技术基础，使营销更精准，更具科学性。新媒体对大数据的运用使品牌建构和传播更加精准有效，这使许多企业将目光投向了新媒体。

### （四）整合营销传播的新形态

整合营销传播是由唐·舒尔茨提出的。最初，这一理论的重点是如何通过各种传播活动（如广告、公共关系、直邮等）创造一个统一的组织形象，"整合"主要是在传播形式上保持一致。随着时代的发展与科技的进步，这一理论概念在大数据时代不断被更新和扩展。

#### 1. 媒介渠道多元化

移动互联网的发展，使受众获取信息的渠道更加多元，改变了 IMC 的环境。在传播模式上，新媒体区别于传统媒体：由一对多变为多对多；由单向传播变为双向乃至多向传播；受众的媒介接触点更加广泛。

#### 2. 受众行为多元化

新媒体的发展，传播内容的海量化，使受众的注意力更加分散，传播者对受众的控制力降低。广告主很难将信息完整地传递到受众，更加难以维持受众对其的关注。此外，受众传播自主性增强，对广告主的信息可以及时反馈，这也使广告主难以把控。这两点是IMC 产生新变化的主要原因，同时也为企业带来了挑战和机遇。

### 3. 整合营销传播新业态

（1）渠道整合。

渠道整合主要是针对跨屏营销和场景营销。传统媒体不会因为新媒体的诞生而消亡，反而意味着传播渠道更广。企业可以整合二者优势打造统一声音，让传播的范围更广、力度更强。同时，企业可以进行跨屏营销。例如，天猫"双十一"晚会就将电视与手机双屏联动，春节联欢晚会抢红包也利用手机"摇一摇"等方式开展跨屏互动。

此外，跨屏营销还要在传播节奏上进行合理规划。品牌可以利用传统媒体传递强势声音，后续通过新媒体进行声音扩散，也可以通过新媒体先进行口碑传播，再通过传统媒体进行强势议题设置形成舆论。新媒介形成新场景，使受众可以在现实与虚拟场景中转化角色，由此诞生了场景营销，例如，近年来流行的 VR 让受众拥有了更好的视觉体验。企业可以通过让受众在特定场景中接收信息，进一步促进购买。

在网络时代，受众观点的形成并非都来自自身经验和判断，外部观点同样非常重要，新媒介打破了地域限制，将不同情境融合成"新情境"，人们在这一新情境中会产生一系列新的感知、新的行为和新的表现。

（2）内容整合。

内容整合主要是针对内容营销。利用微博、微信等社会化媒体让企业展开与受众的沟通对话，与顾客及相关利益人建立亲密关系。传统媒体纷纷转型自媒体，自媒体也在加强自身的专业性。其中，内容的质量和创意很重要，不同媒体传递的内容要相互配合，才能产生"整合"的效益。

此外，内容营销在公关策略上也能较好地帮助企业渡过危机，可以通过传统媒体进行新闻发布，同步通过社会化媒体与受众沟通。在内容的制作形式和话语表达上要区别对待。例如，加多宝与王老吉之战，加多宝在微博上的一系列"对不起"海报让其赢得了民心。

粉丝在企业的内容营销中占有很重要的地位，头部主播的火爆再次显示出了自媒体的力量。企业要对粉丝进行管理，维系与粉丝的关系，通过支持一定的意见领袖，带动更多粉丝关注。

（3）受众整合。

受众整合针对的是关系营销和口碑营销。随着大数据时代的到来，新兴的社会化媒体重构了数字营销环境，人们之间的联系更加密切，以强关系网络为特征的微信很容易形成口碑传播的路径。以弱关系网为特征的微博，在链接人与人之间关系方面也并不逊色。建立受众之间的联系，利用受众之间的联系来传递品牌信息，也是数字营销时代品牌传播所面临的机遇和挑战。

在新媒体时代，品牌传播方式已经从传统的大众传播变为大众传播与人际传播相结合。整合营销传播必须利用人际传播方式才能扩大影响力，获得良好口碑。在品牌传播中运用六度空间理论（Six Degrees of Separation），可以有效地扩散品牌传播内容，扩大或维持品牌声量，有利于品牌与受众关系的建立和维护，有利于提升品牌影响力。IMC 把建立、维持、改善与消费者和顾客的关系作为营销传播的目标和考核的标准，推动营销传播与消费者和顾客的对立与不信任局面的改善。

（4）数据整合。

数据整合主要针对的是精准营销。IMC 作为一种全新的营销传播模式，是建立在全新数据库基础上的传播模式，从而精准、恰到好处地为传播对象、渠道、方式、诉求等提供了坚实的基础。IMC包括了有关消费者态度、消费者的行为(购买行为、购买关联行为、兴趣行为)的数据，它的内容非常丰富，既有消费者的，又有竞争者的，还有利益相关者的。IMC是基于现代信息技术的，是一个系统，是要运用于整合营销传播全过程的。

大数据近年来被广泛关注，其四大特征是容量大、种类多、速度快、价值密度低。企业可以通过长期自建数据库进行消费者洞察与分析、市场分析、竞争对手数据收集、媒介投放绩效考核、投资回报率预估等。同时，数据要求不仅要多还要质量高，只有高质量的数据才能为企业带来精准营销的可能。当前，广告主从传统的购买媒介转为购买受众，程序化广告购买模式可以将合适的广告呈现给相应的受众，对于媒体，可以减少资源浪费，对于广告主，能提高广告到达率，尤其是对于大型广告主，可以通过私有程序化购买的方式购买到媒体优质资源，最大限度维护品牌形象。对受众而言，可以接受相关度高的广告，满足自身信息需求。

# 第四节　大数据程序化购买

随着社交媒体、搜索引擎等数字营销渠道越来越多，企业需要更有效地管理广告数据并提高广告的效果。程序化购买是实现这一目标的有效途径之一，因为它是通过算法来实现广告购买的自动化和优化，以提高广告效果的。

程序化购买是指通过广告技术平台自动执行广告资源购买的流程，即资源的对接、购买过程都呈现自动、自助功能。通过实时竞价和非实时竞价两种交易方式完成购买。与传统人力购买广告方式不同，程序化购买通过编写程序建立规制和模型。在对数据进行分析的基础上，依靠机器算法自动进行广告购买并实时优化，"人力"在广告投放中的作用明显减弱。

程序化购买主要分为两个主要方面，分别是程序化广告购买和程序化广告创意。程序化广告购买是指通过程序化广告平台实现广告投放。而程序化广告购买平台利用机器学习算法和数据模型来自动化广告投放，以实现更好的效果。这样的自动化平台可以帮助企业在几分钟内实现广告投放，大大缩短了商家的广告制作和发布周期，因此它能更好地适应不断变化的广告投放需要，更好地满足客户需求。同时，程序化广告购买者可以利用程序化广告购买平台更精确地确定目标受众和投放媒体，从而提高广告的投放效率。而程序化广告创意则是通过算法来生成和优化广告素材。广告制作者可以借助程序化广告创意来自动化和优化广告素材的生成，从而提高广告的质量和关联度。在这两个方面中，程序化广告购买是实现数字营销自动化的关键部分。

## 一、程序化购买的发展历程

 **视频：大数据广告：程序化购买**

程序化购买是一种自动化的数字广告购买方式，它的诞生可以追溯到20世纪90年代。程序化购买的发展历程如下。

### (一)程序化购买的概念出现

20世纪90年代,一些广告技术公司(例如Double Click、Value Click等公司)开始研发和推广基于数据和技术的广告投放解决方案。

### (二)程序化购买应用实时竞价技术

2005年,实时竞价技术开始被广泛应用于程序化购买。实时竞价允许广告交易平台在广告展示时根据受众属性、地理位置等因素实时进行竞价,从而提高广告投放效果和效率。

### (三)移动互联网融入程序化购买

2007年,移动广告开始崛起。随着智能手机的普及和移动网络的快速发展,移动广告逐渐成为程序化购买的一个重要组成部分。

### (四)程序化购买市场开始形成行业标准和规范

2010年,程序化购买市场开始出现一些行业标准和规范。例如,美国互动广告局(Interactive Advertising Bureau,IAB)发布了一系列关于程序化购买的标准和指南,推动了程序化购买市场的规范化和健康发展。

### (五)中国程序化购买市场令全球瞩目

2012年,中国程序化购买市场开始快速发展。随着中国互联网经济的快速发展和广告技术的不断进步,中国程序化购买市场逐渐成为全球最大的市场之一。

### (六)人工智能和大数据技术在程序化购买中广泛应用

2015年至今,人工智能和大数据技术在程序化购买中得到广泛应用。人工智能技术可以帮助广告主实现更加精准的目标受众定位和广告投放优化,同时大数据技术可以提供更加全面和准确的数据分析和预测,提高了程序化购买的投放效果和效率。

综上所述,程序化购买的发展历程经历了多个阶段,从早期的广告代理公司到现在的广告交易平台和实时竞价技术。随着技术的不断进步和市场需求的不断变化,程序化购买的方式也在不断演进和优化。

## 二、实施程序化购买的具体步骤

程序化购买是一种自动化的数字广告购买方式,可以通过程序化的方式实现广告的自动化投放和购买。实施程序化购买的具体步骤如下。

### 1. 定义目标受众

广告主需要明确他们想要向哪些目标受众投放广告。这可以通过分析自己的用户数据、市场需求和竞争情况来确定。

### 2. 选择合适的交易方式

程序化购买通常有两种交易方式,一种是公开竞价(Open Auction),另一种是私有市场(Private Market)。在公开竞价中,广告主可以通过竞价来获得展示位置;在私有市场中,广告主可以通过直接购买的方式获得展示位置。

### 3. 接入广告交易平台

广告主需要接入一个广告交易平台(Ad Exchange),以便参与程序化购买。广告交易

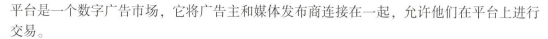

平台是一个数字广告市场，它将广告主和媒体发布商连接在一起，允许他们在平台上进行交易。

#### 4. 创建广告创意

广告主需要创建广告创意，包括广告图片、视频、文本等。这些广告创意需要符合广告交易平台的规范和要求，以确保能够成功投放。

#### 5. 设定竞价策略

广告主需要设定竞价策略，包括每次点击费用、每次展示费用等。这些竞价策略需要根据目标受众和广告创意进行优化，以确保广告能够获得良好效果。

#### 6. 监测和优化效果

广告主需要持续监测广告效果，包括点击率、转化率、曝光量等指标。根据这些指标来调整竞价策略和广告创意，以获得更好的效果和回报。

### 三、程序化购买的功能与挑战

#### (一) 功能

##### 1. 提高广告效果

通过大数据技术，广告程序化购买能够精确地分析用户需求，实现广告的精准投放。这有助于提高广告的点击率和转化率，从而实现更好的广告效果。

##### 2. 降低广告投放成本

传统广告投放方式往往存在资源浪费和效率低下等问题，而程序化购买可以通过数据分析和优化算法，实现广告资源的最大化利用，从而降低广告投放成本。

##### 3. 提高响应速度

在程序化购买模式下，广告可以根据用户行为和需求进行实时调整，从而迅速响应市场需求，提高广告效果。

#### (二) 挑战

##### 1. 隐私保护

大数据时代，用户的个人信息和隐私面临更大的泄露风险。在广告程序化购买中，需要严格保护用户的个人信息和隐私，避免数据泄露和被滥用。

##### 2. 数据安全

程序化广告购买需要处理大量敏感数据，如用户偏好、购买记录等。为了保证数据安全，需要采取严格的数据加密和安全防护措施，防止数据泄露和数据被篡改等。

##### 3. 技术壁垒

程序化购买需要依托先进的技术平台和算法模型，对一些中小型企业和广告商来说，可能存在技术壁垒和资金压力。

未来，随着大数据技术和人工智能的不断发展，程序化购买将更加注重用户的个性化需求，通过智能推荐系统实现广告的精准投放。同时，程序化广告购买将吸引更多行业参与，形成跨界合作模式。例如，电商、社交媒体、搜索引擎等企业将通过合作实现数据共享和资源整合，共同推动程序化购买的发展。而且随着广告程序化购买市场的不断扩大，行业规范将逐渐形成和完善。这将有助于规范市场秩序，保障各方利益，推动程序化购买行业的健康发展。

程序化购买在大数据时代具有显著优势和巨大潜力，但同时也面临着隐私保护、数据安全和技术壁垒等挑战。为了实现程序化购买行业的可持续发展，需要采取有效措施应对这些挑战，并积极推动技术创新和行业合作。同时，政府和相关机构应加强监管，确保行业规范的落实和市场的有序竞争。通过各方共同努力，程序化购买将在大数据时代发挥更大的价值和影响力。

## 四、程序化购买的组成部分

随着程序化购买的迅速发展和业界对其研究的进一步深入，程序化购买的产业链模式基本成型。需求方平台(DSP)、广告交易平台(Ad Exchange)、供应方平台(SSP)和数据管理平台(DMP)这四者各司其职，各有分工又紧密联系，共同构成了程序化购买的产业链模式。

当然，在程序化购买中，参与者远不止这四个方面，还包括其他有效或关键的组成部分，接下来逐一介绍。

### 1. 广告主

虽然广告业进入了数字化时代，但广告主的主体地位依旧未变，它仍是广告的发布者和广告需求的主体，在广告活动中处于上游的位置。广告主在程序化购买广告投放的过程中，通过 DSP 预先设定好自己的广告信息、目标受众、愿意为广告支付的价格等，在 Ad Exchange 上进行交易，通过实时竞价和非实时竞价两种方式进行竞价。当 SSP 中含有符合条件的媒体时，广告主的广告就自动出现在该媒体的某个广告位上；如果不符合条件，广告就不展示。在整个程序化购买的过程中，广告主可以根据广告投放的效果对广告进行实时修改，不断完善广告投放效果。

(1)程序化购买为广告主带来的机遇。程序化购买的交易场所不仅包括传统的互联网网站，还包括各类移动端APP，商业WiFi网络、微信、微博等应用平台，以及多平台跨屏媒介。程序化购买具有跨平台全覆盖的特征，能够整合多种媒介资源，为广告主提供全面多样的媒介选择。通过DMP将用户数据化、标签化，广告主可以获取用户群体的独特标签与属性，更加细化目标群体。大数据分析推动了程序化购买的发展，而这一发展又为广告主提供了新的契机。

(2)借助程序化购买，构建新的品牌力。程序化购买的核心优势在于基于数据的实时受众购买，这样可以真正帮助广告主实现在恰当的时间把恰当的信息传递给恰当的消费者，必然带来营销效率的提高。程序化购买能更精准地找到目标消费人群，降低到达目标消费者的成本，减少浪费。程序化购买能为消费者传递相关性更高的广告，提高消费者的参与感与互动性，带动营销效果的优化。此外，程序化购买还可以实时监测广告效果，进行实时优化。优化的方面有很多，如创意优化、受众优化、时间段优化、地域优化等。广告主可以借助程序化购买的这些优势，构建新的品牌力。

### 2. DSP

(1)DSP 的定义。DSP(Demand-Side Platform)即需求方平台，是指面向并服务于广告主的广告投放管理平台。广告主在 DSP 上可以根据自己的营销策略设定目标受众、投放区域、广告竞价等条件，DSP 会借助大数据技术对用户行为及相关信息进行深入分析，帮助广告主找到所需要的目标受众。DSP 让广告主可以通过一个统一的口径来管理一个或者多个 Ad Exchange 账号，接入众多媒体资源，提供全方位的服务。互联网世界里有成千上万的广告主，他们迫切希望推广自己的产品，提高知名度，寻找优质的媒体资源和更为精准的目标消费者，优化广告投放策略，降低广告成本，减小投入产出比。

国内已经有大量的 DSP 服务商和技术提供商，其中具有代表性的包括百度 DSP、腾讯广告 DSP、巨量引擎 DSP(字节跳动旗下)、搜狗 DSP。此外，还有今日头条、阿里妈妈、网易传媒 DSP 等。总体来说，不同的 DSP 平台有各自的特点和优势，企业可以根据自己的需求和预算进行选择。

(2)DSP 的特征。一个真正意义上的 DSP 必须具有两个核心的特征：一是拥有强大的实时竞价的基础设施和能力；二是拥有先进的用户定向(Audience Targeting)技术。

DSP 要求有强大的实时竞价的基础设施和能力，对数据运算技术和速度要求非常高。一般而言，从用户在浏览器上搜索信息到看到网页上呈现的内容这短短的时间内，DSP 就发生了好几个往返的信息交换。在一个完整的程序化购买流程中，Ad Exchange 首先要向 DSP 发出竞价请求，告知 DSP 此次广告曝光的性质，以及用户的产品偏好和购物习惯等 Cookie 属性；DSP 接到竞价请求后，必须在短时间内作出回应，决定是否对这次曝光进行竞价，如果决定竞价，应确定以什么样的价位进行竞价，然后把竞价的响应发回 Ad Exchange。整个交易过程的时间很短，要求 DSP 有强大的数据运算技术和极快的运算速度。此外，DSP 可以根据对某个用户投放广告的实时效果数据优化投放策略。也就是说，如果投放效果未达到预期，那么在下一次竞价时就可以降低出价，或者不再对该用户进行竞价，这样可以确保广告主媒体投放效益的最大化。

基于数据的用户定向技术，则是 DSP 另一个重要的核心特征。就程序化购买的实质而言，它不是对某一具体的广告位的购买，而是基于大数据的用户定向技术对目标受众的购买。服务于广告主或者代理商的 DSP，需要对 Ad Exchange 每一次传来的曝光机会进行分析，根据相关数据决定竞价策略以及具体的价位。这些数据包括本次曝光所在网站、页面的信息，以及更为关键的本次曝光的受众人群属性。人群定向的分析直接决定 DSP 的竞价策略。

### 3. SSP

(1)SSP 的定义。SSP(Supply-Side Platform)即供应方平台，是指对媒体的广告投放进行全方位分析和管理的平台。与 DSP 相对应，SSP 通过 Ad Exchange 与 DSP 相联系，形成程序化购买的产业链条。SSP 以服务为驱动力，是代表媒体进行流量托管及售卖的平台。通过 SSP，网络媒体能将自己的长尾流量有效地利用起来，从而提高媒体广告资源的整合价值，实现广告资源优化。国内主要的广告交易平台有：阿里巴巴广告交易平台(Alibaba Ad Exchange)，其主要提供广告主和流量主的交易匹配服务；新浪广告交易平台(Sina Ad Exchange)，其是新浪网推出的广告交易平台，主要提供实时竞价和广告位资源管理等服务；腾讯广告交易平台(Tencent Ad Exchange)，其是腾讯公司推出的广告交易平台，主要提供多种广告形式和资源，支持实时竞价和定向投放等功能。此外，还有百度广告交易平台、360 广告交易平台、搜狐广告交易平台等。需要注意的是，不同广告交易平台的定位和服务对象有所不同，企业可以根据自身需求选择合适的平台进行投放。

（2）SSP 的特征。

①多媒体支持。在注意力经济时代，广告要想抓住目标消费者的眼球，需要丰富的表现形式和独特新颖的创意形式。因此，网络广告不仅要新颖、有创造力，而且要打破传统广告的禁锢与表现形式。SSP 在广告的展现形式方面赢得了更多的多媒体资源的技术支撑，除支持普通网站页面的横幅广告外，还支持多媒体等广告形式。SSP 对多媒体资源的支持，在其可见性、互动性、分享性上都可见一斑。

②模式创新。广告主对程序化购买市场日益重视，并将广告预算进一步用于程序化购买。广告主和广告代理商不仅希望通过程序化购买带来品牌曝光率的提升，还希望通过它打造良好的品牌形象。通过程序化购买流程购买的网站多为长尾媒体资源，市场占比较小，而优质的媒体资源集中在少数大型门户网站，媒体资源较难获取。为了解决这一问题，SSP 进行了模式上的创新，推出了程序化购买优先交易模式，为广告主和广告代理商提供程序化优质购买服务，通过动态分配资源和订单，优先满足大型媒体优质资源的购买需求，实现优质资源价值最大化。

③私人市场。SSP 的私人市场模式进一步确保满足广告主及广告代理商程序化优质购买的需求。在私人市场中，SSP 提供的优质媒体资源和 DSP 的私有交易服务，允许优质媒体以特定的售卖策略提供特定流量给特定优质的 DSP 来选择并进行一站式安全购买。不同于一般实时竞价市场中依附于 Ad Exchange 并面向所有 DSP 需求方的开放竞拍方式，SSP 的私人市场充分满足了高端媒体的需求。这种广告交易模式，一方面为高质量网络流量提供了 VIP 交易服务，可谓具有特色的私人定制，另一方面强化了 SSP 服务平台与主流媒体的合作关系。

（3）SSP 的作用。

①简化交易流程，缩短交易时间。SSP 平台出现之前，媒体流量大多按照时间或量来计费，比如按每千人成本来结算，而且整个广告售卖流程（包括广告的后续实施）都是在线下完成的，广告投放计划一旦敲定，在广告执行过程中一般不允许随意更改，广告主相对处于较为被动的位置。有了 SSP 和程序化购买方式，广告主将广告需求发布在 DSP 上，SSP 与媒体方平台相连接，通过 Ad Exchange 进行实时竞价，整个交易过程就可以通过程序系统对接的方式来完成。在交易过程中，广告主和代理商还可以通过 DSP 系统随时对广告投放进行优化。

②整合库存方媒体资源，实现效益优化。SSP 可以最优化地整合、分配库存媒体资源，将更多有价值的库存流量分配给第三方技术供应商和 DSP 平台，使媒体资源得到合理分配，提高媒体流量的填充率。SSP 通过整合媒体资源，帮助媒体以合适的价格卖出更多的广告资源，实现收益优化功能。SSP 采用不同的优化算法，通过实时统计广告位的点击率和浏览量，做到全盘掌握广告位的可用资源。智能的价格预测模型帮助媒体为每一个广告位制订合理价格，媒体可任意选择是否将资源通过实时竞价方式卖给多个 Ad Exchange 和 DSP。

③高效接入，智能投放。SSP 拥有独特的广告插件，能够轻松应对广告主需求的实时变化。通过数据监测和算法的不断优化，智能广告投放可以满足任何用户对不同广告投放策略的需求，实现精准广告投放，提升广告投放效果。

### 4. Ad Exchange

（1）Ad Exchange 的定义。Ad Exchange 即广告交易平台，正如股票交易平台一样，它为互联网广告提供了一个交易的场所，一头连接的是需求方，即广告主，另一头连接的是广告位拥有者，即媒体方。当然，一提到买卖双方，自然会涉及买卖双方服务的提供者，即 DSP 和 SSP。国内主要的广告交易平台有传漾、新浪、搜狐和谷歌的 DoubleClick Ad Exchange 等。

（2）Ad Exchange 的运作机制。当一个用户访问广告位网页时，SSP 便向 Ad Exchange 发出访问信号，告知现在的访问请求。Ad Exchange 把广告位的具体信息，例如所属站点、所接受的最低出价以及经过 DMP 分析匹配后的用户属性（如性别、年龄、职业、兴趣爱好、购买习惯等）信息，打包发送给各个 DSP，DSP 端开始对这个广告位进行竞价。Ad Exchange 在其中扮演仲裁者的角色，判定哪个 DSP 出价最高，就将这个广告展示机会给出价最高的 DSP 所代表的广告主，再接收该出价最高的 DSP 发送过来的广告信息，投放到目标用户打开的网页上。通过建立一个开放的市场，并在实时竞价过程中确定广告资源的价格，Ad Exchange 让整个网络中的展示广告和广告空间的分配都更高效、更轻松，也更合理。

（3）Ad Exchange 的作用。

①让广告主可以接触到更多的广告资源。例如，经认证的某汽车品牌广告主可以通过用户搜索过"汽车"关键词且该用户浏览过汽车资讯类网站等行为，来决定是否购买 Ad Exchange 上的广告资源。这样就会有更多的网站陆续加入 Ad Exchange 平台，广告主也就可以接触到更多的优质广告资源。Ad Exchange 平台连接的是 DSP 和 SSP，用户每次访问网站时，Ad Exchange 平台便会把记录用户数据的 Cookie 信息传递给接入本平台的各个 DSP，这样各个 DSP 可以了解到当前用户的类型，如果这类用户是 DSP 的某个广告主想要的，那么 DSP 会按照广告主的要求，对这次的曝光进行竞价。Ad Exchange 的运作机制如图 8-4 所示。

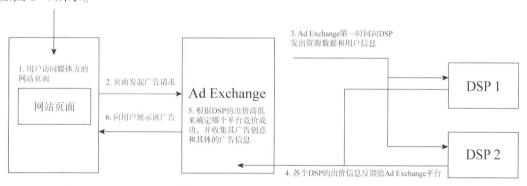

图8-4 Ad Exchange 的运作机制

②充当实时竞价工具。Ad Exchange 类似股票交易市场中的竞拍交易场所，从各个 DSP 的竞价中挑选出价最高的一个，价格最高的买方将获得这次广告曝光的机会，然后 Ad Exchange 平台会获取广告主的广告创意和广告信息，再把广告展示在竞价所得的网页上。整个过程是在 100 毫秒的时间内完成的，简单快捷。

③整合资源，优化投放选择。Ad Exchange 平台通过资源的整合，帮助广告主获取更多高性价比的投放选择。与此同时，通过提供多元化的交易模式、广告形式及大数据技术支持等服务，让广告主可以整合资源，更加精准地定位目标用户，优化广告投放，控制投放成本，达到精准营销的目的。此外，Ad Exchange 帮助媒体连接众多来自不同行业、有着不同需求的买方群体，提升媒体流量填充与变现能力。

## 5. DMP

（1）DMP 的定义。DMP（Data Management Platform）即数据管理平台，是无缝整合跨不同接触点的消费者数据的技术，能帮助企业对何时及如何与每个用户互动作出更好的决策。

程序化购买实质上是一项购买"目标用户"的技术，它的实现依赖海量数据的运用，这些数据的背后是用户的个人属性和行为偏好。广告主对程序化购买的需求越旺盛，对用户数据分析的要求就越高，而 DSP 之间的数据一般不会进行交换，这就促使第三方独立数据管理平台 DMP 出现。

DMP 汇集了包括广告主和媒体在内的第一方、第三方数据，其作用就是把所有有关目标受众的数据联通，充分挖掘用户的人群属性、兴趣爱好等信息，实现对目标受众的定向。

（2）DMP 的分类及区别。DMP 可以分为第一方 DMP 和第三方 DMP。

第一方 DMP 是广告主的私有 DMP，即自建 DMP，收集整合的是广告主的第一方数据，包括广告数据、官网数据、电子邮件营销（Email Direct Marketing，EDM）数据、CRM 数据等，广告主拥有系统的唯一控制权和使用权。第一方 DMP 强调，为了在充分利用 DMP 价值的同时保证和维护自身的信息安全，广告主应当建立自己的 DMP。

第三方 DMP 的控制权和使用权一般归运营商所有，其中收集、整合不仅体现在数据规模上，更在于能够形成足够长甚至是立体、多维互通的数据链条。单向的、彼此孤立的数据不是大数据，不能发挥数据的最大价值。因此，大数据的发展需要避免数据孤岛，在获得海量数据的基础上实现互联互通。随着数据链条的不断延伸，数据之间的关系更加丰富、完善，应用效果像滚雪球一样越来越大。

（3）DMP 的作用。

①深度分析人群。DMP 的首要任务就是清洗、整合从各个来源收集到的数据，接着按一定的业务规则或数据模型、算法，对人群进行深度分析，并为其打上标签；然后利用数据分析技术，让信息与最合适的受众进行精准匹配，完成价值变现。例如，用户一个月内访问旅游频道超过 5 次，便被打上"旅游爱好者"的标签，这里，用户访问旅游频道是原始数据，访问 5 次以上被打上标签是业务规则。在实际情况中，多以较复杂的算法作为打标签的准则。

②连接业务应用。通常来说，DMP 可以分为三层，最底层是原始数据，中间层是标签管理，最上层是业务应用的接口。DMP 在整个程序化购买流程中可以连接不同的应用平台，例如 DSP，营销人员选择好目标用户以后，可以直接输出至 DSP，进行重定向投放。其他应用平台还包括 EDM、短信服务（Short Message Service，SMS）等。

③全面提升企业数据流通、共享和增值能力。打造 DMP 的核心目的是为企业提供数据收集、分析和整合的能力，实现企业生态系统间的信息实时流动和共享，解决数据孤岛问题。该架构支持实现企业级数据挖掘，充分发掘数据中包含的具有价值的内容，提高企业业务预测能力和决策能力。

## 6. Ad Network

（1）Ad Network 的概念。Ad Network 即广告网络，是一种介于想出售广告资源的网站与想在网站上投放广告的广告主之间的中介平台。广告网络是一个封闭的网络广告市场，网络业主作为中间环节先向媒体采购广告库存，然后转售给买家，媒体也可以创建自己的广告网络。从定义来看，Ad Network 是指广告代理机构或者搜索引擎通过广告系统集合门

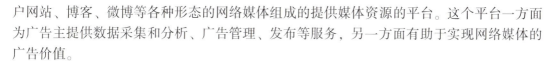

户网站、博客、微博等各种形态的网络媒体组成的提供媒体资源的平台。这个平台一方面为广告主提供数据采集和分析、广告管理、发布等服务，另一方面有助于实现网络媒体的广告价值。

从商业模式来看，2000 年之前的 Ad Network 的运作模式和传统广告媒介代理机构一样：以低价买下广播电视的广告时段和报纸杂志的广告版位，再以高价卖给广告主。形成这种一家独大局面的主要原因是当时大型门户网站数量稀少且互联网环境尚未形成。进入 21 世纪，随着互联网的普及，网民数量激增，互联网内容也极大丰富，网民的主动性进一步增强，网民不再是信息内容的被动接收者，可以在网络平台生产、发布内容，"去中心化"的特征日益显现。进入 Web 2.0 时代，大型门户网站的中心地位被动摇，取而代之的是引擎组织的"长尾"网站。因此，Web 1.0 时代形成的"挑位置、包时段"的媒体购买方式受到挑战，精准营销的需求越来越迫切，这时才凸显 Ad Network 的真正本质和价值。

（2）Ad Network 的分类。Ad Network 主要有以下两种类型。

①代理型 Ad Network。代理型 Ad Network 是指当网站自身没有完备的广告发布系统和完善的发布技术时，Ad Network 便成为网站售卖其广告位置的工具；而当网站有发布广告的技术和系统时，Ad Network 就能为广告主提供数据采集和分析、广告管理、发布等服务。代理型 Ad Network 最早可追溯到 1995 年 DoubleClick 成立并开始建立 DoubleClick Network，以及随后在 1998 年成立的中国第一个 Ad Network——好耶广告网络。

②定向型 Ad Network。定向型 Ad Network 是指依靠搜索引擎在互联网整个产业链中得天独厚的优势，通过整合大量未售出的网络广告存货，然后按照在线人群兴趣分类的特定逻辑和策略筛选出某种有共性的网络人群访问流量，卖给广告客户。搜索引擎这个网络工具的出现，给互联网带来了前所未有的变革，用户从无目标冲浪浏览发展为有目标的搜索，淡化了网民对品牌网络媒体的忠诚度。Ad Network 本质上是作为一种网络广告投放管理工具而存在的。

### 7. Trading Desk

（1）Trading Desk 的定义。Trading Desk 是程序化购买的交易桌面，是广告代理商进行数字化广告投放的一般工具，其通过连接多个 DSP 来进行广告的优化投放。Trading Desk 的功能类似于 DSP，但与 DSP 存在差异。业内有一个形象的比喻：如果说 DSP 是证券交易营业部大厅里所有散户股民都可以使用的交易平台，那么 Trading Desk 就好比证券交易营业部的大户室。

由于 DSP 能够为广告主提供全面的广告投放服务，因此部分替代了代理商原来的媒介策划和购买业务的职能，形成了一定的交叉领域。此外，由于 DSP 实现了受众的精准定位和自动化的购买，因此在技术、数据等方面比代理商更有优势，而代理商本来并不以技术见长，原来的媒介购买方式消耗的人力成本高，在 DSP 模式下需要重新找回定位。为应对这种变化，代理商开发出了 Trading Desk。通过这个工具，代理商可以接入多家 DSP，为每一个广告案例寻找一个合适的 DSP 去投放广告，同时避免自己与自己竞价。通过 Trading Desk，代理商也向互联网广告的自动化投放迈进了一步。DSP 和代理商在这个方面形成了互补，它们专注于各自的领域，发挥各自的优势。

（2）Trading Desk 的类型。

①Agency Trading Desk（ATD）。从广告主的视角看程序化购买，就流程而言，仍然需

要通过选定的一家或几家媒体代理机构来执行。媒介代理机构很早就注意到程序化媒体购买带来的机会，于是成立了 ATD 职能部门。ATD 能够提供程序化技术方面的服务，主要负责广告活动管理，实际上广告主的程序化购买预算通常是通过 ATD 再流向 DSP 和 DMP 等程序化交易生态体系中的技术公司。ATD 的特别之处在于，它是以程序化购买为基础、以实时竞价为主要购买形式的平台。ATD 更注重实时购买，并且运用数据及相应的技术手段帮助广告主有效而精准地触达目标受众。除了网络展示广告，ATD 还涉及购买网络视频、社会化媒体、搜索等领域的媒体资源，同时加大对户外电子屏幕以及网络电视等媒体资源的购买力度。

②Independent Trading Desk（ITD）。除了 ATD 之外，市场上还存在另一种类型的交易桌面，即 ITD。ITD 不从属于任何广告集团，事实上，ITD 服务于媒介代理商或广告主，一方面可为 ATD 提供 Trading Desk 技术解决方案，以及程序化策略、策划及交易优化等增值服务；另一方面，ITD 还可能与媒介代理机构协同，为那些对数据透明度和自主掌控力度有要求的超大型品牌客户提供 Brand Trading Desk（BTD）。

（3）Trading Desk 的优势。作为广告代理商进行数字化广告投放的一般工具，Trading Desk 可以为广告主提供全面的广告投放服务。它基本上是为大品牌、大预算服务的，大多隶属于大型媒介购买集团。具体而言，Trading Desk 具备以下五个优势。

①整合能力。能整合 DSP 和 DMP 等程序化购买服务，提供全案营销。

②品牌安全。每个大品牌都有严格的品牌政策，程序化购买的品牌安全是 Trading Desk 特别注重的。

③包段资源。几乎所有的 Trading Desk 都会利用母公司的媒介优势去包段一些资源，来体现 Trading Desk 的优越性。它们追求的就是这种胜过 DSP 的程序化购买优势。

④定制能力。几乎所有的品牌广告主都有这样或那样的问题，而 Trading Desk 有定制能力。

⑤提案能力。不同于 DSP，Trading Desk 经常参与大品牌的年度整体提案比稿等，具有策应优势。

## 8. 辅助性平台

DCOP（Dynamic Creative Optimization Platform），即动态创意优化平台。传统的广告创意在媒体投放前就已设计完成，而 DCOP 可以动态生成展示广告，将原本需要人工设计完成的动态创意通过计算机设计完成。DCOP 根据每条动态创意的点击率、转化率以及用户在动态创意上的停留时间等信息，找到最吸引用户的创意元素，将这些元素与广告主的产品信息、推广活动等相结合，设计出动态创意。此外，DCOP 利用算法技术，还能随着用户浏览时间、地点、网站位置的不同及兴趣偏好的变化而实时变化。

## 9. 广告认证平台

Ad Verification Platform 即广告认证平台。该平台的作用是为广告主监测广告投放环境，确保广告合理投放并让广告主更好地追踪每则广告。在实时竞价模式下，由于广告交易实时进行，竞拍到的广告投放环境是未知的，因此广告主非常关心广告投放的安全问题，比如广告出现在哪些网站、哪些广告位，网站的内容是什么，网站内容是否适合品牌定位，是否存在色情、暴力等不良信息。例如，当一个网站在报道问题奶粉事件时，显然就不适合投放奶粉及类似产品的广告。

## 五、程序化购买广告模式发展趋势

程序化购买广告模式作为一种新的尝试，一开始就备受各方人士的关注。与传统的网络广告购买方式不同，程序化购买完全有效地利用了大数据及其技术，实现了广告主看重的精准投放。目前，程序化购买已变成广告主投放数字广告及制订投放目标的一个主要选择，未来程序化购买将会呈现越来越强势的发展趋势。

### 1. 程序化购买正逐渐朝着 PDB+RTB 的广告模式发展

大部分大型网站为获得自身利益最大化，不会将其优质媒体资源放入广告公开交易平台，而是采取私有程序化广告交易的方式，因此，广告主通过广告交易平台是很难获得这部分优质媒体资源的。而采用程序化购买组合的广告投放方式，能够使大型品牌广告主广告效果达到最佳，因此，以往网络广告按照浏览量、点击量进行付费的模式正在逐渐被颠覆，变为现在的按照广告实际效果进行付费。

### 2. 新兴技术融入程序化购买已成为大数据营销时代发展的必然趋势

虚拟现实（VR）、增强现实（AR）和人工智能（AI）等新兴技术将逐渐应用于程序化广告行业。根据洛图科技（RUNTO）的预测，2023 年中国 AR/VR 设备市场的销量预计将达到 1 270万台左右，同比上涨近 40%。通过利用 VR 和 AR 技术，可以提供更沉浸式的广告体验，吸引消费者的注意力并增强品牌的影响力。

### 3. 大数据驱动的程序化购买广告投放将成为主流

市场研究机构 eMarketer 的数据显示，2020 年中国程序化广告购买市场规模达到 2 305.8亿元，到 2023 年年底，中国程序化广告购买市场规模将达到3 384.2亿元，进一步扩大和巩固其在广告行业中的地位。通过大数据驱动的程序化购买广告投放，广告主可以提高广告的转化率，减少广告浪费，提升投资回报率。例如，某电商平台根据用户历史购买记录和浏览行为，展示个性化的商品推荐，有效提高了用户的购买转化率。

### 4. 视频与短视频的程序化购买进入了一个快速发展阶段

从 2015 年到现在，大批的视频资源步入程序化购买市场，甚至包括优质的视频贴片广告资源。伴随着 PPTV 聚力、爱奇艺、优酷土豆等视频网站先后开放自己私有的广告交易平台，一些视频媒体如暴风影音、风行网也通过建立 SSP 等方式持续跟进。抖音、快手短视频平台也不遑多让。据报道，许多公开广告交易平台接入了大量视频资源，甚至电视、户外这些传统媒体也被卷入程序化购买广告的浪潮，其广告付费模式随着程序化购买而产生了翻天覆地的改变。

### 5. 户外程序化购买广告模式的发展被提上日程

户外媒体的数字化转型发展为户外程序化购买广告模式提供了有利的成长条件，国外早已开始尝试户外广告的程序化购买，如可口可乐户外智能冰柜就是户外程序化购买广告模式的典型案例，这个冰柜实际上是一个云分析平台，当消费者看冰柜上所展示的广告内容时，它就会实时收集消息者信息，包括此时的地理位置、人脸识别技术、社交媒体和天气等，并实现对不同用户提供私人定制化的广告内容。这类技术的推广应用极大地提升了户外程序化购买广告模式的效率。但要真正实现户外媒体广告的程序化购买，还需建立相应的产业生态系统。

### 案例分析讨论

"豆瓣"APP用户龚某在使用该软件过程中，发现"豆瓣"APP可根据其所处的地理位置向其推送所处区域的广告信息，但龚某并未授权该APP收集其个人位置信息。为此，龚某怀疑"豆瓣"在未经其同意的情况下获取了其地理位置信息，故龚某诉至北京互联网法院。北京互联网法院受理了涉"豆瓣"APP隐私权、个人信息保护纠纷案。

龚某诉称，其为"豆瓣"APP用户，在使用"豆瓣"过程中发现，尽管从未授权该软件获取其地理位置信息，但"豆瓣"总能根据其所处位置，向其定向推送广告。如，其从湖北武汉来到陕西神木后，"豆瓣"向其推送陕西榆林和神木的广告；其从神木返回武汉后，"豆瓣"又向其推送武汉地区的广告。

龚某认为，地理位置信息属于个人敏感信息，具有隐私属性，"豆瓣"APP未经许可获取前述信息，并依据获取的信息定向推送广告，侵犯其隐私权和个人信息。因此，龚某请求法院判令"豆瓣"APP停止侵害、赔礼道歉、提供退出定向推送选项，并赔偿损失费1元。

讨论：豆瓣利用平台数据擅自发送定位广告是否侵权？请说明理由。

## 本章小结

大数据促销组合设计主要由广告、公共关系、人员销售、销售促进等工具构成，不同促销工具的组合使用形成了不同的促销组合。

大数据新媒体促销是大数据营销的重要场景。大数据程序化购买主要包括程序化购买的流程、平台、特征等内容。

## 本章习题

### 一、选择题

1. 促销的目的是刺激消费者产生(　　　)。

A. 购买行为　　　　B. 购买兴趣　　　　C. 购买决定　　　　D. 购买倾向

2. 企业广告又称(　　　)。

A. 商品广告　　　　B. 商誉广告　　　　C. 广告主广告　　　　D. 媒介广告

3. 在产品生命周期的投入期，消费品的促销目标主要是宣传介绍产品，刺激购买欲望，因而主要应采用(　　　)的促销方式。

A. 广告　　　　B. 人员推销　　　　C. 价格折扣　　　　D. 营业推广

4. 对于单位价值高、性能复杂、需要做示范的产品，通常采用(　　　)策略。

A. 广告　　　　B. 公共关系　　　　C. 推式　　　　D. 拉式

5. 公关活动的主体是(　　　)。

A. 一定的组织　　　　B. 顾客　　　　C. 政府官员　　　　D. 推销员

6. 营业推广是一种(　　)的促销方式。

A. 常规性　　　　　B. 辅助性　　　　　C. 经常性　　　　　D. 连续性

7. 促销工作的核心是(　　)。

A. 出售商品　　　　B. 沟通信息　　　　C. 建立良好关系　　D. 寻找顾客

## 二、多选题

1. 促销的具体方式包括(　　)。

A. 市场细分　　　　B. 人员推销　　　　C. 广告　　　　　　D. 公共关系

E. 营业推广

2. 促销策略从总的指导思想上可分为(　　)。

A. 组合策略　　　　B. 单一策略　　　　C. 推式策略　　　　D. 拉式策略

E. 综合策略

3. 促销组合和促销策略的制订影响因素较多，主要应考虑的因素有(　　)。

A. 消费者状况　　　B. 促销目标　　　　C. 产品因素　　　　D. 市场条件

E. 促销预算

4. 广告最常用的媒体包括(　　)。

A. 报纸　　　　　　B. 杂志　　　　　　C. 广播　　　　　　D. 电影

E. 电视

## 三、判断题

1. 企业在其促销活动中，只能在人员促销和非人员促销中选择其中一种加以应用。

(　　)

2. 因为促销是有自身规律的，所以不同企业的促销组合和促销策略也应该是相同的。

(　　)

3. 广告的生命在于真实。(　　)

4. 公益广告是用来宣传公益事业或公共道德的广告，所以它与企业的商业目标无关。

(　　)

5. 促销组合是促销策略的前提，在促销组合的基础上，才能制订相应的促销策略。因此促销策略也称促销组合策略。(　　)

## 三、思考题

1. 大数据背景下的促销组合与营销组合有哪些不同？

2. 大数据背景下实施促销组合的基本流程是什么？

3. RFM 客户细分类型有哪些？

## 本章实践

任务：运用本章所学知识，自行选择任一店铺或企业，制订大数据促销方案。

目的：考察对大数据促销与程序化购买相关知识的掌握情况。

要求：个人完成。

考核点：考察大数据促销与程序化购买应用能力。

# 第九章 大数据营销伦理

## 学习目标

> 识记：大数据营销信息安全治理措施，大数据营销个人隐私问题的治理措施，大数据营销中的伦理困境及其成因，大数据营销中的伦理建构。
>
> 掌握：大数据营销中的伦理建构。
>
> 形成：大数据营销从业者的伦理道德与职业意识。

## 导学案例

### 美团"大数据杀熟"背后的伦理之困

近来，一篇《我被美团会员割了韭菜》刷屏各大网站，更冲上了微博热搜，美团顷刻间身陷"大数据杀熟"漩涡。

文章作者指出，自己开通会员后，发现常消费的一家店铺，外卖配送费由平时的 2 元变成了 6 元。颇感意外的是，作者用另一部没有开通会员的手机点了同一家店铺的外卖，同一时间配送费依然是 2 元。

一时之间，"会员配送更贵"引发热议，网友纷纷指责美团"价格歧视""割会员韭菜""不顾吃相"……面对网民"控诉"，美团方面回应称：配送费差异与会员身份无关。软件存在定位缓存，错误地使用了用户上一次的历史定位，与用户实际位置产生了偏差，这导致配送费预估不准。在实际下单时，会按照真实配送地址计算，不受影响。

这则回应没有承认是"大数据杀熟"，不过是技术问题，程序员得背锅了。仅一次"杀熟风波"，2020 年 12 月 18 日美团股价大跌 3%，逾 400 亿元市值瞬间蒸发。

美团到底存不存在"大数据杀熟"，已不再是问题的关键。

关键的问题是，"大数据杀熟"早已不是什么新鲜事，美团也曾被传是"大数据杀熟"的重灾区。新华社的记者在调查报道过程中，曾使用两个手机账户登录美团 APP，一部是使用过该 APP 的手机，一部是没有使用过该 APP 的手机，显示结果是：查询同一房型同一时间的房价，前者明显高于后者，其他人也遇到过同样的情况。

诸如此类的案例，网上多得是。

"大数据杀熟"的现象，不仅存在于美团，也存在于饿了么、淘宝、当当、天猫、携程、飞猪等平台。与美团一样，饿了么平台也曾被人指"大数据杀熟"，如金牌会员的折扣被暗中取消，同一时间同一地点同一时餐厅，其他人的配送费就低一些，诸如此类，林林总总。

不仅国内如此，国外类似平台也早就存在同类问题。

早在 2000 年，亚马逊的"差别价格实验"即是"大数据杀熟"的起源。当时，亚马逊根据潜在用户的画像，综合购物历史、上网行为等大数据轨迹，对 68 种 DVD 光盘进行差别定价，不同的人群不一样的价格。结果是，老用户"被坑了"。

"最懂你的人伤你最深"，这些平台在信息不对称的情况下，借助大数据"精准打击"，利用了老用户的"消费路径依赖"专门"杀熟"，似乎是隐性的内在运行逻辑。

我们可以容忍美团"定位缓存"所造成的表面伤害，但不能无视背后的大数据伦理之困，更不能让平台做大后任意宰割用户。畸形的平台运营模式背后，是大数据伦理的失范。像美团这类平台公司，谋求企业利润的最大化，过于短视，无法合理平衡平台收益与用户利益的关系。

尽管"大数据杀熟"一直存在，也引起了舆论的关注，同时，《中华人民共和国电子商务法》（以下简称《电子商务法》）明确"大数据杀熟"是违法行为，然而可怕的问题是"隐性杀熟"。

因为平台线上交易，借用大数据平台，依据算法形成用户画像，"个性定制"式"杀你没商量"，而用户一般情况下不深究，无法发现被平台坑了。

大家稍反思一下，就会明白，目前网络购物消费，基本上采用注册会员模式。为了刺激消费，平台想方设法"拉新"，通过秒杀、满减、现金红包、积分兑换、预付直减等各种层出不穷玩法吸引新用户。

紧接着，大量会员陷入了平台早已布设好的"温柔陷阱"中，没有钱也不用担心，会员可以用借贷模式消费，平台联通"现金流—支付流—物流"，用诸如美团月付、蚂蚁花呗、京东白条，消费毫无痛感，平台不时提醒老会员的信用额度增加了，而到了还钱时一切才恍然大悟。这隐性的消费逻辑，正是当前欲望主导、情绪驱动、符号化消费的"后消费网络"时代最大的症结。

正如法国社会学家、哲学家让·鲍德里亚所言，人们从来不消费物的本身，人们总是把物用来当作能够突出个人的符号，或让个人加入视为理想的团体，或参考一个地位更高的团体来摆脱本团体。这些涉嫌"大数据杀熟"的平台，正是充分利用了会员、用户的这些心理来牟利。

可以想见，若不是《我被美团会员割了韭菜》之类的作者提出问题，我想大多数人可能还会继续被蒙在鼓里。先是现金红包、打折优惠、套餐团购让利，如同诱饵，当平台用户有了规模，就是平台收割杀熟的时机了。这些"大数据杀熟"的方式隐藏在消费的所有环节，如打包、配送、更换、额外添加小菜等流程或服务上。

这对用户的伤害可想而知。接下来，如何治理"大数据杀熟"？

一方面，政府管理部门规范市场秩序。比如出台实施《电子商务法》，进一步完善交易消费环节的程序，切实有效地跟进监督，或者建立健全遏制"大数据杀熟"的维权机制。否则，广大的消费者很难维护自身利益，毕竟不可能每个人都能写篇《我被美团会员割了韭菜》。无论怎么揭露，最后还得回到互联网治理层面上来。另一方面，从伦理治理层面着手"大数据杀熟"，显然是数字经济关键而又长远的策略方向。

尤其是5G时代，如何强化反垄断、平台治理、企业社会责任，如何使算法少一点算计，在大数据提供个性化服务时，以透明公正为要义，打造平衡用户权益与平台收益的健康生态，形成共同遵守的商业伦理准则或行业公约，关上大数据的"偏见之门"，是从根本上治理"大数据杀熟"的题中应有之义。

随着大数据时代的到来，消费者在社交媒体、购物网站等平台产生的数据信息，以及企业的内部信息，都蕴藏着巨大的商业价值，是宝贵的财富。同时，与大数据营销有关的个人隐私安全、数据财产安全、骚扰信息泛滥等问题，引起了广大消费者的格外关注。在这样的背景下，对大数据营销伦理及其治理问题的研究显得十分重要和迫切。

（资料来源：财经易芊梓. 美团"大数据杀熟"背后的伦理之困［J］. 2020-12-19.）

# 第一节　大数据营销的信息安全

如今，各行各业都投身于大数据的商业分析之中，这不仅是时代发展的需要，更是各行各业盈利的隐形法宝，因此了解大数据、合理应用大数据就显得尤为重要了。

## 一、大数据营销的信息安全隐患

由于互联网技术的飞速发展，与我们的生活和工作相关的各类信息都被存储。不管我们是在上网、打电话、发微博微信，还是在购物、旅游，我们的行为随时被监控分析。利用大数据技术对用户信息进行追踪挖掘，使得信息安全问题日益凸显。大数据技术本身在伦理上是中立的，无所谓善恶。然而，这种技术却经常被用来行不法之事。

诚然，大数据技术能有效减少无效营销信息对用户的骚扰，但在实践中却存在灰色甚至黑色地带，这对个人和企业都产生了威胁。对个人来说，隐私信息等数据的保护不当，无疑会造成巨大的负面影响；对企业来说，自身所拥有的数据早已成为一种资产，凭借大数据技术将发挥巨大的作用，但企业信息始终面临着被入侵、窃取等诸多风险。例如，2015年英国宽带运营商TalkTalk曾被反复攻击，最终造成400余万用户的隐私数据，包括用户姓名、地址、出生日期、电话号码、电子邮箱，甚至信用卡或银行账号等信息被泄露。事实上，这已是TalkTalk在2015年第三次遭受黑客攻击，即便早有预警，这次攻击依然造成了巨大的损失。

大数据营销的信息安全隐患主要集中在以下三个方面。

### 1. 身份信息暴露

大数据技术对个人身份信息的影响体现在两个方面：一是现实社会中的身份信息，即某用户的人口统计信息以及相关的间接信息，如姓名、性别、年龄、民族、婚姻、职业、受教育程度、地址等，也包括配偶子女的信息、社会活动经历、个人信用信息等足以识别该用户的信息；二是数字身份信息，即在数字时代，可以通过计算机或网络使用、存储或转移处理的身份，如社交网络账号、邮箱信息、网上银行信息等。

不管是哪种身份信息，面对大数据技术的用户追踪、数据挖掘等功能，其安全性都岌岌可危，不仅面临着被网络平台监测并商用的风险，还面临着被窃取盗用数字身份的风险。

### 2. 信息控制权减弱

在传统媒体时代，对个人信息的获取、公开难度较大，公众对自身信息保有相对较高的控制权，可以自行选择是否向媒体或企业告知个人信息。然而在大数据时代，公共空间和私人领域的界限日渐模糊。我们每天产生的上网记录、在线支付记录、定位记录，都可能将我们的信息暴露给外界。数据挖掘能轻松做到对用户信息的收集、关联分析，利用诸如个人经历、兴趣喜好、社交关系等信息，描绘出用户画像。同时，信息传播、复制的便利使得他人能够获取我们的"信息污点"，用作他途。我们对个人信息的控制权不断减弱。

### 3. 不良信息泛滥

大数据时代的特点首先体现在各种类型的信息都能在网络上迅速找到，人们能够获取的信息量空前巨大；其次体现在垃圾信息冗杂，人们往往对铺天盖地的骚扰信息和不良信息应接不暇，学习、生活、工作被严重干扰。在互联网这个虚拟空间里，各种有害信息越来越多，从传播色情材料、造谣，到传播病毒、盗窃账号、网络诈骗，再到贩卖假药等信息泛滥，更可怕的是，恐怖主义也利用网络来传播危及世界安全的信息。这些不仅对个人产生负面影响，更是国家、社会和企业的安全隐患，不能不加以警惕和防范。

## 二、数据的过度采集

在大数据技术的支撑下，企业可以更便捷地收集消费者的各种信息。而基于各种商务运作的需求，企业开始通过越来越多的途径收集潜在用户的信息，甚至极大地超出了合理的数据采集范围。

> **实例**
>
> #### 为了操控人心，窃取 5 000 万 Facebook 用户的数据
>
> 一家名为剑桥分析的数据公司，非法窃取 5 000 万 Facebook 用户资料后用算法进行大数据分析。该公司先根据每个用户的日常喜好、性格特点、行为特征，预测他们的政治倾向；然后借助 Facebook 的广告投放系统，在数据分析的基础上对每个用户进行个性化定制有高度针对性的新闻推送，进行潜移默化的影响，达到在不知不觉中影响他们投票选择的最终目的。
>
> 剑桥分析是怎么窃取 Facebook 用户数据，又怎么使用这些数据的呢？
>
> 作为全球 22 亿活跃用户的 Facebook，拥有的海量数据就像是一座取之不竭的金矿。
>
> Facebook 有个特别的地方是，绝大多数用户用真名真姓注册，同时会在上面登记大量的个人信息，包括生活的城市、毕业学校、工作单位等，可以说每个人都把自己生活中的社交关系链完整地移植到了 Facebook 上。
>
> Facebook 还有一个独创的机制，叫"like"（国内的社交网站"点赞"功能来源于此）。Facebook 鼓励用户点赞，每个用户每天都会有大量的点赞行为。而这个点赞，可以透露出

很多甚至连家人朋友都不知道的隐藏的信息。Facebook内部就一直通过分析点赞行为，来实现广告的精准投放。

学术界对此也有很多的研究。剑桥大学有一个"心理测验学研究中心"，该中心的研究人员可以从用户点赞哪些帖子和新闻，分析出每个人的性格是外向还是内向、政治理念是自由开明还是偏保守、是不是种族主义者、会给哪个党的候选人投票，等等。

剑桥分析开发了一个让用户进行"个性人格测试"的Facebook APP（类似微信的小程序），每个用户做完这个测试，就可以得到5美元。

因为这个APP是寄生在Facebook平台上的，用户需要授权开发者获得自己的Facebook资料以及自己的好友信息才能使用。通过这样滚雪球的方式，剑桥分析最终得到了5 000万名用户的资料。

他们为最初的一批测试者建立了心理画像，通过比对他们的回答和他们的个人资料建立了一个强大的算法模型，再用这个模型预测和影响其他用户的行为模式和投票选择。

例如，针对那些还在犹豫不决的中间选民，他们会推送有针对性的新闻乃至假新闻，潜移默化地改变他们的心理。

（资料来源：美国再爆惊天大丑闻：窃取5 000万Facebook用户数据，为了操控人心 [EB/OL].（2018-3-19）[2023-6-18]. http://www.sohu.com/a/225896373_563945.）

**思考：**

为什么现在的商家这么迫切地收集用户的个人资料，甚至不惜采取不法手段呢？

为了汲取更多的商业价值，许多公司开始无限制、无节制地收集用户数据。人们在享受智能时代带来的生活便利的同时，也可能把每个人的行踪暴露在大众面前，这是非常危险的。如通过诱导用户授权手机APP读取手机通信录、相册、电话通话、社交网站等的内容，通过带定位的软件追踪用户的行为及记录其详细的行踪和生活信息，如图9-1所示。

图9-1　手机APP获取用户的授权权限

绝大多数用户在安装 APP 同意授予此类权限时，并不清楚自己的私人信息会被追踪、采集并用于商业分析，他们并不知道多维度的信息联合到一起能得到一个人完整的画像。

## 三、数据的权属问题

在大数据及智能时代，由于数据变成了资源，成为有价值的东西，而数据私有化和独占问题客观存在，因此数据产权的界定问题日益突出。

要实现数据保护与利用的平衡，必须清晰数据权属，即数据究竟归属于收集者与存储者，还是产生数据的个人或组织，或是其他主体，还需要对数据属性以及各方在收集数据中付出的劳动给予综合认定。

随着大数据在市场上的广泛应用，数据处理技术的升级，企业可以从原始数据中挖掘出更多的可能价值。数据稀缺性和价值属性的不断显现，也让数据产业链中的每个主体都有可能对数据开发与利用产生纷争。

### 实例

#### 数据权属大事件：顺丰和菜鸟之争

菜鸟联盟成立于 2016 年 3 月 28 日，由阿里巴巴三大战略业务板块之一的菜鸟网络（以下简称"菜鸟"）牵头，联合国内外主要物流合作伙伴组建。

2017 年 6 月 1 日，菜鸟指责顺丰快递（以下简称"顺丰"）突然关闭对菜鸟的数据接口。随后，顺丰发表声明，称是菜鸟先发难，封杀丰巢，目的是让顺丰由使用腾讯云切换到使用阿里云。

顺丰方面表示："丰巢在 2016 年跟菜鸟开始合作。内容包括菜鸟提供消费者手机号信息给丰巢，丰巢反馈快递出入柜信息、丰巢网点推送等相关快递柜物流信息给菜鸟。这个合作在 2017 年 3—4 月处于续约过程中。而菜鸟方面提出，所有快递柜信息的触发必须通过菜鸟包裹，取件码信息无条件给到菜鸟，丰巢需要返回所有包裹信息给菜鸟（包括非淘系订单）。菜鸟于 2017 年 5 月基于自身商业利益出发，要求丰巢提供与其无关的客户隐私数据，此类信息隶属于客户，丰巢本着'客户第一'的原则，拒绝这一不合理要求。"

菜鸟方面则表示，此事发生前，为保护消费者隐私、电话信息安全，菜鸟正在根据安全团队的建议对全网物流数据进行信息安全升级，将加强对海淘、快递柜等物流数据的多重交叉验证，但顺丰及丰巢等出于各种原因并不配合。

此次事件，业内普遍认为，是双方对数据话语权的争夺之战。

"一直声称不做快递只做资源整合的菜鸟正遭遇来自顺丰的挑战。对于快递公司来说，比单纯的快递业务更有想象力和价值的显然是大数据的积累沉淀和再运用。此前依托阿里巨大的平台资源，菜鸟可以做到物流资源的整合分配，但是深入数据整合，强势的顺丰很难被收编。顺丰与菜鸟之间必有一战。"

（资料来源：菜鸟说顺丰突然关闭接口，顺丰却说明明是你们想封杀我［EB/OL］.（2017-6-1）［2023-6-18］. https://www.sohu.com/a/145384856_183802.）

**思考：**

（1）在此次事件中，顺丰与菜鸟之间的争端，本质上是对什么的争夺呢？

（2）在现在的互联网世界中，你认为所产生的数据应该归属于谁呢？可以结合具体的网络平台或应用进行讨论。

大数据时代，数据资源的合理配置可以提升企业经营能力和政府治理水平，为社会经济发展创造新动力。为促进数据产业的健康发展，亟须建立清晰的权属设定和有效的法律保护。

### 四、大数据营销信息安全隐患的治理措施

#### (一)信息分类

大数据营销涉及的信息类别多、范围广，包括个人兴趣爱好、购物记录、媒介使用习惯甚至购买能力等都是商家关注的重点。这些信息中，有些与个人身份有直接联系，有些则是间接联系。为解决大数据营销的信息安全隐患，建立个人信息的分级保护机制尤为重要。

应该先对信息进行分类，明确信息的保护级别。英国曾在1998年《资料保护条例》中将个人信息分为敏感信息和琐细信息。敏感信息是指公众的种族、政治观点、宗教信仰或与此类似的其他信仰、生理心理状况、性生活或法律诉讼等信息；琐细信息是指不涉及个人隐私的信息。这为我们提供了对大数据营销信息进行分类的方向。

2014年3月，我国出台了第一部规范互联网定向广告用户信息行为的规定——《中国互联网定向广告用户信息保护行业框架标准》。该标准指出，用户信息包括身份关联信息、非身份关联信息以及经去身份化处理的行文样本信息。其中，身份关联信息是指能够单独或通过与其他信息相结合，识别特定用户的个人信息(如用户姓名、出生日期、电话号码)或这类信息的集合。通常大数据技术的定向追踪所收集的信息是关于浏览器或移动设备使用痕迹的，不会涉及使用者的身份信息。但是，进一步的数据挖掘很有可能探测到一些隐私信息。因此，个人信息分级保护是解决信息安全的关键所在。

一般认为，用户的姓名、地址、通信方式、身份证号码、银行账号等信息保护级别应该较高，这些信息直接关系到身份辨识和人身财产安全；购物偏好、社交关系、网页浏览记录、地理位置信息等互联网行为轨迹信息次之；品牌忠诚、兴趣爱好等数据的保护级别最低。

#### (二)明确信息收集原则

在对信息进行分类之后，还应规范企业收集用户信息的行为，明确信息收集的原则。

##### 1. 最少够用和必要原则

《中国互联网定向广告用户信息保护行业框架标准》规定：对用户信息的收集应当遵循"最少够用和必要原则"，即应将收集用户信息的类型、数量控制在能达到收集信息目的的最低限度，收集和使用的用户信息应仅限于单位的合法商业目的和实现单位对用户的服务所必需。这条原则不仅适用于商业目的，同样适用于政府对公民的信息监控。2021年9月1日起实施的《中华人民共和国数据安全法》，着力解决数据安全领域突出问题，主要内容包括：(1)确立数据分级分类管理以及风险评估、监测预警和应急处置等数据安全管理各项基本制度。(2)明确开展数据活动的组织、个人的数据安全保护义务，落实数据安全保护责任。(3)坚持安全与发展并重，规定支持促进数据安全与发展的措施。(4)建立保障政务数据安全和推动政务数据开放的制度措施。

##### 2. 个人参与原则

该原则是指个人有权知道自己的信息是否被收集、哪些数据被收集，并有权要求修改

或删除被收集的数据。不管是门户网站、社交软件，还是政府部门，在收集用户的敏感信息、地理位置信息或社会关系等信息时，都应及时通知用户，以获得用户对于收集和使用此类信息的明确态度。《中华人民共和国个人信息保护法》是一部保护个人信息的法律条款，涉及法律名称的确立、立法模式问题、立法的意义和重要性、立法现状以及立法依据、法律的适用范围、法律的适用例外及其规定方式、个人信息处理的基本原则、与政府信息公开条例的关系、对政府机关与其他个人信息处理者的不同规制方式及其效果、协调个人信息保护与促进信息自由流动的关系、个人信息保护法在特定行业的适用问题、关于敏感个人信息问题、法律的执行机构、行业自律机制、信息主体权利、跨境信息交流问题、刑事责任问题，对个人及行业信息保护有很大的作用。

个人信息保护可以通过数据库安全的技术手段实现，核心数据加密存储，通过数据库防火墙实现批量数据防泄漏，也可以通过数据脱敏实现批量个人数据的匿名化，通过数字水印实现溯源处理。

# 第二节　大数据营销的个人隐私

大数据营销的风险之一就是隐私问题。并非所有的企业都是诚实守信的，这使大数据存在一定的潜在风险。在进行大数据营销时，必须考虑消费者的隐私问题，否则无法完全发挥其潜能，甚至会给消费者造成伤害。

## 一、大数据营销的个人隐私问题

在大数据社会中，公共领域和私人领域的概念逐渐模糊，甚至出现交叉，因此出现了一种新奇的说法——"明私"，即公开的隐私。它是由公开和隐私两个词组合而成的，表示在当下网络手段不断更新、数据不断增多的情况下，个体向公众传递或表达的隐私。人们一方面打着"保护隐私"的口号，另一方面却将个人信息有意发布在公开的平台上与他人甚至是陌生人分享，从而形成"明私"意愿。这种矛盾在大数据时代下个人隐私保护可行性研究中起着重要作用，同时也是大数据时代特有的矛盾属性。

### （一）大数据背景下个人隐私保护的可能性挑战

#### 1. 人为意愿

个人对自己隐私的"自愿泄露"和企业通过个人私密信息能够获得更多的收益就是人为影响因素。自律和他律问题反映其中的实质所在。自律是相对个体用户而言的。大多数年轻的互联网用户乐于生活在一个信息交织联系的世界里，在其中与他人分享自己的想法和经历，扩展机遇，并高效地进行协商、沟通和交易。这种"自由"的世界，易于被不法分子"钻漏洞"，盗取用户个人隐私信息，从而导致隐私信息被滥用。例如，个人用户在QQ、微信等平台上传的信息可以传递自己一种存在感，当然，个人在实现自己这种满足感的同时忽视了个人隐私的保护。浅薄的意识、侥幸的心理给投机取巧之人可乘之机。这是人们自律问题的典型表现。至于他律问题则更多体现在"大数据"对人们的状态和行为预测当中。个人多数无意识、无价值的数据也能对个人隐私产生威胁。即使是最无害的数据，只要被数据收集器采集到足够的量，也会暴露个人身份。更何况人们在互联网等其他通信中都会产生浏览痕迹、历史记录，这使人们的隐私更容易泄露。如当人们在淘宝等电商查看、购买商品的时候，它们会记录我们的购物习惯，通过这些购物痕迹的数据分析对人们的下一步消费作出预测，然后提供个性化服务，推送相关的产品信息。在这个"分析"的过程中，个人隐私在无形中暴露了出来。

### 2. 社会属性

大数据时代有其自身的特性，包括规模性、多样性和高速性。这是大数据在技术方面具有的区别于其他事物的属性。大数据同时具有社会属性，这种社会属性是受时代的影响而衍生出来的网络关联性。如今人人都生活在这个"大网络"之中，人人都直接或间接地受"数据时代"的影响。世界是相互联系、相互交织的，这种关联性让人们的生活关系也连接了起来，生活方式变得简单快捷。

正是这种特性的影响，个人隐私保护面临更多新的挑战。一是个人隐私的范围难以确定，尤其在这个个人隐私的范围没有细节上的规定的时代，数据分析和窥探隐私仅有一步之遥。二是个人隐私行为难以管理，网络用户越来越多，由于网络匿名的特点，有些人言行举止毫无顾忌，为所欲为。若有侵犯他人隐私行为，要找到真实的人难上加难，给管理带来更多困难。

### （二）大数据背景下个人隐私保护的可能性实现

人为意愿和社会特性围绕着数据世界产生各种迎合行为，然而数据公开和隐私保护的矛盾仍然存在。如果说仅仅为了保护个人隐私就将所有数据隐藏，远离大数据时代，那就是因噎废食了，当然也是不可能的。要解决数据中隐私保护的可能性问题，社会在技术、法律、监管和保护意识上都应不懈努力。

### 1. 隐私保护技术

就隐私保护而言，人们首先想到的是如何利用高科技手段，技术则是可以不断试验开发的一个关键领域。大数据安全与隐私保护的关键技术包括数据发布匿名保护技术、社会网络匿名保护技术、数据水印技术、数据溯源技术等，通过对这些关键技术的应用，可以为隐私保护作出有力保障。

### 2. 法律法规

大数据的隐私保护应该是技术和法规配套的过程，只有法律法规才能将个人隐私保护在限定范围内，可以有效地为人们提供有依据有权威的帮助。我国 2010 年开始实施《中华人民共和国侵权责任法》，后被《中华人民共和国民法典》（以下简称《民法典》）取代，《民法典》规定："网络用户、网络服务提供者利用网络侵害他人民事权益的，应当承担侵权责任。""网络用户接到转送的通知后，可以向网络服务提供者提交不存在侵权行为的声明。声明应当包括不存在侵权行为的初步证据及网络用户的真实身份信息。网络服务提供者接到声明后，应当将该声明转送发出通知的权利人，并告知其可以向有关部门投诉或者向人民法院提起诉讼。网络服务提供者在转送声明到达权利人后的合理期限内，未收到权利人已经投诉或者提起诉讼通知的，应当及时终止所采取的措施。""网络服务提供者知道或者应当知道网络用户利用其网络服务侵害他人民事权益，未采取必要措施的，与该网络用户承担连带责任。"根据上述规定，如果知道或者经被侵权人"提醒"后，不依法采取删除、屏蔽、断开链接等必要措施消除对被侵权人的侵害的，那么就需要承担法律责任。2013 年

9月1日起施行的《电信和互联网用户个人信息保护规定》，其中十五条有关电信业务经营者、互联网信息服务提供者应对用户个人信息的情况的规定，《电话用户真实身份信息等级规定》也在同日起开始施行。

### 3. 行业监管和自律

以营利为目的的营销商可能对个人隐私信息进行商业化的利用，从而造成用户隐私的泄露。因此，除政府"他律"制定法律法规外，还需企业部门自律的监控。企业自身应在用户个人隐私领域加强行业内部监管设置，进行行业自律，并制订必须遵守的行业公约。

### 4. 个人保护意识

用户作为隐私保护的主体，这种保护意识确实应该加强。只有自己对隐私有了保护意识，其他的企业甚至不法分子的滥用行为才能有效减少，否则会带来不必要的麻烦。

具体来讲，内部监管方面，最常采用的一般措施是企业开发用户本身为数据访问的"控制"。如，QQ 的空间设置有访问权限，有"所有人可见""仅限好友可见""仅自己可见"等等选项，这些设置让用户自己选择是否对外发布信息，选择可以对哪些信任的人分享，这样个人隐私就变得具有可控性。

## 二、大数据营销个人隐私问题的治理措施

### (一)个人隐私的技术保护

技术是把双刃剑，既能侵犯个人隐私，同时也能为个人隐私保护提供技术支持，使构建一个从个人数据收集、存储到使用过程的多层保护体系成为可能。

#### 1. 个人隐私的数据加密保护

数据加密技术的发展时间较长，进入大数据时代后，这项技术仍不失为是保护敏感信息的有效方法，能够起到防止窃取或修改数据的作用。按照密钥的算法，数据加密可分为对称密钥算法和非对称密钥算法。对称密钥算法即加密和解密使用相同密钥的算法，主要用于保证数据的机密性；非对称密钥算法的加密和解密使用不同的密钥，主要用于身份认证等信息交换领域。

在大数据时代，作为隐私保护关键技术的数据加密，其研究重点是对已有算法的完善。然而，数据加密并不能防止隐私数据从内部流向外部，仍需结合其他保护技术来解决隐私保护问题。

#### 2. 个人隐私的数据库保护

在大数据时代，数据库是信息主体，存储了各种信息，如网上银行信息、邮件信息、社交媒体的注册信息、病人医疗信息等。网络平台在获取用户信息后建立数据库，个人隐私信息面临被出售的风险，数据库本身也面临被入侵、窃取等风险。

对数据库的保护措施主要包括数据库加密和访问控制。数据库加密技术能使敏感信息以密文形式保存在数据库中，访问控制则是保护合法用户对数据库进行授权的操作。在大数据时代，数据库加密确保个人隐私信息免遭入侵和窃取，访问控制则保护数据免受内部人员的非法操作，从而保护个人隐私信息。

### (二)个人隐私观念的提升

在大数据时代，网络公共空间与公民私人领域之间的界限越来越模糊，社交媒体、购

物网站、移动支付等在日常生活中的使用，使用户很可能将自己的隐私泄露出去而不自知。因此，培养公民的个人隐私观念很有必要。

首先，网络媒体应向用户提供控制自己隐私信息的选择，即用户可以给自己的访问数据、发布信息设置访问权限。比如新浪微博的分组可见、仅自己可见，让用户能够根据自己的发布内容设置访问权限。这样做的意义在于，企业可以根据用户的权限设置来分析其相关数据的隐私程度，从而更好地保护用户隐私。

其次，加强隐私观念教育。上述方法强调从企业做起，让用户在使用网络媒体的过程中培养隐私观念。学校、政府可以主动对公众进行隐私观念的教育，让公众树立正确的隐私观念，科学地分享个人数据。让公民既能享受到大数据的便利，又能很好地保护个人隐私。

### （三）个人隐私的法律保护

应当指出的是，不管是技术手段还是个人隐私观念的增强，对于在大数据时代保护个人隐私还远远不够，法律法规仍是必不可少的手段。

欧美国家对于个人隐私问题的立法较为成熟。美国在 1974 年颁布了《隐私权法》，1986 年颁布了《电子通信隐私法》，1998 年出台了关于未成年人的《儿童网上隐私保护法》，以及《个人隐私权与国家信息基础设施白皮书》，用以规范个人隐私保护。在欧洲，欧盟于 1997 年通过了《电信事业个人数据处理及隐私保护指令》，随后又出台了《信息公路上个人数据收集、处理过程中个人权利保护指南》等法令。可见欧盟、美国都非常重视个人隐私问题，希望通过立法来打击侵权行为。

我国在 2012 年发布《信息安全技术、公共及商用服务信息系统个人信息保护指南》对大数据时代如何合理利用信息作出规定，以规范对个人数据的应用。2014 年 3 月颁布的《中国互联网定向广告用户信息保护行业框架标准》是我国第一部规范互联网定向广告用户信息行为的行业标准，一方面推动各单位加强自身建设；另一方面实现用户对自身信息的控制权。2021 年 11 月 1 日起施行的《中华人民共和国个人信息保护法》是为了保护个人信息权益，规范个人信息处理活动，促进个人信息合理利用，根据宪法制定的法规。但是相关的法律仍然相对薄弱，需要在以下两个方面继续完善。

#### 1. 加大惩罚力度

当违反法律的成本低于可能获得的利益时，违法行为就会层出不穷。正是由于我国相关法律的不完善，对于侵犯公民个人隐私的行为惩处力度不够，才导致侵权行为变本加厉。重罚之下，侵犯隐私的违法成本高了，企业和个人就会收敛不法行为。

#### 2. 划分隐私内容

由于大数据时代的信息浩如烟海，人们可能泄露各种各样的隐私信息，从姓名、性别、地域、职业等人口统计信息，到购物偏好、社交关系等数据，涉及方方面面的内容。只有对个人隐私内容加以具体划分，并针对不同内容立法，才能有效地防范侵权行为。

## 三、大数据杀熟与价格

在购买产品或服务时，消费者一般心中默认的规则是：基于客户的忠诚度，老客户相对优惠，VIP 用户相对价格低。然而事实却并非如此：同样的商品或者服务，老客户看到的价格反而比新客户更高。这种现象在互联网行业被称为大数据精准"杀熟"。

2018 年，中国青年报社会调查中心联合问卷网，对 2 008 名受访者进行的一项调查显示，51.3% 的受访者遇到过互联网企业利用大数据"杀熟"的情况，59.2% 的受访者指出在大数据面前信息严重不对称，消费者处于弱势。

业内对于利用大数据"杀熟"的普遍认知来自"亚马逊"。2000 年，亚马逊针对同一张 DVD 碟片施行不同的价格政策，新用户看到的价格是 22.74 美元，如果是算法认定有购买意愿的老用户，价格则显示为 26.24 美元，如果删除 Cookie，价格马上又回落。很快这种策略被用户发现并投诉，亚马逊公开道歉，说这仅仅是一场实验，也承诺不再进行价格歧视。

**实例**

### "最懂你的人伤你最深"

2018 年 2 月，某微博网友自述了被大数据"杀熟"的经历。他经常通过某旅行服务网站订某个酒店的房间，长年价格在 380 元到 400 元。偶然一次，通过前台他了解到，淡季的价格在 300 元上下。他用朋友的账号查询，也是 300 元。但用自己的账号去查，就是 380 元。

上述微博发出后，瞬间转发量破万，网友们纷纷吐槽各自"被宰"经历。

"我和同学打车，我们的路线和车型差不多，我要贵五六元。"

"选好机票后取消，再选那个机票，价格立马上涨，甚至翻倍。"

"我的消费比较高，我老公消费比较低，开通不限流量服务的时候，他只要开通 88 元的套餐就可以，我必须得开通 138 元的套餐。"

诸如此类的现象，愈来愈多地被曝光。

（资料来源：大数据杀熟，最懂你的人伤你最深 [EB/OL]. https://user.guancha.cn/wap/content?id=89697&s=fwckhffhxw.）

**思考：**

为什么老顾客没有得到更多的消费优惠，反而成了被"宰"的对象呢？

经济学中有一个概念叫价格歧视，通常是指商品或服务的提供者在向不同的消费者提供相同等级、相同质量的商品或服务时，给出不同的销售价格或收费标准。

大数据在大多数情况下能帮助企业平衡效率和收益，最为典型的是民航业，同样是经济舱，赶时间、对价格不敏感的商务旅客在起飞前才买票，价格昂贵；提前很久订票的旅行游客，却可以低价买到同样一班飞机、同一个舱位。一张机票在临近起飞才购买价格高昂合情合理，这是为时间成本付出的代价。但是，同一时间、同一购票平台，不同用户看到不同的价格就令人难以接受了，这似乎不再是价格歧视，而是对购买者的"歧视"。

每个用户都被打上无数个标签，你喜欢看什么、买什么、有多大的消费能力、好友是谁……在掌握数据的科技公司眼中，已经存在对用户的精确"偏见"了。

很多时候这样的偏见让人意识不到，但确实会影响日常决策。电商平台会根据用户的购物记录判断购买能力，从而推荐用户可能会买的东西；同一家酒店或航空公司，同一时间很多人搜索，价格可能会上涨；经常不使用的账号会一直收到优惠券，频繁使用的账号反而优惠券很少。

同理，账户级别越高代表了购买力越强，就越有可能被推荐更贵的东西。

# 第三节　大数据营销的伦理问题

　　任何数据都只是事物的一种度量，人应当成为这种度量工具的主人，而不是被工具奴役。在大数据刚刚兴起之时，国内外学者就意识到大数据可能带来的伦理问题，并提出防范和规制的建议。

　视频：大数据营销理论　　　　　　　　　　　

## 一、大数据营销中的伦理困境及其成因

　　在大数据为消费者带来更多个性化服务和消费便利的同时，很多人会忽视其中潜藏的伦理风险和道德问题。

### （一）大数据营销中的伦理困境

　　智能时代，数据变成了资源，成了有价值的东西，因此数据产权界定问题日益突出。在美国，谷歌、苹果、亚马逊等大型跨国互联网公司基于美国政府和欧盟的要求，在服务条款中明确列出，从用户获得的数据属于用户本人，而它们只是保存和借用。其余的公司没有声明这一点。

　　在中国，大部分用户并没有意识到数据权属的存在，互联网公司也没有就数据的所有权作出明确的声明。

　　当掌握大量用户数据的公司和用户发生利益冲突时，商家会更倾向于选择将自己的利益最大化，而牺牲用户的利益。

### （二）大数据营销伦理困境的成因

　　大数据作为技术而言，本身是中性的，商家利用大数据对用户进行精准营销，帮助用户改善消费体验、作出优化的决策，这本来是一件好事。但是在大数据及智能技术的应用过程中，却由于外部的一系列因素造成了伦理困境。

#### 1. 用户的隐私意识淡薄

　　大数据能为人们的生活带来巨大的便利，描绘出人们美好的生活蓝图，但在种种诱人的方便之下，用户可能没有意识到，自己到底要付出什么代价去换取这些福利。

**实例**

**炫酷又好用的车载智能设备**

**平视显示器**

　　平视显示器（Head Up Display，HUD）是运用在航空器上的飞行辅助仪器。平视的意思是指飞行员不需要低头就能够看到他需要的重要资讯。平视显示器最早出现在军用飞机上，以降低飞行员需要低头查看仪表的频率，避免注意力中断而丧失对状态意识的掌握。

许多人在开车的时候会想用手机，但是手机拿在手上又十分不安全，近几年，HUD 在高端汽车中越来越流行。

A 品牌推出的一款 HUD 产品深受车主喜爱。这款产品是由一块简单的玻璃、一个可活动的底座以及一个固定手机的卡套组成。用户通过 APP 让手机显示所需的行车信息，如路况、导航等，然后通过这块玻璃将信息投射到车前的挡风玻璃上。这样司机就不需要分心去看车载导航或者是在行车时捣鼓手机，因为他们想要的信息都能直接从这块玻璃上获取。这款 HUD 产品利用每个人都会用的智能手机获取当前汽车的信息，然后投射到车前的挡风玻璃上，让普通的车也能用上 HUD。

## 泊车小助手

在非常大的停车场停车后，有的人经常会忘了自己的车停在哪里，于是找车也常常变成令车主们很烦恼的一件事情。B 公司对此推出了一款智能产品。这款产品是一款非常小的设备，可以帮助车主在停车场准确地找到自己车的位置，特别是当车主忘了把车停在哪个停车位的时候，非常方便。

当车主走进地下停车场，它会在手机上自动提醒车主。通过这款产品，用户可以找到泊车服务点，避免停车罚单。用户在手机上可以接收到以下信息：自己走了多远、泊车的位置、什么时候仪表计时到期等。

## 智能油耗监控

很多车主都会纠结自己汽车的油耗问题，车型不同油耗不同，但大家又不确定自己的汽车油耗到底是多少。

C 公司开发了一款产品，是安装在汽车仪表盘上的一款测量油耗的智能设备。在开车过程中，它可以提醒你如何更好地控制油门和刹车，减少燃油消耗，从而更省油。设备上不同的灯光代表不同的意思，蓝色表示高效率省油，而红色则表示费油。燃油汽车的引擎有一个最佳运行点，在这个点上，汽车引擎维持在最佳的运行状态，既能发挥出动力的最大性能，又能耗油最少。

这款产品可以连接到手机。如果你的朋友也使用这个产品，它可以根据你们节省油耗的多少进行打分，并且可以给你们排名，看谁最厉害。

（资料来源：让人爱不释手的车载智能设备，你都了解吗？[EB/OL]．（2017-5-17）[2023-6-2]．http://baijiahao.baidu.com/s?id=1567608792063179&wfr=spider&for=pc．）

**思考：**上述三款车载智能设备，在使用的过程中，用户可能会泄露什么信息？

近些年，诸如此类的车载智能设备广受车主们的喜爱，通过安装在车上的智能设备及接收数据的手机 APP，用户可以清楚、直观地看到车辆的运行数据，还可以在社交网站上分享这些数据，并通过排行榜了解自己的车辆运行情况和驾驶习惯是否优良。

但是车主们或许没有意识到，这些详细的数据并不只是为了改善人们的用车和驾驶习惯，还有更深层次的目的。例如，智能车载设备记录了用户详细的用车和驾驶习惯，以及经常行走的路线，由此判断出可能发生的交通事故的类型及发生概率，因此就能联合保险公司，向车主推送精准的保险服务和差别的保险费用。

用户在享受智能时代大数据带来的种种生活便利的同时，也在不断地向外输送和交付着个人的隐私。需要注意的是，用户希望保护隐私，却往往意识不到泄露隐私信息的正是本人。

### 2. 用户未能清晰认知数据价值

由于信息不对称，大多数用户并不知道，自己的一些网络行为会主动泄露个人信息，并会带来极大的影响，比如说各种交叉的信息通过关联的分析与挖掘，可以得出精准的个人画像及行为预测，被商家运用到各个领域。

📁 **实例**

**好玩的朋友圈分享：我的前世青年照**

2018 年的五四青年节，朋友圈被一条"我的前世青年照"刷屏了。在某软件推出的这个模板里，使用者可以通过 APP、微信小程序或公众号上传自己的头像照片，就能生成一张自己穿着百年前"五四青年"典型服饰的泛黄老照片。这个模板迅速吸引了大量用户使用，并在微信朋友圈中分享。投放短短几天，该软件已经收集到超过 8 000 张用户照片。

互联网专家认为，在用户体验"我的前世青年照"过程中，服务商会收集用户的照片以及照片中的时间、位置等信息，但是在此链接上并没有公开信息收集、使用的原则，没有明示收集、使用信息的目的、方式和范围，也未经被收集者同意，违反了信息收集应当遵守的合法、正当、必要原则，不利于用户个人信息安全，也不符合网络服务提供者在收集、使用用户信息时应遵循的规定。

（资料来源："我的前世青年照"火了，媒体提醒勿因小游戏泄漏个人隐私！[EB/OL].（2017-5-17）[2023-6-25]. https://baijiahao.baidu.com/s?id=1567608792063179.）

**思考**：为什么用户热衷于使用网络上出现的此类应用呢？

如今许多大数据公司已经可以用非常低的成本拿到普通用户的大量数据，如姓名、年龄、籍贯、户口所在地、收入情况、消费习惯、信贷状况等。

大数据技术可以把搜集到的多维信息联合到一起，得到一个人的完整画像。

很多人不以为然，虽然某个公司收集到了很多关于自身的个人数据，但是这些数据是杂乱无章的，该公司怎么会跟一个小人物过不去呢。但是在机器智能时代，可以基于个人的行为数据对个人持续分析。

### 3. 企业利益驱使

越来越多的用户意识到"大数据杀熟"现象的存在，即同一产品或服务、同一家公司，基于互联网公司的用户画像，不同的用户会看到截然不同的价格。大数据为企业的价格歧视提供了巨大便利。价格歧视其实是一个中性术语，它是指相同等级或质量的商品或服务，在购买者中实行不同的收费标准。

按经济学的理论进行划分，价格歧视可以分为三个类别，即一级价格歧视、二级价格歧视和三级价格歧视。其中，一级价格歧视又称完全价格歧视，是指垄断者完全掌握消费者的消费意愿，依据消费者的不同而进行不同定价。二级价格歧视和三级价格歧视又统称为不完全价格歧视，前者是指经营者提供不同的服务，由消费者自由选择，交易价格依据市场变化而改变；后者主要是指经营者依据消费者的个人信息（年龄、性别等）对客户施行不同的价格。

在传统的市场交易中，经营者和消费者在信息获取上相对平等，这使经营者很难实施一级价格歧视。但是，随着互联网技术和大数据的发展，基于大数据分析的个性化和精准化营销模式备受推崇，经营者可以对市场进行控制，按照每位消费者的最高支付意愿进行

差异化定价，而作为消费者的个体却无丝毫反抗之力。

### 4. 管理机制不够完善

在道德约束失灵的情况下，法律保障尚未完善。科技产业变化日新月异，而法律则具有一定的滞后性，两者发展的不匹配，也造成大数据营销领域的道德与伦理困境。

许多数据主体搜集到庞大的用户信息，这么多数据在手，如何保管、使用却一直没有明确、合理的规范。如果某项数据被滥用了，要追查"滥用"的来龙去脉往往异常复杂，甚至证实"滥用"本身都很难。

大多数情况下，数据在收集之前都需要用户签一份许可协议，但是绝大多数用户并不会特别留意或根本看不懂这份协议到底说了什么。用户并不知道，数据一旦被收集，就难以避免被非法复制用于其他目的。

## 二、大数据营销伦理建构的必要性

### （一）企业社会责任

企业伦理是一种负责任的决策过程。

企业社会责任是企业在生产经营过程中对经济、社会和环境目标进行综合考虑，在对股东负责、获取经济利益的同时，主动承担起对企业利益相关者的责任，主要涉及员工权益保护、环境保护、商业道德、社区关系和社会公益等问题。

企业存在的背景环境是社会关系网络，企业是社会的公民，企业必须承担相应的伦理责任和义务。企业生产产品或提供服务和创造财富时应负有商业责任，承担社会义务，遵循社会公德。

大数据时代，企业存储着庞大的数据信息。大数据具有的数据量大、维度多、数据完备等特点，使它从收集开始，到存储和处理，再到应用，都与过去处理数据的方法有很大的不同。大数据和机器智能的发展及应用，会面临很多新的技术挑战，需要解决很多技术上的难题，如对数据安全的考虑、对隐私保护的考量等。企业在应用数据获得巨大商业价值回报的同时，也应承担对数据、信息管理到位的责任。

大数据营销想要长期可持续地发展，承担起数据信息领域的相应伦理责任，是企业的必然选择。

### （二）用户与社会群体的维系

企业会通过评估顾客的商业价值来精准投放营销资源。从企业的角度看，这可以获得更大、更合理的利益回报。但从顾客的感知和体验来看，则可能会造成一定的心理落差。

人们参与市场活动的时候，会带有一些信念和期望，包括对某些产品价值的认知。人们的行为受他们预期的影响。

企业利用大数据设置价格歧视，短期来看能赚取额外收益，但长期来看透支了消费者的信任，最终对整个行业和新技术发展都会造成不利影响。"杀熟"的套路倘若不被用户发现，商家确实能小赚一笔，但是倘若被用户发现，最终不仅伤了用户的心，更损害了商家与用户之间建立的关系。

例如，在基于顾客忠诚度而实施的价格歧视操作中，当用户意识到或模糊地感知到价格歧视的存在时，就会大幅度降低他们对原有企业或品牌的价值认知与期待，造成客户的流失。同时，竞争企业也会利用低价或消费补贴等手段，抢夺对手忠诚度较低的顾客，造成行业内耗。企业利用大数据手段实现一级价格歧视，暴露出大数据产业在发展过程中的非对称和不透明，反映出商家的垄断性，这种行为违背了《反垄断法》。从长期来看，企业的这种"杀熟"行为会迫使消费者"货比三家"，将消费者引流到竞争对手处，不但降低了顾客忠诚度，还影响了自身的声誉。

在基于企业责任的社会网络模型中，企业是社会的公民，必须承担相应的伦理责任和义务，才能维持社会系统的良性运作。智能时代的大数据营销，也应"取之于民用之于民"，只有在正确的道德标准引导下，才能获得持久的市场竞争力。

## 三、大数据营销伦理的构建

大数据促进了社会发展，人们的生活因为大数据而改变，在社会变革的同时，诸多伦理问题随着大数据产业的兴起而浮出水面。平台背后的数据垄断、个体信息权益缺乏保护、隐私边界模糊不清，这些大数据伦理之困与大数据产业相伴共生。如何认清大数据情境下的人情伦理的困境，重构价值观与网络秩序，日益迫切。

### (一)伦理观重构与网络治理

大数据时代，在数据使用的背后产生了很多伦理问题，重构大数据背景下的伦理和道德观体现在以下两个方面。

(1)要深刻理解数据本身的存在意义，树立科学发展的大数据观。数据本身是一种客观存在，树立与之相适应的世界观，是首要问题。大数据不能解决所有的根本性问题，伦理和数据某些时候相互对立又相互统一。

(2)要从道德层面进行反思。对大数据领域认知的无序和空白，需要国家进行顶层设计，同时强化大数据时代的价值观引领，培养数据使用的伦理意识。

### (二)构建大数据时代伦理准则

(1)权利与义务对等。数据生产者、数据搜集者、数据使用者作为整个数据生命中的优势主体，要肩负推动社会发展的使命感和保护个人隐私的义务。在解决大数据背景下伦理边界模糊的问题时，构建一定的规则与秩序，在维护社会安全的前提下，要提高监管力度，制衡自由使用权，让政府与企业重视和加强个人隐私保护，防止沉迷于网络，加强隐私保护的能力培养。建立诚信的价值认知体系，营造诚实守信氛围，构建大数据时代隐私保护伦理准则，这是对个人行为、企业需求、政府建设的同步要求。要将大数据技术的创新发展与责任担当放在同一高度，以开阔的视野、包容、互动的态度来引导技术良性发展。

(2)注重隐私保护的道德教育。要树立道德与风险同在的价值体系，完善对数据参与主体的道德伦理教育。从伦理的角度出发，加强伦理意识的养成教育，加强伦理道德体制建设，提高道德意识的培养，让数据使用主体认识到自己的各类行为必须承担的道德失范的后果，并以制度的形式建立公共道德规范。

(3)建立伦理约束机制，同时发挥道德评价功能，建立道德舆论体系评价机制规范人们的行为。在大数据时代伦理意识建设过程中，运用伦理道德框架评价机制，提升人的道德品质，增强组织和大众遵守道德规范的主动性与自觉性，将外在的道德规范转化为人的自觉行动和行为准则。

## 四、大数据营销中的伦理风险

大数据分析与挖掘是基于商业目的进行收集、整理、加工和分析数据，提炼有价值信息，为商业目标提供决策参考的过程。

数据分析挖掘项目，会基于精准的业务需求，搭建相应的数据获取框架，对采集到的数据进行分析与挖掘。在现有的商业应用中，大数据营销常见的分析项目类型主要包括目标客户特征分析、目标客户预测模型、用户路径分析、交叉销售模型、用户分层模型、动态定价、商品推荐模型等。而在这些数据分析项目中，隐藏着一定的伦理风险。

### （一）用户隐私

隐私权是一种人格权，是指社会公众所享有的能够支配自身与公共利益和集体利益不相关的私人活动、个人信息和私有领域的一种权利。人们对隐私的认知一般是一些个人不愿为大众所知的信息，如自己的私人账号和密码等。但是在互联网和物联网时代，多维的信息联合到一起也可以得到一个人完整的心理和行为画像，甚至细致的生活信息及日常轨迹。

在传统的数据应用中，数据大多是单一维度，或者是低维度的，即使商家掌握了大量的数据，但是每一组数据就好像一个单一的点或线，代表的是单独的信息，数据组之间的关联性并没有被充分地勾勒和挖掘。

随着技术的发展，如今商家掌握了更多交叉的复杂逻辑数据。从每个数据点切入，即可在所有数据库中查找到其关联信息。

**实例**

**强大到令人害怕的数据逻辑关联**

某西式快餐店的电话铃响了，客服人员拿起电话。

客服：这里是×××。您好，请问有什么需要我为您服务的吗？

顾客：你好，我想要一份……

客服：先生，烦请先把您的会员卡号告诉我。

顾客：×××

客服：陈先生，您好！您住在×路×号×楼×室，您家电话是×××，您公司电话是×××，您手机号是×××。请问您想用哪一个电话号码付费？

顾客：你为什么知道我所有的电话号码？

客服：陈先生，因为我们联机到 CRM 系统。

顾客：我想要一个海鲜比萨……

客服：陈先生，海鲜比萨不适合您。

顾客：为什么？

客服：根据您的医疗记录，您的血压和胆固醇都偏高。您可以试试我们的低脂健康比萨。

顾客：你怎么知道我会喜欢吃这种的？

客服：您上个星期一在国家图书馆借了一本《低脂健康食谱》。

顾客：好。那我要一个家庭特大号比萨，要付多少钱？

客服：99 元，这个足够您一家六口吃了。但您母亲应该少吃，她上个月刚做了心脏搭桥手术，还处在恢复期。

顾客：那可以刷卡吗？

客服：陈先生，对不起。请您付现款，因为您的信用卡已经刷爆了，您现在还欠银行

4 807元，而且还不包括房贷利息。

顾客：那我先去附近的提款机提款。

客服：陈先生，根据您的记录，您已经超过今日提款限额。

顾客：算了，你们直接把比萨送到我家吧，家里有现金。你们多久送到？

客服：大约30分钟。如果您不想等，可以自己骑车来取。

顾客：为什么？

客服：根据我们的 CRM 全球定位系统的车辆行驶自动跟踪系统显示，您登记有一辆车牌号为×××的车，而且您刚刚正在×路东段×商场右侧驾驶这辆车。

**思考：**在这个小故事中，在客服人员看似细心体贴的提醒背后，隐藏了哪些不妥的做法呢？

对企业而言，把握目标客户的特征，在推广产品和服务的运作中是非常重要的。而在产品的精准推广中，目标客户特征分析的作用更为突出。此业务需求，驱使企业通过越来越多的途径收集潜在用户的信息。

## （二）信息不对称下的消费弱势群体

信息化时代，个人的隐私越来越多地融入各种大数据中，被数据拥有者操控。这也形成了个体消费者与商家之间的信息不对称，企业掌控了越来越多消费者的信息，如消费需求的强弱、消费者的内在心理与外显行为、议价能力等。

在以顾客为中心的价值体系下，相较于商家而言，个人用户成为弱势群体。企业会通过评估顾客的商业价值来精准配置营销资源，在某些特殊的消费领域，这对消费者而言是一种不公正的差别对待。

**实例**

### 大数据时代的保险业与投保者

大数据在保险和风险管理中的最大价值在于对数据分析之后帮助决策，其应用可分为两类，第一类是描述性决策，第二类是预测性决策。

描述性决策是指针对某一特定问题进行决策。例如，对某一特定案件的理赔，核赔部门需要收集大量相关的非结构化数据，大数据除了传统意义上的结构化数据，还包含大量不同展现形式的数据，如文字、图片等。大数据的分析处理对决定最终理赔的数额有巨大的帮助。

预测性决策构建的模型可以重复应用，可以对不同的问题进行决策。通过分析大数据，构建一个模型，这个模型可以在今后反复应用。例如保险定价系统，在对以往保费和理赔状态的数据（传统意义上的结构化数据）进行分析的基础上构建模型，在模型构建后，只需输入相关信息，如年龄、身高、体重等因素，保费便可以自动计算。这个定价模型就可以应用在不同的被保险人身上。

在美国加州大学的一所医学院里，科学家们正在做这样一项研究：每个人从小到老生病的规律性。例如，我们知道丙型肝炎，即使暂时治愈，还是有很大的可能性在若干年后转成肝硬化，然后又有很大的可能变成肝癌。其他很多疾病也有这样的关联。这家医学院研究的目的当然是善意的——为了预防疾病。但是，如果研究成果被医疗保险公司使用，那么它们就会找借口拒绝接受一位未来可能患重病的投保者。

美国各大保险公司实际上掌握着投保人过去多年的身体状况信息，不管是大病还是小病，不管是否有住院记录，只要在医疗机构就医检查过，保险公司就能通过后台数据查询到，而且医疗机构的档案保存期长达 30 年。

如果保险公司能了解到每个人今后可能会患什么疾病，将有可能拒绝给那些将来可能患致命性疾病的人提供保险，那么这些最需要医疗保险的人反而无法买到医疗保险，或者必须支付高昂保费。

（资料来源：吴军. 智能时代［M］. 北京：中信出版集团，2016.）

**思考：**在本案例中，为什么本身用来帮助改善医疗的数据，未来反而可能会成为人们消费权益中的障碍？

## 五、大数据语境下的网络伦理治理转向

大数据是一把双刃剑，在深刻变革社会的同时，也产生了诸多伦理问题。数据垄断产生"数字鸿沟"，个体信息权益的实现堪忧，隐私边界日益模糊不清，"数字足迹"瓦解人类天生的记忆力，甚至人的自由意志遭受"大数据探索"这一新的科研范式侵犯，这些"伦理之困"绝非耸人听闻。"世界数据化"引发的伦理争议，对当代社会秩序与人伦规范构成了严重冲击，传统伦理价值观遭受前所未有的解构与破坏。除一些学者怀疑"大数据伦理困境是否存在"外，愈来愈多的人不可避免地卷入与大数据背后那股"操纵力量"博弈的洪流。从这一意义上来说，如何认清大数据伦理困境，重构伦理价值观与网络新秩序，实现伦理治理转向，显得日益迫切。

### （一）大数据来袭与网络伦理困境

一方面，大数据造成的"数据垄断"无处不在，导致信息侵权与权益分配不公。首先，大数据的挖掘和使用被行业巨头、政府主导，如国内的百度、腾讯，国外的 Facebook、微软、谷歌，这些公司牢牢把握数据源与技术优势，几乎垄断了大数据市场。无论个体还是国家，皆有可能成为垄断的牺牲品。其次，一些公司或组织通过大数据深度加工，精确地了解市场需求、用户心理，预测竞争者动向，使公司业绩突飞猛涨。

然而这些"数据红利"源于所有用户数据信息的让渡，先不论已享受智能化便利的人群，那些偏远山区的民众也在忍受各类推送信息干扰，成为大数据营销下的"广告靶子"。

另一方面，大数据带来的"数字记忆"或人的自由发展问题，无时无刻不令人忧虑。所谓数字记忆，即指数字化生存的状态下，所有行为留下的数据足迹，会被永久记忆，一般人无法删除，"遗忘的权利"被剥夺，这颠覆了生物规律。甚至可以说，"数字记忆"这一模式会使每一个人都成为"数据的奴隶"。英国的维克托·舍恩伯格在《删除》一书中提到，数字技术与全球网络正在瓦解我们天生的遗忘能力，"数字王国"记住了那些有时需要被遗忘的信息，如 Facebook 上照片会被网络永远铭记，甚至会影响一个人的职业发展。

而对人的自由发展来说，大数据分析主要是基于相关性直接得出结论或规律，导致这一结论背后的原因分析被忽略。著名的案例有"啤酒和尿布摆在一起可以增加销量"，没有人能给这一现象作出合理解释，对于商家来说解释也并不重要。当人类被这些"数据决策"推动，被"数据规律"控制，这可能会令人类失去深入思考的能力。

同样基于数据分析的相关性，一些看似无关紧要的个人数据，汇聚后即会发生化学反应，导致隐私暴露。如《纽约时报》曾报道一家公司可以通过数据挖掘确定顾客是否怀孕。一天公司将与妊娠有关物品的优惠券送给一位少女，少女父亲得知后非常恼怒。公司的做法也引起人们不满，因为它泄露了公民隐私。

### (二)主体性弱化与伦理边界失守

"世界数据化"引发的伦理行为失范，其产生的根源还是在于人的主体性弱化。这不妨从主体性的内在性与外在性两个维度思考。

从内在性看，关于世界本源问题的认识未能及时更新，造成意识层面的"大数据世界观"缺位。与传统哲学意义上的认知不同的是，万物源于"数"，世界被数据量化，数据成为普遍的物质存在，即人的一切状态都可以被数据量化，进而人们观察与认识世界的基本法则发生了根本性改变。大数据探索是一种基于实践层面的全新的科研范式。然而，以一种什么样的世界观科学、理性地看待大数据时代及其带来的社会变革与各类问题，这一领域却是真空地带。譬如关于数据应用，采集、使用、存储、删除数据等权利，既涉及权利主体如何自主处理与自身相关的数据，又涉及应用主体如何保障权利主体的知情权、隐私权及其他权益，权利主体(数据让渡者)与应用主体(数据挖掘者)之间缺乏伦理规范约束。换句话说，尽管权利主体了解享受智能化、移动化、社交化带来的便利，必须让渡其数据权利，然而大数据挖掘与应用，又主要掌握在国家及大型公司手中，如何划定主体权利的安全界线，仍然模糊不清。这类问题或因每个人观念有异，又有所不同，一些人认为隐私被侵犯，而另一些人不以为然。

从外在性看，大数据语境中伦理边界失守，既是数据市场应用的失衡所致，也是源于大数据技术开发过程中的目光短浅。虽然数据开发应用广泛，围绕大数据而衍生的产业已上升到一个国家的战略高度，但国内数据市场秩序仍然较为混乱，具体表现为数据分享、开放存在非正当竞争制约，一些掌握数据的公司不愿共享，而掌握数据的公司又存在过度滥用倾向。公司间普遍存在数据交易黑幕，而基于大数据挖掘的隐蔽性与"去隐私化"，数据市场混乱却又难以构建一种有效的约束机制。

在热闹的大数据技术开发市场，还存在严重的技术至上主义倾向。大数据技术及其配套设施，不断更新。与数据挖掘、可视化、行业性推广等相关的技术、设备日新月异，相关大数据产业的各项投入甚巨。

### (三)伦理观重构与网络治理转向

在大数据语境下，网络伦理问题丛生，主体性弱化致使伦理底线被践踏，这显然已到必须求解之时。如何重构大数据伦理观，实现网络治理的顺利转向，将是一项重大的研究课题。具体而言，应当从三方面着力。

(1)要深刻理解数据本质，树立科学的大数据世界观。既然"世界数据化"赋予了数据主体地位，而且数据本身也是一种客观存在，无所谓好与坏，那么树立与之相适应的世界观，则是首要的认识问题。大数据探索并非万能，与伦理实践又是辩证统一的关系。在遵行这一理解逻辑的前提下，从哲学层面反思当前"大数据热"及认知领域的混乱无序，进而从国家层面总结规划，通过强化大数据时代的伦理教育与价值认同，树立并发展科学的大数据世界观。另外，在此基础上培养数据伦理科学家亦不容忽视。

（2）要根植传统伦理土壤，确立并丰富大数据伦理理论。中国传统伦理思想博大精深，如老子的包含"自然""无为""知足""知止"等内容的思想，孔子的以"仁"为核心的伦理道德规范体系等，都是值得发扬的思想宝藏，在当代都具有重大的话语力量，为大数据语境下的伦理思想体系的重构提供了活力源泉。无论是进一步融合具有西方色彩的理性、科学、公共意志等元素，还是注重人性的自由发展，以人的生存、发展和精神完善为核心，大数据伦理规则的建立与丰富，必须根植传统伦理土壤，从中国伦理思想的精华中提炼出适应现代背景的伦理理论。

（3）要立足伦理正效应实践，全面规范大数据市场。可以从法律、经济、文化、社会等各领域的具体实践入手，针对大数据市场的特殊性，形成各类具有可操作性的行为规范，真正形成高效且可持续发展的大数据市场。例如，针对数据记忆造成的伦理困境，可通过技术手段将数据存储设置一个合理的期限；针对数据交易的混乱无序，可形成大数据开发运用的分类分级标准；针对广泛存在的"数字鸿沟"，可建立"数据权益补偿机制"；针对"数据决策"下人的意志弱化，可以在实践过程中有意识地丰富与均衡思维范式，强化人的主体性地位；针对大数据技术创新，可培养技术人员或科学家在研究领域中的责任意识与人文情怀等，以真正实现大数据应用与开发的规范化与正效应。

### 六、对大数据技术的伦理思考

美国学者戴维斯和帕特森曾提出："大数据是一种技术创新，任何技术创新在给人们带来机遇的同时，也会带来巨大的风险，因此我们需要在创新和风险之间找到平衡点，并对大数据技术进行必要的伦理规制。"随着世界迈向大数据时代，大数据技术可能带来的风险责任与自由并举的信息管理社会也将产生剧烈的变革。个体的身份认证、隐私保护、数据访问、数字鸿沟等各种技术伦理问题层出不穷。所以人们对原有规范的修修补补已经满足不了需要，想要真正保护个人隐私，就需要个人数据处理器对其政策和行为承担更多的责任。从科研机构到公共机构再到政府部门进行协同管理。

#### （一）责任伦理视角下的权责统一

随着科学技术的发展，人类逐渐摆脱了原始状态下面对大自然的无助和恐惧。然而逐渐强大起来的人类对自己行为所造成的后果负责的意识仍然需要不断强化。德国社会学家马克斯·韦伯对责任伦理的解释为："强调行为主体必须考虑到自身行为所带来的一系列可能性后果，并主张对行为价值的判断评估依赖于该行为所导致的实际效果。"

在任何情况下，任何技术力量的强大都会导致某种系统的反弹。究其原因，就是人们在利用技术时没有承担相应的责任。大数据技术为营销所用，是技术发展的趋势，但是频发的伦理问题是企业开展大数据营销时权利与责任的失衡。信息安全问题、个人隐私问题，都是在营销中只考虑如何利用大数据获利，而忽视了应该承担的责任所致。因此，企业在利用大数据技术进行营销时，必须坚持权利与责任的统一，信息收集方要对收集行为及可能造成的后果负责，信息利用方也要对可能带来的隐私泄露、信息安全等问题负责。

#### （二）德性伦理视角下的道德自律

德性伦理关注的是个体道德的实现问题，在利用大数据技术进行营销的过程中，强调大数据利益相关者的道德自律。良好道德的形成是一个长期过程，然而与新兴的大数据营销相关的道德准则尚未确立，道德规范相对滞后。因此，应当加强大数据利益相关者的道德自律建设，在大数据技术尚未失控时，通过有意识的道德建设形成稳定、完善的道德规范，一旦缺乏规范的恶意使用成为常态，大数据营销带来的伦理问题就会一发不可收拾，此时再建立道德规范将会面临很大的困难。

### （三）功利伦理视角下的利益诉求

美国学者唐纳德·帕尔玛认为，功利伦理的核心原则是"我们选择的行为应该为大多数人谋求最大限度的幸福"。对大数据技术的应用也应如此，其目的是提高生产力、提高人们的生活质量。利用大数据进行的营销活动，应根据不伤害人和有益于人的伦理原则给予评价。大数据带来的伦理问题，很大程度上是在利用数据的过程中没有从多数人的角度考虑造成的，部分群体为了利益无视他人隐私，导致其他群体的利益最小化甚至受损，为避免这一后果，应该做到相关者利益最大化和危害最小化。首先，大数据营销必须实现大数据相关者的利益最大化，在运用大数据时，必须与数据来源共享利益，如给予相应的经济报酬或政策倾斜。其次，大数据营销必须实现对利益相关者的伤害最小化，出于公共目的的数据收集，对隐私造成侵犯的行为不可避免，在这种情况下，要求实现伤害最小化，即不能无视伤害大小而滥用隐私数据，应做好补偿和风险控制。大数据伦理问题的解决单靠某一种方式难以实现，应当在政府的引导下，以伦理为治理原则，以技术为治理手段，以法律为治理保障，构建完善的治理体系。

## 七、有效应对大数据技术的伦理问题

运用大数据技术，能够发现新知识、创造新价值、提升新能力。大数据具有的强大张力，给我们的生产生活和思维方式带来革命性改变。但在大数据热中也需要冷思考，特别要正确认识和应对大数据技术带来的伦理问题，以更好地趋利避害。

大数据技术带来的伦理问题主要包括以下三个方面：一是隐私泄露问题。大数据技术具有随时随地保真性记录、永久性保存、还原性画像等强大功能。个人的身份信息、行为信息、位置信息甚至信仰、观念、情感与社交关系等隐私信息，都可能被记录、保存、呈现。在现代社会，人们几乎无时无刻不暴露在智能设备面前，时时刻刻都在产生数据并被记录。如果任由网络平台运营商收集、存储、兜售用户数据，个人隐私将无从谈起。二是信息安全问题。个人所产生的数据包括主动产生的数据和被动留下的数据，其删除权、存储权、使用权、知情权等本属于个人可以自主的权利，但在很多情况下难以保障。一些信息技术本身就存在安全漏洞，可能导致数据泄露、伪造、失真等问题，影响信息安全。此外，大数据使用的失范与误导，如大数据使用的权责问题、相关信息产品的社会责任问题以及高科技犯罪活动等，也是信息安全问题衍生的伦理问题。三是数据鸿沟问题。一部分人能够较好占有并利用大数据资源，而另一部分人则难以占有和利用大数据资源，造成数据鸿沟。数据鸿沟会产生信息红利分配不公问题，加剧群体差异和社会矛盾。

学术界普遍认为，应针对大数据技术引发的伦理问题，确立相应的伦理原则。一是无害性原则，即大数据技术发展应坚持以人为本，服务于人类社会健康发展和人民生活质量提高。二是权责统一原则，即谁搜集谁负责、谁使用谁负责。三是尊重自主原则，即数据的存储、删除、使用、知情等权利应充分赋予数据产生者。在现实生活中，除了遵循这些伦理原则，还应采取必要措施，消除大数据异化引起的伦理风险。

加强技术创新和技术控制。对于大数据技术带来的伦理问题，最有效的解决之道就是推动技术进步。解决隐私保护和信息安全问题，需要加强事中、事后监管，但从根本上看要靠技术事前保护。应鼓励以技术进步消除大数据技术的负面效应，从技术层面提高数据安全管理水平。例如，对个人身份信息、敏感信息等采取数据加密升级和认证保护技术；将隐私保护和信息安全纳入技术开发程序，作为技术原则和标准。

建立健全监管机制。加强顶层设计，进一步完善大数据发展战略，明确规定大数据产业生态环境建设、大数据技术发展目标以及大数据核心技术突破等内容。同时，逐步完善数据信息分类保护的法律规范，明确数据挖掘、存储、传输、发布以及二次利用等环节的权责关系，特别是强化个人隐私保护。加强行业自律，注重对从业人员数据伦理准则和道德责任的教育培训，规范大数据技术应用的标准、流程和方法。

培育开放共享理念。进入大数据时代，人们的隐私观念正悄然发生变化，如通过各种"晒"将自己的数据信息置于公共空间，一些方面的隐私意识逐渐淡化。这种淡化就是基于对大数据开放共享价值的认同。适应时代调整传统隐私观念和隐私领域认知，培育开放共享的大数据时代精神，使人们的价值理念更契合大数据技术发展的文化环境，实现更加有效的隐私保护。在此过程中，不断提高广大人民群众的网络素养，逐步消弭数据鸿沟。

## 案例分析讨论

### 支付宝年度账单，你买不买账

2018年1月2日，支付宝公布了全民版的2017年年度消费账单，而在2018年1月3日，也迎来了个人版的年度账单。

只要打开手机的支付宝APP，用户们就能轻松查阅到非常直观的2017年年度个人消费账单。在社交圈子的影响下，用户们都纷纷晒出了自己的支付宝年度账单。一时间，朋友圈里就被用户们的支付账单刷屏了。在这份榜单中，可以看到个人2017年网购总支出，不同商品类型（如数码、服装、食品）占比，理财收益、外卖、水电燃气缴费、线下支付、共享单车、减少碳排放量等非常详细的数据。

此外，紧跟预测潮流的支付宝，在2017年的个人账单里，还多了一项"消费预测"功能。账单中，支付宝为用户统计了2017年的全年支出及网购、出行、手机充值、生活缴费、转账等不同类型的消费情况，进而"预测"用户在2018年的消费关键词，激发用户晒图欲望。

然而，就在用户们纷纷晒单的同时，2018年1月3日下午，法律界人士对账单首页的一行小字提出质疑，认为支付宝在用户不知情的状态下获取信息，涉嫌违反相关法律。

在支付宝页面有一行小字，内容是"我同意《芝麻服务协议》"。这些字被标注在年度账单首页下方，在画面中占据的位置非常不显眼。用户打开页面时，这行字就呈勾选状态，也就意味着用户如果不取消勾选，就自动视为同意，致使用户"不知不觉被同意协议"，如图9-2所示。

1. 默认勾选状态，自动视为同意，致使用户"不知不觉被同意协议"；
2. 需用户勾选的按钮及说明不明显。

图 9-2　支付宝登录界面的协议勾选界面

根据《互联网交易管理办法》的规定，经营者应当采用显著的方式，提醒消费者注意与自己有重大利害关系的条款。同时，对于信息收集，该规定要求经营者需要明示收集使用信息的目的、方式和范围，并经被收集者同意。"而'芝麻'这个根本不给你了解条款的机会，直接让你默认同意，稍不注意就进坑了。"有网友称，自己参与该协议后便查到，他的数据被授权给部分银行。

支付宝方面向媒体解释，如果用户不同意这个协议，年度账单仍然可以看到，就是缺少芝麻信用的数据，如免押金共享单车、酒店信用等数据。

2018 年 1 月 3 日晚 10 点左右，支付宝页面小字内容和勾选状态已作出修改。"我同意《芝麻服务协议》"变为"同意《在年账单中查询并展示你的信用信息》"，自动勾选状态也被取消，变为用户自主勾选。

2018 年 1 月 3 日晚 11 点多，芝麻信用官方微博发布"关于支付宝年度账单首页《芝麻信用协议》的情况说明书"，称默认勾选"我同意协议"这件事"肯定是错了"，并就事件给大家带来的恐慌和误解表示歉意。

2018 年 1 月 6 日，国家互联网信息办公室网络安全协调局约谈了支付宝(中国)网络技术有限公司、芝麻信用管理有限公司的有关负责人。

网络安全协调局负责人指出，支付宝、芝麻信用收集使用个人信息的方式，不符合刚刚发布的个人信息安全规范相关国家标准的精神，违背了其前不久签署的《个人信息保护倡议》的承诺；应严格按照网络安全法的要求，加强对支付宝平台的全面排查，并进行专项整顿，切实采取有效措施，防止类似事件再次发生。

支付宝和芝麻信用表示，将认真落实监管部门的要求，从源头查找问题，深刻吸取教训，全面整改。

（资料来源：改编自百度百科. 2017 年支付宝年度账单[EB/OL]. (2023-7-21). https://baike.baidu.com/item/2017年支付宝年度账单/22315752.）

思考：

（1）为什么用户这么热衷于晒出自己的年度支付账单？

（2）在这个事件中，法律界人士争议的焦点主要是什么？

（3）在这个事件中，用户授权给支付宝读取的个人资料可被用作哪些方面的营销运作？

## 本章小结

随着互联网技术的飞速发展，各行各业纷纷投身于大数据的商业分析之中，在带来商机的同时，大数据营销信息安全、个人隐私问题、大数据营销中的伦理等问题也日渐凸显。针对这些困扰企业需要加强技术创新和技术控制，建立健全监管机制，加强顶层设计，进一步完善大数据发展战略，明确规定大数据产业生态环境建设、大数据技术发展目标及大数据核心技术突破等内容。在大数据应用过程中，尤其注重数据安全和隐私保护，政府统筹协调并通过立法来引导、培育和规范大数据营销。只有在保护好用户信息隐私的前提下，大数据营销才能健康、长远、有序地发展，实现更大的商业价值和社会价值。

## 本章习题

### 一、选择题

1. 任何新技术都是在社会经济需求和科技内在逻辑两种合力的推动下出现的，因此都有其发展的（　　）。

A. 必要性　　　　B. 可能性　　　　C. 必然性　　　　D. 随机性

2. 为解决大数据营销的信息安全隐患，建立起个人信息的分级（　　）尤为重要。

A. 保护机制　　　B. 梳理机制　　　C. 共享机制　　　D. 合法机制

3. 2014 年 3 月，我国出台了第一部规范互联网定向广告用户信息行为的规定《中国互联网定向广告用户信息保护行业框架标准》。它指出，用户信息包括身份关联信息、非身份关联信息以及（　　）。

A. 浏览信息　　　　　　　　　　　　B. 经去身份化处理的行文样本信息

C. 支付信息　　　　　　　　　　　　D. 未经去身份化处理的行文样本信息

4. 个人行为产生的种种数据，其所有权、（　　）以及隐私权等，很容易被滥用。

A. 知情权　　　　B. 采集权　　　　C. 保存权　　　　D. 使用权

5. 在小数据时代能保证个人隐私的（　　）的措施，在大数据时代不再有效，那些限制条件也不再存在，因此对隐私保护形成了巨大的挑战。

A. 模糊化　　　　B. 匿名化　　　　C. 隐私化　　　　D. 透明化

6. 由于大数据的（　　），一些隐私或隐秘数据很容易被上传至网络，有时候也在无意之中造成数据外泄。

A. 自由　　　　　B. 公开　　　　　C. 共享　　　　　D. 共有

## 二、判断题

1. 个人行为产生的种种数据，其所有权、知情权、采集权、保存权、使用权以及隐私权等，很容易被滥用。 （　　）

2. 大数据时代，人们的一切行为都暴露在"第三只眼"的监测之下，并留下一条永远不会被抹去的数据足迹。 （　　）

3. 要实现数据保护与利用的平衡，必须清晰数据权属，即数据究竟归属于收集者与存储者，还是产生数据的个人或组织，或是其他主体；此外，还需要对数据属性以及各方在收集数据中付出的劳动给予综合认定。 （　　）

## 三、思考题

1. 谈一谈你理解的大数据伦理。

2. 谈一谈利用大数据营销时有可能造成的隐患以及如何规避风险。

## 本章实践

任务：运用本章所学知识，以小组为单位，进行大数据营销应用场景的案例分享，并对该应用场景中可能存在的伦理风险进行识别，在此基础上就企业利益与大数据营销伦理如何并重进行规划。

目的：考察对大数据营销伦理的掌握情况。

要求：个人完成。

考核点：以用户为中心的原则下，大数据营销伦理与职业意识的建立。

# 参 考 文 献

[1]阳翼. 大数据营销[M]. 2 版. 北京：中国人民大学出版社，2021.

[2]华迎，马双. 大数据营销[M]. 北京：中国人民大学出版社，2022.

[3]曾卉. 互联网大数据营销：客户定位+标签画像+精准营销+数据分析[M]. 北京：清华
大学出版社，2023.

[4]段晓梅. 大数据营销[M]. 上海：上海交通大学出版社，2023.

[5]陈志轩. 大数据营销实训[M]. 北京：电子工业出版社，2022.

[6]毕然. 大数据分析的道与术[M]. 北京：电子工业出版社，2016.

[7]海天电商金融研究中心. 大数据分析与营销完全攻略(案例实战版)[M]. 北京：清华
大学出版社，2016.

[8]任昱衡. 大数据营销从入门到精通[M]. 北京：清华大学出版社，2016.

[9]于勇毅. 大数据营销：如何利用数据精准定位客户及重构商业模式[M]. 北京：电子
工业出版社，2017.

[10]麦德奇，保罗·布朗. 大数据营销：定位客户[M]. 王维丹，译. 北京：机械工业出
版社，2014.

[11]拉杰库马尔·文特卡森，保罗·法瑞斯，罗纳德·威尔科克斯. 大数据营销分析与实
战解析[M]. 朱君玺，冯心怡，张书勤，译. 北京：中国人民大学出版社，2016.

[12]姚国章. 大数据案例精析[M]. 北京：北京大学出版社，2019.

[13]伊恩·艾瑞斯. 大数据思维与决策[M]. 宫相真，译. 北京：人民邮电出版社，2014.

[14]陈志轩，马琦. 大数据营销[M]. 北京：电子工业出版社，2019.

[15]赵宏田. 用户画像：方法论与工程化解决方案[M]. 北京：机械工业出版社，2020.

[16]曾杰. 一本书读懂大数据营销[M]. 北京：中国华侨出版社，2016.

[17]阳翼. 大数据营销[M]. 北京：中国人民大学出版社，2017.

[18]海天理财. 一本书读懂大数据商业营销[M]. 深圳：海天出版社，2015.

[19]罗伯特·托马斯，帕特里克·马博兰. 大数据产业革命：重构 DT 时代的企业数据解
决方案[M]. 张瀚文，译. 北京：中国人民大学出版社，2015.

[20]维克托·迈尔·舍恩伯格，肯尼思·库克耶. 与大数据同行：学习和教育的未来
[M]. 赵中建，张燕南，译. 上海：华东师范大学出版社，2015.

[21]大卫·A. 施韦德. 大数据经济新常态：如何在数据生态圈中实现共赢[M]. 旮朦，
沉香玉，译. 北京：中国人民大学出版社，2015.

[22]赵明辉，彭晓东. 一本书读懂大数据营销[M]. 重庆：重庆出版集团，2015.

[23]赵勇，林辉，沈寓实. 大数据革命——理论、模式与技术创新[M]. 北京：电子工业
出版社，2014.

［24］鞠宏磊. 大数据时代的精准广告［M］. 北京，人民日报出版社，2015.

［25］维克托·迈尔·舍恩伯格，肯尼思·库克耶. 大数据时代：生活、工作与思维的大变革［M］. 盛杨燕，周涛，译. 杭州：浙江人民出版社，2013.

［26］比尔·弗兰克斯. 驾驭大数据［M］. 黄海，车皓阳，王悦，译. 北京：人民邮电出版社，2017.

［27］谭磊. 大数据挖掘［M］. 北京：电子工业出版社，2013.

［28］安俊秀，王鹏，靳宇倡. Hadoop 大数据处理技术基础与实践［M］. 北京：人民邮电出版社，2015.

［29］京东研发体系. 京东技术解密［M］. 北京：电子工业出版社，2014.

［30］韩布伟. 从零开始学习大数据营销［M］. 北京：电子工业出版社，2016.

［31］吴军. 智能时代［M］. 北京：中信出版社，2020.

［32］吴文辉. 推在渠道［M］. 北京：人民邮电出版社，2015.

［33］李耀辉，宁紫君，李子玉. 线上与线下渠道冲突的问题研究综述［J］. 现代营销（经营版）. 2020（2）：120-121.

［34］黄升民，刘珊. 三网融合背景下的全媒体营销构建［J］. 现代传播（中国传媒大大学学报），2011（2）：77—80.

［35］薛正贵. 基于大数据的营销体系重构研究［J］. 黑河学院学报，2015（5）：64-67.

［36］蒋雯. 爱奇艺大数据营销的三大特色［J］. 传媒，2006（8）：51-52.

［37］吴毅勇. 颠覆互联网传统营销模式. RTB 实现顾客识别［J］. 信息与电脑，2014（2）：1.

［38］艾媒咨询. 2014—2015 年中国 DSP 行业发展研究报告［J］. 声屏世界·广告人，2015（10）：205-208.

［39］刘玮玮，墨瑶，陈赛，等. 数字经济下消费者网络购买农产品行为及影响因素——以徐州市为例［J］. 农业工程，2021（11）：147-152.

［40］金明，寇莉. 大数据背景下营销模式变革对策研究［J］. 经济研究导刊，2014（25）：94-95.

［41］王昕予. 线上线下零售销售渠道从对立走向融合［J］. 中小企业管理与科技（中旬刊），2018（1）：62-65.

［42］王忠，赵惠. 大数据时代个人数据的隐私顾虑研究——基于调研数据的分析［J］. 情报理论与实践，2014（11）：26-29.

［43］陈崖枫. 大数据营销的几道坎［J］. 企业管理，2017（1）：54-57.

［44］王小杨. 大数据语境下的网络伦理治理转向［J］. 今传媒，2015（6）：25-26.

［45］王靖纯. 大数据时代的来临对产品开发流程的影响［J］. 数字化用户，2017（42）：282.

［46］陈宪宇. 大数据掀起的企业管理变革［J］. 现代企业，2014（3）：11-12.

［47］周围. 人工智能时代个性化定价算法的反垄断法规制［J］. 社会科学文摘，2021（2）：10-12.

［48］赵宏宇. 网络购物经济中消费者权益的保护［J］. 企业科技与发展，2021（1）：233-235.

［49］王润. 大数据在旅游地品牌形象管理中的应用［D］. 海口：海南师范大学，2017.

［50］乐为. 消费者洞察的常用方法与实务［C］. 中国市场学会：2006 年年会暨第四次全国

会员代表大会论文集，2006：630-635.

[51]黄吉琦. 新媒体时代整合营销传播新业态[J]. 传播力研究，2019，3(11)：122.

[52]林煜钦，林丽霞. 故宫文创产品的促销策略研究[J]. 老字号品牌营销，2022(24)：3-5.

[53]张拓，黄佩思. 故宫文创产品网络营销策略研究[J]. 中国市场，2020(35)：118-120.

[54]唐纳德·帕尔玛. 伦理学导论[M]. 黄少婷，译. 上海：上海社会科学院出版社，2011.

[55]王海明. 伦理学原理[M]. 北京：北京大学出版社，2009.

[56]邱仁宗. 大数据技术的伦理问题[J]. 科学与社会，2014(1)：36-48.

[57]许慧. 大数据时代跨境电子商务企业供应链管理模式的构建研究[J]. 物流科技，2023，46(4)：144-147.

[58]张晓娟，李贞贞. 基于社会认知理论的智能手机用户信息安全行为意愿研究[J]. 现代情报，2017，37(9)：16-22.

[59]杨嫚，温秀妍. 隐私保护意愿的中介效应：隐私关注、隐私保护自我效能感与精准广告回避[J]. 新闻界，2020(7)：41-52.

[60]魏湘辉. 数字经济助推传统企业营销渠道变革的分析[J]. 现代商贸工业，2023，44(6)：38-40.